Klaus G. Förg

Dem Wahnsinn entkommen

Klaus G. Förg

Dem Wahnsinn entkommen

Soldatenschicksale im Zweiten Weltkrieg

Edition Förg

Umschlagfoto vorne:
Alarm bei der Artillerie vor Leningrad

Umschlagfoto hinten:
Die USS Sutton begleitet die U-234 in den Hafen von Portsmouth in New Hampshire. Mit der U.S. Navy-Jacke ist Kapitänleutnant Johann-Heinrich Fehler zu sehen.

2. Auflage

www.rosenheimer.com

Umschlagfotos: © Bundesarchiv, Bild 121-1265 (vorne) und Fotograf unbekannt, Wikimedia Commons (hinten)

Bildnachweise:
Seiten 9, 11, 139, 251: Klaus G. Förg
Seite 23: Warsaw copy Nr. 45, Wikimedia Commons
Seiten 49, 51: Privatarchiv Andreas Strasser, Bruckmühl
Seiten 110, 111, 113, 114, 117, 119, 121, 125, 127: Willy Steinberg, München
Seiten 154, 155: Privatarchiv von Hannes Thäle
Seiten 157, 175, 177, 178, 181, 195, 197, 201, 249: Privatarchiv der Familie Oechslein
Seiten 215, 223: Fotograf unbekannt, Wikimedia Commons
Seiten 253, 263, 269, 271, 279, 283: Privatarchiv von Rosa Mayer-Aßböck

Lektorat und Satz: Dr. Helmut Neuberger, Ostermünchen
Bildbearbeitung: Dieter Stragenegg, Oberaudorf
Druck und Bindung: GGP Media GmbH, Pößneck
Printed in Germany

ISBN 978-3-96600-026-0

Inhalt

Vorwort

Seit mehreren Jahren sitze ich immer wieder stundenlang mit einem ehemaligen Wehrmachtssoldaten aus dem Zweiten Weltkrieg zusammen, um zu erfahren, was er im Dritten Reich erleben musste. 48 Gespräche sind es mittlerweile geworden. Natürlich wusste ich, dass ich mich beeilen musste, denn meine Gesprächspartner gingen ja alle schon auf die hundert Lebensjahre zu.

Es war faszinierend, in welch guter körperlicher und geistiger Verfassung diese Veteranen waren, die jetzt, viele Jahrzehnte nach dem Ende des Zweiten Weltkriegs, endlich über sehr oft schreckliche und traumatisierende Erlebnisse sprachen, manche von ihnen das erste Mal. Teilweise hatten sie aus Scham so viele Jahre geschwiegen, aber auch weil sie fühlten, dass lange Zeit die Menschen in Deutschland und Österreich einfach nicht mehr an diese furchtbare Zeit erinnert werden wollten. Vielen war es offensichtlich peinlich, Deutsche zu sein, weil unsere Nation diesen wahnwitzigen Krieg, die bisher größte Katastrophe der Menschheitsgeschichte, verursacht hatte. Während andere Nationen ihren Nationalstolz pflegten, erwachte dieser in Deutschland nach meiner Beobachtung zum ersten Mal wieder beim »Sommermärchen«, der Fußballweltmeisterschaft im eigenen Lande, als allerorten deutsche Nationalflaggen geschwenkt wurden. Dazu hatten die Deutschen immerhin 61 Jahre gebraucht.

»Alle deutschen Soldaten waren Täter!«, hat mir einmal eine ehemalige Geschichtsstudentin entgegnet. Nachdem in den ersten Nachkriegsjahrzehnten viel wissenschaftli-

che und publizistische Energie darauf verwendet worden war, sorgfältig zwischen den schuldigen Parteiorganisationen und der moralisch sauberen Wehrmacht zu unterscheiden, traten in den späteren Jahren die Verstrickungen auch des deutschen Militärs in die Verbrechen der Nationalsozialisten immer deutlicher zutage. Dennoch kann ich mich dem Urteil dieser Historikerin nicht anschließen. Nachdem ich so viele Gespräche mit ehemaligen Soldaten führen durfte, kann ich feststellen, dass Millionen von jungen Männern von einem brutalen Regime, das keine Weigerung oder einen Widerspruch zuließ, in einen entsetzlichen Krieg getrieben wurden, einen Krieg, von dessen Berechtigung oder Notwendigkeit sie keinesfalls alle überzeugt waren.

Meine Gesprächspartner stammten ausnahmslos aus normalen Familien, waren häufig in Bauernhäusern aufgewachsen, hatten im Stall und auf den Feldern ihrer Väter gearbeitet, waren Schüler oder Lehrlinge und hatten keineswegs Lust, die vertraute Umgebung aufzugeben und in einen Krieg zu ziehen, ohne zu wissen, ob sie jemals wieder lebend zu ihren Familien zurückkehren würden. Doch eine Weigerung war unmöglich und hätte härteste Strafen bis hin zum Tod nach sich gezogen.

Wie in allen totalitären Regimen gab es natürlich auch in Deutschland viele Männer, die in ihrem bürgerlichen Leben mehr oder weniger gescheitert waren – angesichts der Weltwirtschaftskrise nicht alle durch eigene Schuld – und die sich von der Mitgliedschaft in der NSDAP und deren paramilitärischen Organisationen SA und SS einen beruflichen wie sozialen Aufstieg erhofften. Es waren genau diese politischen Karrieristen, die mit unglaublicher Brutalität und Unmenschlichkeit zuerst gegen die politischen Gegner im eigenen Land und während des Krieges gegen die angeblichen Rassenfeinde und weltanschauli-

Heinz Polke berichtet seine Erlebnisse

chen Gegner vorgingen. Diese »Parteisoldaten« und skrupellosen Gefolgsleute Adolf Hitlers waren die eigentlichen Verantwortlichen für die im Namen Deutschlands begangenen Gräueltaten, nicht die unzähligen einfachen Soldaten, die sich irgendwie durch diese schwierigen Jahre hindurchlavieren mussten. Natürlich waren nur wenige von ihnen in der Lage, sich der pausenlosen ideologischen Indoktrinierung zu entziehen, aber im Grunde hofften sie alle nur, ganz einfach zu überleben.

Bei unseren Gesprächen erzählten sie mir in unglaublicher Offenheit, was sie erlebt, was sie damals gedacht und gefühlt haben. Einige brachen während unserer Gespräche in Tränen aus, überwältigt von der Macht der Erinnerung an ihre traumatisierenden Erlebnisse. Die Einzelheiten dieser dunklen Jahre waren ihnen noch bis ins Detail präsent. Die schrecklichsten Erlebnisse, so wurde mir ver-

sichert, lassen sich nicht verdrängen. Sie steigen täglich in der Erinnerung auf und belasten das Leben an jedem Tag bis ins hohe Alter. Zugleich war meinen Zeitzeugen bewusst, welch unglaubliches Glück sie hatten, überlebt zu haben und wieder ein normales Leben führen zu können. Unter meinen vielen Gesprächspartnern habe ich nicht einen getroffen, der den Krieg verherrlicht hätte. Aus tiefster Überzeugung betonten sie alle, dass sich so etwas nie wiederholen dürfe. Für mich waren diese Gespräche trotz der oft grauenvollen Schilderungen die beeindruckendsten Erfahrungen meines Lebens.

Mit meinen Büchern hoffte ich, das Grauen von Diktatur und Krieg einer neuen, von vergleichbaren Erlebnissen unberührten Generation zu vermitteln, damit das Geschehene nicht in Vergessenheit geraten und sich nie wiederholen möge. Welch ein Trugschluss! In den Tagen der Fertigstellung dieses Buches versucht in Europa wiederum ein machtbesessener Despot, bestehende und vertraglich festgelegte Grenzen mit militärischer Gewalt zu verschieben, um seine imperialistischen Visionen zu verwirklichen. Der russische Überfall auf die Ukraine wirkt wie eine Erzählung aus einer längst vergangenen Zeit, und viele Abläufe der Gegenwart erinnern verzweifelt an die Verhaltensmuster der Mächtigen zu jener Zeit, von der unsere Geschichten erzählen. Wieder ist es die Ukraine, die von Gewalt und Unrecht heimgesucht wird – jenes Land, das am schlimmsten unter dem Terror Stalins und den Verbrechen Hitlers zu leiden hatte. Und wieder scheint die Welt am Abgrund zu stehen. Mir bleibt in dieser Stunde nur die Hoffnung, dass auch dieser unselige Krieg Geschichte sein wird, wenn Sie dieses Buch in Händen halten.

Klaus G. Förg

Das Grauen im Warschauer Ghetto

Zeitzeugenbericht von Heinz Polke

Wenige Tage meines Lebens war ich ein Dresdner Kindl. Am 14. August 1925 wurde ich in der sächsischen Hauptstadt geboren, aber von meiner Mutter bald nach der Geburt zu fremden Leuten weggegeben. Nachdem Großvater davon erfahren hatte, erkundigte er sich nach dem Aufenthaltsort seines Enkels und nahm mich dann zu sich ins fränkische Mainaschaff. Mein Start ins Leben war also zunächst sehr holprig, weil meine Eltern nichts von mir wissen wollten. Es hieß, Mutter wäre arm und meine Eltern keine guten Menschen gewesen. Meine Oma hatte in Russland schon fünf Kinder großgezogen und beschloss nun, auch noch ein Sechstes aufzuziehen. Sie war wie eine liebevolle Mutter zu mir, aber der Großvater war sehr streng. Trotzdem blicke ich auf eine schöne Kinderzeit zurück.

Wenn man sie nach den Gründen für ihr großherziges Handeln befragte, pflegte meine Oma zu sagen: »Ihr versteht das nicht. Das Kind sucht seine Mutter. Ich musste Heinz einfach aufnehmen und darauf hoffen, dass ich ihn groß bekomme.«

Sie hat alles für mich getan, mich umsorgt und auf mich aufgepasst. Besser hätte ich es bei einer Mutter nicht haben können. Als dann der erste Schultag heranrückte, habe ich mich wegen der großen Schultüte nicht gefreut, sondern geweint, weil ich nicht in die Schule wollte. Also ging Oma mit mir ins Klassenzimmer und saß die ganze Zeit neben mir. Am zweiten Tag ging sie wieder mit, aber die Lehrerin meinte, sie sollte mich allein lassen und erst später wieder von der Schule abholen. Sie hat mich dann täglich von der Schule abgeholt.

Die Kinderjahre vergingen, ohne dass ich die politischen Veränderungen irgendwie besonders wahrgenommen hätte. Als ich 14 Jahre alt geworden war, brach der Krieg aus. Sorgenvoll sprach ich mit meiner Oma darüber. Die aber reagierte gelassen.

»Du brauchst keine Angst zu haben. Ehe du in den Krieg ziehen müsstest, ist er bestimmt wieder zu Ende.«

Inzwischen hatte ich eine Lehre zum Elektroinstallateur begonnen. Der nationalsozialistische Staat hatte zu dieser Zeit bereits alle Lebensgebiete durchdrungen. Hitler wurde von den meisten Leuten verehrt, und wenn Beflaggung angesagt war, wehte die Hakenkreuzfahne an den meisten Häusern. Wenn sich einer ablehnend zeigte, wurde er sofort schief angesehen – sofern ihm nichts Schlimmeres widerfuhr.

Ich hatte meine Lehre in Aschaffenburg bei einem Meister absolviert, der wirklich ein feiner Mensch war. Die Chefin hat mich immer wieder nach oben in die Wohnung mitgenommen und mir zu essen gegeben. Beide haben versucht, die anderen Lehrlinge nicht merken zu lassen, dass ich keine Eltern hatte, und mich eigentlich wie einen eigenen Sohn behandelt.

Der Meister hat mich überallhin mitgenommen. Bei den Kunden war ich sehr beliebt, und ich erinnere mich an

eine vornehme Frau in einer Villa in der Platanenallee, die zu meinem Meister sagte: »Schicken Sie mir doch den kleinen Schwarzen.«

Ich sollte irgendetwas im Haus reparieren. Die Dame ging zum Einkaufen und ließ mich in der Villa ganz allein zurück. Sie hat mir voll vertraut. Als sie dann wieder zurückkam, gab sie mir als Belohnung eine feine Mahlzeit. Dann bekam ich noch ein Trinkgeld von ihr und ging nach Hause.

Am nächsten Tag fragte mich die Chefin, wie es denn gewesen sei.

»Alles in Ordnung«, antwortete ich. Da schüttelte sie nur den Kopf und wunderte sich, dass mir so viel Vertrauen entgegengebracht worden war.

Während meine Oma dem nationalsozialistischen Regime relativ gleichgültig gegenüberstand, legte Opa doch eine gewisse Begeisterung für die militärischen Erfolge der Wehrmacht an den Tag. Vor allem schwärmte er für August von Mackensen, einen preußischen Generalfeldmarschall, der im Ersten Weltkrieg an der Ostfront bedeutende Erfolge hatte erzielen können. Mein Opa hatte viele Jahre in Russland verbracht, im Mittelabschnitt der Front, und hatte dort Holz für die Gewinnung von Zellstoff für eine Firma in Pirna organisiert. Immer noch trieb er sich in den Wäldern herum, um Bäume für die Fällung zu kennzeichnen. Mit einer Kutsche kam er dann immer wieder zu uns nach Mainaschaff. Bei seinen Besuchen hat er mir häufig etwas mitgebracht. Ein zweites Mal in den Krieg ziehen musste er aber nicht, dafür war er glücklicherweise bereits zu alt.

Der Krieg nahm seinen Lauf, und meine Lehrzeit neigte sich dem Ende zu. Wenige Tage nach der Gesellenprüfung ahnte mein Meister, was kommen würde. »Ich weiß, dass du bald eingezogen werden wirst.«

Und so war es dann auch. Ich bekam im Jahre 1942 den Einberufungsbefehl zum Reichsarbeitsdienst in Irlbach. Im Wesentlichen mussten wir für eine Brauerei einen Eisweiher ausheben. Im Winter sollte daraus das Eis gewonnen werden, mit dem man den Sommer über das Bier kühlte. Das hieß schaufeln, was das Zeug hielt, Tag für Tag. Abends fielen wir erschöpft auf die Matratzen. Es war wirklich eine unglaublich harte Zeit. Das Ausheben des Weihers erfolgte ohne technische Hilfsmittel allein mit dem Spaten. Mit dem Aushub beluden wir Loren, die wir dann ebenfalls mit Muskelkraft wegschieben mussten, da es keine Lokomotive gab. Unsere Arbeit war begleitet von militärischem Drill. So war der Spaten wie ein Gewehr zu präsentieren. Wir sind schon unglaublich getriezt worden.

Am Ende der Dienstzeit haben sie für den Beitritt zur Waffen-SS geworben. Man versprach uns, dass wir dort bessere Verpflegung und sogar eine Kiste Apfelsinen bekommen würden. Unglaublich, dass man mit Apfelsinen einen jungen Soldaten zur Waffen-SS überreden wollte.

»Möchtest du nicht zur Waffen-SS?«, wurde ich gefragt.

Aber ich widerstand dem Werben. »Nein, ich will nicht und bitte um Verständnis.«

Um diese Worte zu sprechen, habe ich all meinen Mut zusammengenommen, denn der uniformierte Offizier war schon einschüchternd, und Widerspruch schien nur schwer möglich. So machte ich also weiterhin meinen Dienst im RAD, und ich habe trotz meiner Ablehnung keine Repressalien erfahren.

Dann kam die Einberufung zur militärischen Ausbildung in Gelnhausen bei Frankfurt bei der Panzerjäger-Abteilung 87, 25. Panzerdivision, geführt von Generalmajor Adolf von Schell, einem Offizier, der sehr respekteinflößend war. Einmal musste ich ihn sogar fahren und war ganz schön nervös, weil ich nichts falsch machen wollte.

»Wie geht's dir, mein Sohn? Bist du zufrieden? Ist alles in Ordnung?«, fragte er jovial.

»Jawohl, Herr Generalleutnant!«

Die kurze Militärausbildung in Gelnhausen war sehr hart. Immer wieder mussten wir durch Schlamm waten, dann unsere nasse Kleidung reinigen und innerhalb von zehn Minuten wieder antreten. Wer das nicht schaffte, der musste strafexerzieren und dabei noch einmal durch den Schlamm robben.

Der Unteroffizier, der das befohlen hatte, war ein wahrer Teufel. Einmal zwang er einen Kameraden, sich auf der Stube splitternackt auszuziehen. Dann musste er eine Gasmaske anlegen und einen Stahlhelm aufsetzen.

In diesem Augenblick aber kam ein Offizier hinzu und schnauzte den unglücklichen Kameraden an: »Was machen Sie da? Sofort anziehen!«

Für den Unteroffizier hatte der Vorfall üble Folgen, denn er wurde daraufhin sofort degradiert. Er war einer der ersten von unserer Einheit, der gefallen ist.

Die Ausbildung dauerte ungefähr ein halbes Jahr, dann wurden wir nach Norwegen abkommandiert, in die Osloer Gegend. In Friedrichstadt wurden wir eingeschifft, fuhren dann den Skagerrak hinauf und sahen die Mastspitzen der Schiffe, die im Ersten Weltkrieg dort versenkt worden waren. Ich hatte allerdings andere Probleme, als diese Relikte anzuschauen, denn ich war fürchterlich seekrank. Nach dem Ausschiffen kamen wir in Arnes auf den Truppenübungsplatz, auf dem eine ganze Menge los war. Mein Chef dort war Oberleutnant Knudsen, ein wirklich feiner Mensch. Als wir einmal angetreten waren, musterte er die Reihe der Kameraden, überlegte einen Moment, trat dann auf mich zu und sagte: »Du wirst mein Fahrer.«

»Herr Oberleutnant, aber ich habe doch gar keinen Führerschein«, entgegnete ich.

»Dann machst du ihn eben. Und wenn du mit dem Führerschein fertig bist, dann meldest du dich bei mir. Ist das klar?«

»Bei den Kameraden sind doch Autoschlosser, warum nehmen Sie nicht einen von diesen?«

»Ich möchte aber dich als Fahrer haben.«

»Jawohl, Herr Oberleutnant!«

Und so kam ich 1943 zu ihm. Er wollte halt den »kleinen Schwarzen« haben. Ich stand dann bis zum Schluss, bis zum Kriegsende, bei ihm im Dienst, und er hat mir immer wieder sein besonderes Wohlwollen bewiesen. Als ich ihm in einer Phase knapper Verpflegung eine Mahlzeit servieren wollte, schob er das Kochgeschirr zu mir herüber und sagte: »Nimm es, du brauchst es, du bist ja noch so jung.«

Unser Aufenthalt in Norwegen war nur sehr kurz, dann kamen wir zur Auffrischung nach Dänemark, zuerst nach Aalborg, dann nach Aarhus. Eines Tages befahl mir mein Oberleutnant, Geheimpapiere zu holen. Ich solle allein losfahren, er käme nicht mit. Nachdem ich beim Divisionsstab die Papiere geholt hatte, fuhr ich wieder zurück und kam an einem schönen Soldatencafé vorbei, das mich mit wunderbaren Verzierungen auf der Fassade anlockte. Ich ging also hinein, bestellte mir einen Kaffee, beging aber den verhängnisvollen Fehler, die Geheimpapiere im Wagen zu lassen. Lässig trank ich den Kaffee, freute mich über den schönen Tag und schaute den vorbeigehenden Mädchen nach. Als ich das Café wieder verließ, traf mich fast der Schlag: Mein Auto war weg und damit die verplombten Geheimpapiere.

Zum Glück verlor ich nicht die Nerven. Ganz ruhig blieb ich stehen und wartete, dass das Auto wieder zurückkäme. Tatsächlich fuhr nach einer Weile ein Unteroffizier mit meinem Auto zum Café, stieg aus und ging hin-

ein. Ich saß wie auf Kohlen, zwang mich aber zur Ruhe, ging betont unauffällig auf das Auto zu, stieg ein und fuhr ganz langsam los. Einige Offiziere standen in der Nähe, schienen aber nichts bemerkt zu haben. Nach rund drei Kilometern wagte ich es, anzuhalten und in das Handschuhfach zu schauen. Ein Stein fiel mir vom Herzen, denn der Umschlag mit den Geheimpapieren war noch da.

Wieder zurück wurde ich vom Chef gefragt, ob alles glatt gelaufen wäre. »Alles ist in Ordnung. Die Depeschen sind abgeliefert.«

Langsam konnte sich mein Puls beruhigen. Wenn die Sache aufgeflogen wäre, hätte das meinen Tod bedeuten können. Denn bei solchen Pflichtvergessenheiten kannte die Wehrmacht kein Pardon.

Nach kurzer Zeit wurden wir in Dänemark mit 64 Panzern auf einem Truppentransporter eingeschifft und nach Polen gebracht. Von der polnischen Küste ging es dann Richtung Warschau, Hunderte von Kilometern quer durchs Land, durch Wälder und Felder, an vielen Ortschaften vorbei, deren Bewohner sich meist in den Häusern versteckten, wenn wir vorbeikamen.

Ich war während der ganzen Zeit der Fahrer des Oberleutnants. Unser Auto war ein Tatra, der so ähnlich aussah wie ein VW und bei dem man die Türen aushängen konnte. Mehrere Tage lang ging es quer durch Polen, eine ruhige Fahrt. Nur die Panzer brummten furchteinflößend und waren natürlich weithin hörbar, sodass niemand zu sehen war, wenn wir vorbeirollten.

Vor Warschau lagen wir bei Radom in einem Wald, rund hundert Kilometer südlich der Hauptstadt. Das war den von Osten vorrückenden Russen nicht verborgen geblieben und sie beschossen uns mit Granatwerfern, deren Geschosse zersplitterten, wenn sie in den Bäumen einschlugen. Das zischende Geräusch höre ich noch heute und

werde es nie vergessen. Nach jedem Einschlag flogen uns die Splitter um die Ohren und man konnte jederzeit getroffen werden.

Einige Tage lagen wir unter ständigem Beschuss in diesem Wald. Wir verbrachten die Nächte in den Panzern, denn auch in der Nacht wurde das Feuer kaum schwächer. Ich erinnere mich, dass ich in diesem Inferno meine Zuflucht bei Gott suchte und betete: »Lieber Gott, bitte beschütz' mich, ich bin doch noch so jung. Bitte lass mich überleben.«

Es war das erste Mal, dass ich im Krieg geweint habe. In dem Lärm und dem heillosen Durcheinander hat zum Glück niemand bemerkt, dass mir Tränen die Wangen hinunterliefen. Schließlich war ich vorher noch nie im Feuer gestanden. In der Enge des Panzers konnte ich kaum schlafen. Todesangst kroch durch meinen Körper und ich zitterte wie Espenlaub. Ich dachte an zu Hause, an meine Oma, an meinen Meister, an die lieben Menschen, die mich jetzt nicht beschützen konnten.

Die Russen griffen uns auch immer wieder einmal mit kleinen Flugzeugen an, die Kilobomben mit Phosphor abwarfen. Diese wurden in Massen mit Schaufeln aus den Flugzeugen geworfen. Die Bomben explodierten dann in einer gewissen Höhe und der tödliche Phosphor rieselte auf uns herab. Ein Kamerad wurde von einer solchen Bombe getroffen und der Phosphor ist über seinen ganzen Körper gelaufen. Völlig versteinert musste ich zusehen, wie der junge Mann in wenigen Augenblicken zusammensank und bei lebendigem Leib verkohlte. Er hatte nur einige Meter von mir entfernt gestanden. Ich sehe ihn heute noch vor mir. Dieser grauenhafte Anblick verfolgt mich mein ganzes Leben.

Langsam dämmerte es, und die Kameraden in den Panzern begannen sich zu rühren. Aus dem nahen Dorf hör-

ten wir die Kühe brüllen, weil sie aufgrund einer Anordnung der Militärverwaltung nicht mehr gemolken werden durften. Da befahl mein Chef kurzerhand, die Kühe sofort zu melken, damit auch die Kinder wieder mit Milch versorgt werden konnten. Die Bäuerinnen fielen uns um den Hals und waren glücklich, dass die Kühe, die ja ihre Lebensgrundlage darstellten, auf diese Weise gerettet wurden.

Nach einer zweiten Nacht kam der Befehl zum Aufbruch, und nun erfuhren wir auch, wo wir eingesetzt werden sollten: Im »jüdischen Wohnbezirk von Warschau«, wie es im Amtsdeutsch der Nazis hieß, sei ein Aufstand ausgebrochen, und wir sollten diesen schnellstens und mit der größtmöglichen Härte niederschlagen.

Die Fahrt ging direkt Richtung Warschau und zum Eingang des Ghettos. Ich hatte keine Ahnung, was mich da erwarten würde, und konnte nur hoffen, dass wir lebend wieder aus dieser Situation herauskommen würden. Als junger Bursche von 17 Jahren hatte ich noch keinerlei Kampferfahrung, und so waren meine Nerven aufs Äußerste gespannt und Todesangst stieg immer wieder in mir auf.

Am 19. April 1943 erreichten wir den Eingang des Ghettos. Dort erwartete uns massiver Widerstand der Ghettobewohner, die uns aus Kellern und Fenstern beschossen und zunächst verhindern konnten, dass wir eindrangen. Drei unserer Panzer feuerten mit ihren 7,5-cm-Kanonen auf die hohen Wohnhäuser, die dem Beschuss aber standhielten. Diese massiv gebauten Häuser waren wie ein Bunkersystem, in dem sich die Ghettobewohner bewegten. Dabei verteidigten sich die jüdischen Kämpfer mit allem, was sie hatten, nicht nur mit Handfeuerwaffen, sondern auch mit benzingefüllten Flaschen, sogenannten Molotow-Cocktails. So verloren wir einige Panzer, weil es

den Verteidigern des Ghettos gelang, sie mit diesen primitiven Waffen in Brand zu stecken. In den Straßen, die von gewaltigem Gefechtslärm und Rauch erfüllt waren, herrschte ein unglaubliches Inferno. Immer wieder schossen unsere Panzer, aber ohne große Wirkung. Sogar ein Eisenbahngeschütz des Kalibers 15 cm, das wir angefordert hatten, konnte diese Häuser nicht zum Einsturz bringen.

Wir kamen einfach nicht weiter. In den Häusern waren Aufständische verschanzt, die ohne Unterlass feuerten und die Panzer weiter mit Molotow-Cocktails attackierten. Und offenbar war es ihnen gelungen, auch einige Panzerfäuste zu beschaffen. Dadurch haben wir etliche Panzer verloren, die in Flammen aufgingen und deren Besatzungen den Tod fanden.

Mein Oberleutnant und ich standen mit unserem Tatra ein wenig abseits, sodass die Angreifer uns nicht direkt sahen. Das war unser Glück, denn auf diese Weise gerieten wir nicht ins Feuer. Mit einem Fernglas konnten wir aber genau sehen, was geschah. Das war wichtig, denn mein Chef musste per Funk den Einsatz leiten.

Die Nacht brach herein, und ich verbrachte die dunklen Stunden in einem Panzer, denn da war es am sichersten. An Schlaf war natürlich kaum zu denken. Zu aufgewühlt war ich, und darüber hinaus ist der Innenraum eines Panzers alles andere als gemütlich. Man drängt sich in der Enge zusammen und kauert sich in eine Ecke.

Am nächsten Tag waren Verbände der Polizei und der SS bereits ins Ghetto vorgedrungen. Sie hatten den grausamen Befehl, keine Gefangenen zu machen. Immer wieder kamen Menschen mit erhobenen Händen aus den Häusern und wurden erbarmungslos niedergeschossen. Das mit ansehen zu müssen, war das furchtbarste Erlebnis meines Lebens. Wenige Monate zuvor war ich ja noch

Elektrikerlehrling gewesen und wurde urplötzlich in dieses Chaos geworfen.

Überall lagen Tote auf der Straße. Meist waren es unbewaffnete Zivilisten, die um ihr Leben gekämpft haben, die weder ein noch aus wussten, die die Verzweiflung auf die Straße getrieben hat. Vergeblich.

Einen Mann, der mit erhobenen Händen aus einem Haus herauskam und sich ganz in unserer Nähe ergab, konnten wir fragen, warum er die Hände hob und sich abwechselnd nach rechts und links drehte.

»Wenn ich mich nach rechts drehe, werde ich von den anderen erschossen, wenn ich mich nach links drehe, von euch. Was also sollen wir tun? Wir können uns nur bis zum Ende verteidigen.«

In diesem Inferno kam dann der Befehl, das Feuer einzustellen. Aber es wurde dennoch weiter geschossen, gnadenlos, ohne jegliches menschliches Gefühl, auf wehrlose Zivilisten, auf Frauen und Kinder. Die Toten, die überall auf der Straße herumlagen, wurden mehr und mehr. Und ich musste das alles tatenlos mit ansehen.

Da wir nicht weiterkamen und mit den Panzern die Häuser nicht zerstören konnten, in denen sich die Aufständischen verschanzt hatten, forderten wir per Funk Luftunterstützung an. Diese kam in Gestalt einiger Stukas, die ihre 250-Kilo-Bomben, dazu jeweils vier Zentnerbomben aus dem Sturzflug punktgenau auf die Häuser warfen. Ihnen gelang es schließlich, die Häuser zu zerstören. Vor dem Eintreffen der Flugzeuge legten wir Fliegertücher mit Hakenkreuzen über die Panzer, damit die Piloten wussten, wie weit wir schon gekommen waren, denn es bestand ja die Gefahr, von den eigenen Bomben getroffen zu werden.

Nach dem Angriff der Stukas brach der Widerstand zusammen. Wer von den Aufständischen überlebt hatte und

mit erhobenen Händen aus den Ruinen kam, um zu kapitulieren, wurde von der SS kurzerhand erschossen.

Beim Anblick dieser entsetzlichen Szenen ging es in meinem Kopf drunter und drüber. Hoffentlich überlebst du das, waren meine Gedanken. Aber ich verlor nicht die Nerven, ich schaffte es, nicht durchzudrehen. Meine Oma kam mir kurz in den Sinn, die geglaubt hatte, dass der Krieg bei meiner Einberufung vorbei sein würde. Und nun dieses Chaos! Der Schrecken des Krieges hatte mich vollends gefangen, aber der Wille zu überleben war unendlich stark.

Nachdem die Häuser zerstört worden waren, konnten wir weiter ins Innere des Ghettos vorstoßen. Auf dem Weg – ich fuhr ja meinen Chef mit seinem Tatra – blickte ich in eine kleine, enge Straße, auf der einer unserer Panzer rollte. Ich stoppte das Auto, sodass wir den Panzer, der auf uns zukam, sehen konnten. Die Gasse war derart eng, dass sie der Panzer gerade noch passieren konnte. Plötzlich lief eine Frau aus einem Haus heraus, mit einem Kinderwagen, den sie eilig vor sich her schob. Der Panzer rollte unvermindert weiter und begrub die Frau mit dem Kinderwagen unter sich. Die unglückliche Mutter wurde mit ihrem Kind einfach zermalmt.

Als der Panzer langsam weiterfuhr, weil er sonst riskiert hätte, aus den Kellern und Fenstern heraus mit Molotow-Cocktails in Brand gesteckt zu werden, sah ich für einen kurzen Moment das, was noch Augenblicke zuvor menschliche Körper gewesen waren: zerquetscht und bis zur Unkenntlichkeit entstellt. Dieser kurze Moment hat mein Leben bis zum heutigen Tag auf eine furchtbare Weise beeinflusst, und ich habe ihn nie wieder vergessen.

Aber das sollte nicht die einzige Gräueltat sein, bei der wir unfreiwillig zu Zeugen wurden. Denn wir fuhren weiter in Richtung des großen Marktplatzes und parkten an

Straßenkampf im Warschauer Ghetto

dessen Rand. Eine unheimliche Stille lag über dem Platz, dessen Pflaster von Leichen übersät war.

Plötzlich lief eine große, schlanke Frau mit fünf kleinen Kindern aus einem Haus. Vermutlich wollte sie fliehen, wohin auch immer. Vermutlich wusste sie selbst nicht, wohin sie sich wenden sollte. Es sah aus, als wollte sie einfach nur weg, die Kinder retten. Da kam ein SS-Mann von der anderen Seite des Marktplatzes gelaufen, eine Maschinenpistole im Anschlag. Er befahl der Frau mit barscher Stimme, stehen zu bleiben. Diese hatte das kleinste Kind im Arm, links und rechts von ihr jeweils zwei Kinder, die sich an den Händen hielten und dem Soldaten erschrocken entgegenblickten. Dann hob der Mann ohne sichtliche Regung die MP und streckte die Mutter und ihre Kinder mit einer einzigen Garbe nieder. Da lagen sie mitten auf dem Marktplatz, Seite an Seite, wie sie gestanden hatten. Einige der Kinder lebten noch. Sie bewegten ihre Ärmchen und ihr Wimmern drang bis zu uns herüber. Der SS-

Mann trat auf die Gruppe zu, zog seine Pistole und schoss den Kindern in den Kopf. Dann ging er ruhig wieder dorthin zurück, woher er gekommen war, als wäre nichts geschehen. Er schien völlig gefühllos, als wäre er ein Roboter.

Mein Chef und ich mussten diese entsetzliche Szene aus unserem Auto heraus mit ansehen. Er sagte nichts, kein Wort, wir waren beide völlig fassungslos und zutiefst erschüttert. Immer wieder schaute mich mein Chef an, wohl um zu sehen, wie ich dieses Grauen aufnahm, aber er sprach kein Wort, war äußerlich völlig ruhig, aber das Zucken seiner Mundwinkel verriet seine innere Erregung.

Irgendwie gelang es mir, dieses Ereignis zu verarbeiten, und ich dachte mir, vielleicht um mich abzulenken: Lieber Gott, lass mich bitte diesen Irrsinn überleben.

Heute noch sehe ich die SS-Runen am Stahlhelm dieses Unmenschen. Jede Sekunde dieser grauenvollen Szene hat sich in mein Gedächtnis eingegraben. Es verfolgt mich tagtäglich bis heute.

Wenn man Derartiges erlebt, gibt es nur zwei Möglichkeiten: Entweder man wird einigermaßen abgebrüht und kann das Furchtbare verarbeiten, oder man dreht irgendwann durch. Dem Richtschützen eines unserer Panzer ist das passiert. Plötzlich richtete er die Kanone gegen die eigenen Leute und schrie irgendetwas mit unverständlichen Worten. Sein Gesicht war verzerrt. Bevor er Schaden anrichten konnte, hat man ihn aus dem Panzer gezogen und nach Hause transportiert. Viele Soldaten sind damals durchgedreht, sogar noch ganz zuletzt nach dem Ende der Feindseligkeiten. Sie haben sich eine Handgranate auf den Kopf gelegt und mit den Worten »Der letzte Schuss, ehe ich zum Russen gehe« abgezogen, und dann war's vorbei.

Kurze Zeit später nach dem fürchterlichen Kindermord ging ein Leutnant, der zu seiner Truppe wollte, unvorsich-

tigerweise über den Marktplatz. Nichts war zu hören, es herrschte gespenstische Ruhe. Der Leutnant querte langsamen Schrittes und nach allen Richtungen sichernd den Marktplatz. Sonst war niemand zu sehen. Er ging an den Menschen vorbei, die tot über den Platz verstreut waren und mit verrenkten Gliedern dalagen. Überall zeugten Blutlachen vom schrecklichen Geschehen.

Plötzlich hörten wir einen Schuss, der aus dem Keller eines Hauses abgefeuert wurde, und der Leutnant brach mit einem kurzen Schrei zusammen. Er wurde tödlich in den Leib getroffen. Sein Körper war völlig zerfetzt, die Eingeweide hingen heraus. Trotz unseres Schocks zogen wir uns schnell zurück, weil wir aus den Kellern heraus immer wieder angegriffen wurden. Es war ein Aufstand der Todgeweihten, die mit dem Mut der Verzweiflung um ihr Leben kämpften. Und dieses Leben wurde von der SS unbarmherzig vernichtet. Jeder Mensch, der ihnen vor das Gewehr lief, wurde ohne zu zögern erschossen. Auf dem Marktplatz lagen überall Tote herum, ein unglaubliches Blutbad. Viele Menschen, ob lebendig oder tot, waren von den Panzern einfach plattgewalzt worden. Niemand nahm Rücksicht, niemand gab Pardon.

In diesem Moment herrschte eine atemlose Stille, unterbrochen nur von diesem einen Schuss, der über den Platz peitschte und schon wieder verhallt war. Mit offenem Mund starrten wir auf den Platz und wussten nicht, was in den nächsten Augenblicken geschehen würde. Mein Chef sagte kein Wort, nur sein stoßweiser Atem war zu hören. Das Ganze wirkte wie eine gespenstische Szenerie aus einem schlechten Film. Nur das hier war echt, das war grauenvolle Realität.

Wir parkten unseren Tatra am Rande des Marktplatzes. Mittlerweile brach die Dämmerung herein. Nur ein Funkgerät war eingeschaltet, alle anderen Geräte mussten wir

abschalten. Dann wurde es langsam dunkel, die Nacht beendete diesen furchtbaren Tag, der so viele Menschen das Leben gekostet hatte.

Wir zogen uns wieder in die Panzer zurück, das war am sichersten. Natürlich war an Schlaf nicht zu denken, zum einen wegen der Enge im Panzer, zum anderen, weil wir so aufgewühlt waren. Die Stunden zogen sich dahin, und wir dämmerten dem Morgen entgegen. Jeder war auf seine Weise verstört. Ab und zu konnte man einen leise gesprochenen Satz hören, alle waren in Gedanken versunken, Gedanken an zu Hause, an die Familie, an die eigene Schuld und vor allem, ob und wie man dieses Chaos überleben würde. Die Situation, in der wir uns befanden, hätte kaum schlimmer sein können. Wir befanden uns inmitten einer Stadt, umgeben von Menschen, die bereit waren, uns sofort zu töten, wenn sich ihnen eine Gelegenheit bieten würde. Und wir selbst töteten jeden Menschen, der uns begegnete, sogar Frauen und Kinder. Das zu realisieren war das Schlimmste für mich. Unschuldige Menschen einfach niederknallen – was kann es Schlimmeres geben?

Da unser Auftrag erledigt war, machten wir uns am nächsten Morgen bereit zum Rückzug. Wir verließen diesen schrecklichen Ort, an dem die Stille des Todes herrschte. Es war ein langsamer Rückzug, nur das Brummen der Motoren war zu hören. Kein Schuss fiel, weder aus irgendeinem Haus noch von uns. Die wenigen Aufständischen, die noch am Leben waren, hatten aufgegeben. Denn beim Angriff der Stukas waren mit Sicherheit viele von ihnen umgekommen, und da sie kaum über Waffen verfügten, waren sie nicht mehr in der Lage, Widerstand zu leisten.

Dann rollten die Panzer langsam aus Warschau hinaus, als wenn nichts gewesen wäre. Die Leichen, die auf dem Weg lagen, wurden einfach überfahren und zerquetscht, als ob sie Steine oder Schutt wären. Niemand stieg aus, um

sie zu bergen, da nicht ausgeschlossen werden konnte, dass sich noch ein Heckenschütze in einem der Keller verschanzt hatte. Nur dieses unheimliche tiefe Brummen und das Rasseln der Ketten waren zu hören, sonst nichts, kein Vogel, kein Wort, einfach Stille.

Jeder war sich bewusst, dass in den vergangenen Stunden Furchtbares geschehen war, dass so viele Menschen ihr Leben verloren hatten, dass auch viele Frauen und Kinder auf grauenhafte Weise ermordet worden waren. Der Schock über die begangenen Verbrechen, allen voran der Polizei- und SS-Einheiten, saß uns noch tief in den Gliedern. Irgendwie mussten wir fertigwerden mit dem Gesehenen – und mit der eigenen Schuld. Es ist einfach alles erschossen worden, was sich bewegt hat. Bei der Ausfahrt glich das Ghetto einem gespenstischen Friedhof. Ich versuchte, an meine Großeltern, meinen Meister, an zu Hause zu denken und hoffte, dass ich ganz einfach überleben würde. Einfach nur überleben!

Bei diesem Einsatz wurde ich zum ersten Mal – als immer noch 17-Jähriger – mit dem Antisemitismus der Nazis konfrontiert. Als Jugendlicher hatte ich darüber nie nachgedacht, zumal ich als Lehrling immer wieder einmal in ein jüdisches Privathaus geschickt worden war, um dort etwas zu reparieren. Jedes Mal war ich freundlich behandelt worden und hatte ein Trinkgeld bekommen. Juden waren für mich Menschen anderen Glaubens, weiter nichts. Warum nun Juden von uns verfolgt und ermordet wurden, war mir nicht klar, ja eigentlich völlig unverständlich. Diese Gedanken beschäftigten mich, während wir aus Warschau hinausrollten und mein Chef wortlos neben mir saß.

Langsam ging es in südöstlicher Richtung weg von dieser Stätte des Grauens in Richtung Böhmen und Mähren. Mein Chef und ich hielten uns in unserem PKW dicht bei

den Panzern. Wir mussten in ihrer unmittelbaren Nähe bleiben, um den Verband führen zu können. Noch wussten wir nicht, was in den nächsten zwei Jahren auf uns zukommen würde. Langsam und beschaulich ging es zunächst durch die Landschaft, wir passierten Dörfer, die in Ruhe dalagen. Keine Menschenseele war zu sehen, die Leute blieben in ihren Häusern und waren froh, als wir wieder weg waren. Diese scheinbare Ruhe war trügerisch, denn die Russen waren hinter uns her und jagten uns.

Immer wenn sich ein Tag zu Ende neigte, musste in einem Dorf Quartier gemacht werden. Meine Aufgabe war es, für meinen Chef ein Nachtlager in einem Haus zu suchen. Bestimmt gab es da oder dort auch einen Übergriff auf eine Frau. Ich habe das nur einmal mitbekommen. Als ich ein Haus betrat, kamen gleichzeitig zwei Unteroffiziere hinein, von denen einer eine junge Frau, die noch dazu Kinder hatte, vergewaltigen wollte.

Da haute der andere Unteroffizier seinem Kameraden links und rechts eine herunter und schrie ihn an: »Das willst du machen? Hau ab!«

Der Unteroffizier verschwand, und ich konnte die Frau fragen, ob wir ein Nachtquartier bekommen könnten. Sie bejahte, sodass mein Chef hier unterkommen konnte. Ich suchte mir eine andere Bleibe.

Mittlerweile war den Russen ein Durchbruch durch die deutsche Front gelungen, weshalb wir uns sofort weiter zurückziehen mussten. So schnell wie möglich ging es durch Wälder, durch freies Gelände, an Dörfern vorbei. Die russischen Panzer waren nicht abzuschütteln und beschossen uns fast täglich. Immer wieder verloren wir einen Panzer, der in Flammen aufging und in dem unsere Kameraden verbrannten. Die Verluste waren schrecklich, und wir hatten keine Chance, wirksam zurückzuschlagen, weil die Übermacht der Russen zu groß war.

Wir passierten Lodz und versuchten, in Richtung Breslau weiterzukommen. Am Spätnachmittag fanden wir immer wieder ein leeres Haus, in dem wir übernachten konnten, oder wir schliefen in unserem Kübelwagen. Das war natürlich nicht gerade komfortabel, aber doch wesentlich besser, als tot oder schwerverletzt irgendwo im Niemandsland zu liegen. Mit der Verpflegung war es außerordentlich schlecht bestellt, wir hatten fast nichts mehr zu essen und suchten in leeren Häusern nach Lebensmitteln, vor allem nach Mehl oder Zucker. Zum Glück hatten wir wenigstens noch genügend Treibstoff.

Oberleutnant Knudsen war mittlerweile ziemlich wortkarg geworden, denn er wusste wohl um unsere aussichtslose Lage und versuchte, seine Truppe irgendwie in Sicherheit zu bringen. Aber was sollten wir tun? Wir wurden eigentlich nur durch die Landschaft getrieben und konnten praktisch keinen Widerstand mehr leisten.

Von Breslau ging es weiter westlich nach Lauban, dann nach Norden nach Cottbus. Und stets spürten wir im Rücken die Übermacht der Russen, die uns mit ihren Panzern und Stalinorgeln beschossen. Die Verluste in unseren Reihen nahmen zu. Wir hatten nicht einmal mehr die Zeit, unsere toten Kameraden zu beerdigen und mussten sie meist liegen lassen, wo sie gefallen waren.

Was in meinem Kopf in diesen Monaten vorging, lässt sich kaum wiedergeben. Ich war zwar noch am Leben, hatte aber irgendwie schon damit abgeschlossen und hoffte, dass ich wenigstens keinen sehr schmerzhaften Tod erleiden müsste. Immer wieder sammelten wir auch versprengte Kameraden auf und integrierten sie in unseren bereits stark dezimierten Haufen. Natürlich waren wir alle verzweifelt und hofften, dass uns unser Oberleutnant wieder lebend nach Hause bringen würde. Die Hoffnung stirbt ja bekanntermaßen zuletzt. Und dieser Satz traf in

schrecklicher Weise auf uns und unsere ausweglose Situation zu.

Unser nächstes Ziel war Frankfurt an der Oder. Aber ich hatte kein gutes Gefühl dabei und ahnte Schlimmes.

»Die Russen planen einen Großangriff«, erklärte ich.

»Wie kommst du darauf? Was hast du?«, entgegnete mir mein Oberleutnant.

»Schauen Sie den Himmel an. Rot-grüne Lichter, in Massen. Leuchtkugeln, die die Ziele zeigen sollen. Der Russe bricht in Massen durch.«

»Bist du wahnsinnig?«

»Ja. Sie werden sehen. Es wird so kommen.«

Er lauschte mit mir auf das ferne Grollen der Panzer und Geschütze, das nichts Gutes verhieß. Von mir war das eine reine Vermutung, weil ich so etwas schon öfters beobachtet hatte. Die Russen schossen wie verrückt, und am Himmel waren viele rote und grüne Lichter zu sehen.

Wir beobachteten diese Lichter, und mein Oberleutnant war plötzlich ganz still. Er wusste, dass ich recht hatte, und überlegte fieberhaft, was zu tun sei. Dann sagte er leise zu mir: »Weißt du was? Ich melde mich krank. Wir fahren zum General der Panzerdivision, ich melde mich krank und sehe zu, dass ich dich hier herausbekomme.«

Am nächsten Morgen fuhren wir zum Gefechtsstand der Division und baten den General, uns zu empfangen.

»Oberleutnant, was ist?«

»Ich möchte mich krankmelden, Herr General. Ich kann meine Einheit nicht mehr führen. Ich leide ständig unter Schwindel und habe außerdem die Ruhr.«

»In Ordnung. Dann fahren Sie zurück. Vierzig Kilometer hinter die Front. Dort melden Sie sich im Lazarett.«

»Kann ich meinen Fahrer mitnehmen?«

»Können Sie. Und wenn Sie wieder genesen sind, melden Sie sich bei mir.«

»Jawohl, Herr General.«

Dann fuhren wir los und haben natürlich die Situation aus der Ferne beobachtet. Leider ist das, was ich vermutet hatte, sogleich eingetreten. Es war furchtbar. Die Russen traten tatsächlich zum Großangriff an, brachen nur Stunden später durch unsere Stellungen und jagten uns in die Flucht, wobei wir die halbe Division verloren haben. Von unseren ursprünglichen 64 Panzern habe ich keinen jemals mehr gesehen und auch keinen der Kameraden. Sie waren verschwunden, ausgelöscht durch diesen barbarischen Krieg.

Ich selbst habe wirklich unglaubliches Glück gehabt, so wie ich eigentlich immer Glück hatte. Aber nun hatten wir praktisch nichts mehr und mussten weiter zurück, irgendwie nach Süden oder Westen.

Da wir über Funk immer Kontakt mit Generalmajor Oskar Audörsch hatten, dem Kommandeur unserer 25. Panzerdivision – oder den Resten, die davon noch übrig waren –, wurden wir in Richtung Frankfurt an der Oder gelenkt. Audörsch war übrigens persönlich immer mit dabei. Er hatte ein Schnapsfläschchen zum Aufmuntern eingesteckt und versuchte, die Kameraden aufzurichten, wenn es hart auf hart ging.

»Jungs, es geht schon weiter. Köpfe hoch! Da, trinkt einen Schluck!«

Mehrere Tage fuhren wir in unserem Tatra-Kübelwagen ganz allein durch die Landschaft und versuchten, unserem Ziel näher zu kommen. Die Landschaft, die Dörfer, die vereinzelt stehenden Gehöfte waren wie im Koma, und selbst tote Gegenstände schienen in Deckung zu gehen. Wir schliefen im Auto und konnten uns in dem einen oder anderen Bauernhof Nahrung besorgen. Die Leute waren sehr verängstigt, begegneten uns misstrauisch und schienen froh, wenn sie uns wieder los waren.

Über die Oder zu kommen, war äußerst schwierig, weil die Brücke über den Fluss bereits gesprengt war. Da die Russen bereits vorgerückt und sehr nahe waren, versuchten wir, zunächst in Richtung Westen zu fliehen, auf Berlin zu. In der Nähe von Fürstenwalde bemerkte ich einen merkwürdigen Geruch und sagte zu Oberleutnant Knudsen, dass es hier wie in einem Krematorium rieche.

»Ach was, da täuschst du dich, Heinz. Was weiß ich, was da verbrannt wird. Denk nicht darüber nach.«

Ich insistierte nicht weiter, war mir aber ziemlich sicher, dass da Leichen verbrannt worden sind. Knudsen wusste genau, was hier geschah, wollte es mir aber nicht sagen und mich vor noch größerem Grauen bewahren.

In Fürstenwalde war die Kommandantur, bei der wir uns neue Befehle abholen sollten, aber dort war niemand mehr, der uns hätte befehlen können.

Da die Russen uns weiterhin bedrängten, versuchten wir, nach Süden Richtung Mähren zu kommen. Immer wieder wurden wir auf der langen Fahrt beschossen. Zumeist umgingen wir Städte und Dörfer und fuhren quer durch die Landschaft, an Cottbus und Dresden vorbei.

Unser nächstes Ziel war Prag. Denn wir hatten keine Möglichkeit mehr, zu unserer Division aufzuschließen, deren kümmerliche Reste in Richtung Niederbayern abzogen. In Prag ging es drunter und drüber. Viele Russen waren bereits in der Stadt, Angehörige der Wlassow-Armee, die auf Seiten Hitlers gegen Stalin gekämpft hatten und nun durch einen Seitenwechsel ihren Hals zu retten hofften. Und auch die Tschechen hassten uns natürlich. Wir wiederum hatten kaum noch Munition und keine Verpflegung. Also rein in die Häuser, um irgendetwas Essbares zu finden. Aus allen Rohren wurde geschossen, aus den Fenstern, aus den Kellern und auf offener Straße. Es waren unaufhörliche harte Kämpfe im Gange, bei denen

vor allem die deutschen Kameraden, die ungeschützt auf den Straßen kämpften, hohe Verluste erlitten. Viele Tote lagen herum, der Pulverdampf und der Lärm der Geschosse waren fast unerträglich. Unaufhörlich zischten Kugeln an uns vorbei. Immer wieder dieses unheilvolle Zischen! Es ging ums blanke Überleben. Wie durch ein Wunder blieben mein Oberleutnant und ich unverletzt, und wir schauten, dass wir wieder aus der Stadt hinauskamen. Allerdings gab es bei den Kameraden weitere Verluste, und einige Panzer, die in Brand gesetzt worden waren, gingen verloren.

Weiter ging es Richtung Süden, aber eigentlich ohne wirkliches Ziel, denn wir hatten fast nichts mehr. Keine Verpflegung, keine Munition, aber immerhin genug Benzin. Einmal schliefen wir im Auto, als plötzlich die Russen ganz nahe waren und uns von beiden Seiten beschossen. Ich startete sofort das Auto und fuhr so schnell ich konnte davon. Der Tatra hatte viele Einschusslöcher, blieb aber fahrbereit und wir blieben unversehrt. Ich hatte eine kleine Verletzung an der Hand, aber das war nicht der Rede wert.

In Mährisch Gronau konnten wir ein, zwei Tage in einem verlassenen Schloss unterkommen, dann ging es weiter in Richtung Budweis, da wir den Auftrag erhalten hatten, die Höhe 119 zu erkunden, um festzustellen, ob die Russen bereits im Anmarsch wären.

Auf dem Weg hatte ich plötzlich das Gefühl, dass es so merkwürdig ruhig war, eine unheimliche Stille. Nichts war zu hören.

»Herr Oberleutnant, es ist irgendwie komisch, ich glaube, wir sind im Niemandsland.«

»Hast du Angst, was ist los mit dir? Da ist doch nichts!«

Plötzlich sahen wir von Ferne einen russischen Panzerspähwagen auf uns zufahren. Ich konnte den Sowjetstern

auf dem Auto klar erkennen. Wir wurden leichenblass, sagten nichts, denn wir wussten, dass dies unser Ende sein konnte, das Ende eines langen Weges, den wir tatsächlich bisher überlebt hatten. In dem Wagen stand ein Mann mit einem Kopfhörer. Als er näher kam, erkannten wir zu unserer Erleichterung Major Witte vom Panzergrenadierregiment 146, der als Russe getarnt war.

»Um Himmels willen, was macht ihr hier?«, rief er uns zu. »Kehrt sofort um, sonst werdet ihr kassiert. Die Russen sind gerade beim Essen, ich habe sie beobachtet, wurde aber nicht erkannt. Ich weiß, wie stark sie sind und wann sie angreifen. Fahrt zurück, ich werde einen Gegenangriff leiten.«

»Und, Herr Oberleutnant? Was machen wir?«

»Ich sehe nichts, aber wir drehen um.«

Dann fuhren wir zurück. Gerade noch rechtzeitig, denn die Russen traten wenig später zum Angriff an. Sie wussten genau, wo sie ihre Leute einzusetzen hatten und wohin sie die Panzer lenken mussten. Major Witte versuchte tatsächlich, sie mit einem Gegenangriff zu stoppen, den er stehend im Kübelwagen begleitete. Aber er war chancenlos. Er konnte ja nur noch einen zusammengewürfelten Haufen aufbieten, der den russischen Panzern, die in Keilformation angriffen, gegenüberstand. An Material waren sie uns weit überlegen, ebenso an Personal, darunter viele Frauen. Hinter den Panzern fuhren Panjewagen, beladen mit Spritfässern. Bei uns hingegen war Benzin kaum mehr zu bekommen.

Da der Mangel an Versorgung mittlerweile eklatant war, habe ich immer versucht, einigermaßen über die Runden zu kommen. Mein Oberleutnant sagte eines Tages zu mir, dass wir uns unbedingt etwas überlegen müssten, um wieder an Verpflegung zu kommen. Wir hätten ja praktisch nichts mehr zu essen.

»Da fällt mir schon etwas ein, Herr Oberleutnant«, antwortete ich zuversichtlich.

Dann ging ich in einen kleinen Lebensmittelladen, der eigentlich nur Mitglieder der Waffen-SS versorgen durfte. Und diese erkannte man am Totenkopf auf dem Kragenspiegel. Aber auch wir Panzersoldaten der Wehrmacht trugen dieses Symbol. Im Laden zeigte ich selbstbewusst mit dem Finger auf den Totenkopf. Das genügte, um ein wenig Wurst, Käse und Brot zu bekommen.

Die Versorgung mit Benzin war in dieser Endphase des Krieges erstaunlicherweise etwas besser. Und wenn der Sprit tatsächlich einmal knapp war, konnte ich mit einem kleinen Weinschlauch, den ich im Auto hatte, Benzin aus liegen gebliebenen Fahrzeugen saugen, sodass wir wieder weiterfahren konnten. Und in einer Kiste, die eigentlich für drei Panzergranaten vorgesehen war, verstaute ich immer Lebensmittel. So habe ich mich »durchgeschafft«, sonst wäre ich nicht hier.

Anfang Mai 1945 erreichte uns dann vor Budweis die Meldung, dass Deutschland kapituliert habe und der Krieg aus sei. Dies löste bei uns allen große Freude aus, denn wir waren zermürbt und wollten vom Krieg schon lange nichts mehr wissen. Der Kradfahrer Rommel, der diese Meldung weiterleiten sollte, fuhr in rasendem Tempo los, rief noch »Der Krieg ist aus, der Krieg ist aus!«, verlor aber in seinem Überschwang die Kontrolle über sich und das Fahrzeug und fuhr mit hoher Geschwindigkeit direkt in einen stehenden Panzer hinein. Er war sofort tot. Ich war geschockt, denn der herzensgute Rommel hätte es verdient gehabt, die Heimat wiederzusehen.

Auf dem Weg nach Budweis kamen wir an einem Flüchtlingstreck vorbei und trafen eine Frau, die uns ihr fürchterliches Schicksal schilderte. Im eisig kalten Winter 1945 hatte sie sich mit ihren drei Kindern und dem Opa

auf den Weg nach Westen gemacht, denn die Russen waren durchgebrochen. In einer frostklirrenden Nacht erfroren die Kinder, und der Großvater erlitt Erfrierungen dritten Grades und konnte sich kaum mehr auf den Beinen halten. In ihrer Verzweiflung legte sie die Kinder an die Böschung und bedeckte sie mit Schnee, sodass nur mehr die Köpfe zu sehen waren. Dann zog sie weiter, denn die Russen waren ihr dicht auf den Fersen.

Mit der Bekanntgabe der Kapitulation war klar, dass es für uns keine andere Lösung gab, als uns zu ergeben. So fuhren wir mit unserem Tatra nach Budweis hinein, wo sich neben den Tschechen auch Amerikaner, Russen und Franzosen befanden, hielten an, stiegen aus und ergaben uns. Schluss, aus, das war's. Uns erwartete natürlich kein freundlicher Empfang. Die Tschechen nahmen uns das Auto ab, entwaffneten uns, und einer hielt mir die Pistole an die Schläfe und drückte den Lauf so fest in meinen Kopf, dass die Stelle selbst heute noch zu sehen ist.

Ein Russe riss mir die Uhr, die mir mein Opa geschenkt hatte, samt Uhrkette aus der Hose und brüllte mir ins Ohr: »Urr ist, urr ist!«

Viele Kameraden konnten die Aussicht, in russische Kriegsgefangenschaft zu geraten, nicht ertragen. Sie zogen den Freitod vor.

Auch ich habe immer wieder überlegt, was ich machen sollte. Aber ein Selbstmord kam für mich nicht infrage. »Jetzt bist du schon so weit gekommen, da wirst du dich nicht kurz vor der Ziellinie töten. Nein, du musst durchhalten«, sagte ich mir.

Um uns zu erniedrigen, stellten die Russen eine Militärkapelle auf, die deutsche Märsche spielte. Dann mussten wir in Zwölfer-Reihen im Stechschritt an den Russen vorbeimarschieren. Das Grinsen in ihren Gesichtern werde ich nie vergessen. Wir waren in dieser Zeit völlig ausge-

hungert, denn wir hatten seit Tagen keine Lebensmittel mehr bekommen. Scheinbar wollte der russische General sehen, wie wir diese Belastung ertragen konnten.

Dann kamen wir in der Nähe von Budweis in ein Gefangenenlager, das in einem großen Wald lag. Einige Tage hielt man uns dort ohne jede Verpflegung fest. Wir mussten einfach sehen, wie wir durchkamen. In einem anderen Teil dieses Waldlagers waren Flüchtlinge mit ihren Wagen. Jede Nacht hörten wir die verzweifelten Schreie der Frauen, die dort reihenweise vergewaltigt wurden. Es war grauenvoll. Wir lagen auf dem Boden und mussten alles mit anhören. Natürlich war an Schlaf fast nicht zu denken.

Nach einigen Tagen erlaubte man uns, Bäume zu fällen und uns Hütten zu bauen, damit wir wenigstens einigermaßen geschützt waren. Dann mussten wir antreten und es wurde uns mitgeteilt, welcher der vier Siegermächte wir zugeteilt würden. Die einen kamen nach Russland, andere zu den Amerikanern, Engländern oder Franzosen.

Ich hatte das große Pech, dass ich in russische Gefangenschaft kam. Das Lager war gut bewacht, an Flucht nicht zu denken. Wir hätten ja auch nicht gewusst, wohin wir fliehen sollten. Außerdem waren wir völlig entkräftet, da wir weder Lebensmittel noch Wasser bekommen hatten.

In dem Lager ging es drunter und drüber. Russen und Tschechen hatten nicht damit gerechnet, dass derart viele Gefangene in das Lager kommen würden. Die herumlaufenden Pferde der Flüchtlinge wurden von Metzgern nach und nach geschlachtet, damit wir etwas zu essen bekamen. Damit das Fleisch nicht verdarb, haben wir Löcher gegraben und das Fleisch hineingehängt.

An dem Lager war ein Tor, das ständig bewacht war. Da meine Tante Russin war, hatte ich ein wenig Russisch gelernt. Ich sagte zu meinem Chef, dass wir Holz bräuchten, um Feuer zu machen.

»Wie willst du denn da hinauskommen? Das ist ja unmöglich.«

»Lassen Sie mich gehen, das schaffe ich schon«, meinte ich selbstsicher.

Dann besorgte ich mir einen Karren mit einem Pferd und fuhr zu dem Wachposten beim Tor.

»Wo willst du hin?«

»Ich muss Holz holen zum Feuer machen.«

»Raus. Wenn du nicht mehr zurückkommst, weißt du, was passieren wird.«

Dann fuhr ich durch das Tor und suchte nach Holz oder Brettern, die ich auf den Karren lud. Danach fuhr ich wieder zurück zum Lager, das Tor wurde geöffnet, und ich fuhr hinein, sehr zur Verwunderung der Kameraden. So hatten wir wenigstens ein wenig Material zum Feuer machen, freilich immer noch keine Verpflegung, außer dem Fleisch der Pferde, wobei die Leber der Tiere am beliebtesten war. Wir mussten uns einfach selbst helfen, sonst wären wir jämmerlich zugrunde gegangen.

Dann kam der Tag, an dem wir abtransportiert und in Güterwaggons verladen wurden: dreißig, vierzig Mann in einen Waggon. Wir saßen auf dem Boden. In der Mitte des Waggons war ein Loch mit einem Trichter, damit wir unsere Notdurft verrichten konnten.

Wir mussten alles abgeben, natürlich auch die Messer, nur einen Löffel durften wir behalten. Dann wurde die Tür geschlossen und verplombt. Weiterhin gab es nichts zu essen und zu trinken. Der Zug ratterte langsam dahin, und wir wussten nicht, wo wir waren oder wohin es ging. Durch Worte, die ins dunkle Innere des Zuges drangen, ahnten wir, dass wir uns gerade in Ungarn oder Rumänien befanden. Wenn der Zug in einem Ort stehen blieb und kein Posten in der Nähe war, haben uns hilfsbereite Menschen durch den Trichter, also von unten, Essen hereinge-

reicht, sodass wir wenigstens ein bisschen was zu uns nehmen konnten. Wenn ein Waggon nichts bekam, hatten alle nichts zu essen und zu trinken. Viele haben das nicht überlebt. Die Toten wurden von den Russen bei jedem Halt aus dem Zug gezerrt und wie Abfall einfach an der Böschung abgelegt. Unser Leben hing an einem seidenen Faden.

Die tagelange Fahrt ging bis nach Odessa ans Schwarze Meer. Alle Kameraden waren apathisch, vor Hunger und Durst konnten wir keine klaren Gedanken mehr fassen. Aber es ist unglaublich, was der Mensch alles aushalten kann. Denn der größte Teil der Kameraden hat diese Fahrt überlebt.

In Odessa wurden wir ausgeladen und zum Hafen gebracht, wo wir in einen Frachter verschifft wurden. Dort standen wir eingepfercht Mann an Mann. Es gab keine Gelegenheit, unsere Notdurft zu verrichten. Wir mussten einfach in die Hosen machen. Unvorstellbar, wie es auf dem Frachter gestunken hat. Die Fahrt ging bis Sewastopol auf der Halbinsel Krim. Dort wurden wir an Land gebracht. Viele Menschen beobachteten unseren Elendszug, und in ihren Augen stand der blanke Hass. Die Leute warfen mit Steinen auf uns, und wir versuchten, uns mit erhobenen Armen irgendwie zu schützen, denn niemand hätte uns geholfen, wenn wir von einem Stein getroffen worden wären.

Von dort ging es weiter auf der Ladefläche von LKWs nach Feodossija, einer Stadt, die ebenfalls auf der Krim liegt. Dort bekamen wir zum ersten Mal etwas zu essen. Bis hierher war immer noch mein Oberleutnant dabei, mit dem ich den langen, weiten Weg gemeinsam hatte machen müssen. Dann aber wurden wir in verschiedene Lager aufgeteilt. Für mich ging es in die Nähe von Kertsch, einer Hafenstadt im Osten der Krim. Das Lager war eigentlich

noch gar nicht vorhanden. Es war nur eine bewachte Fläche, wir lagen zunächst im Freien auf dem Boden und mussten die Baracken selbst aufbauen. Als Erstes holten wir Steine von kriegszerstörten Häusern, und mit diesen konnten wir mit Zement und Sand die Baracken errichten, in denen wir dann gehaust haben. Im ganzen Lager gab es nur einen einzigen Wasserhahn für alle 1200 Gefangenen.

Da diese Zustände natürlich barbarisch waren, versuchte ich, mittels meiner Russischkenntnisse mit einem der Bewacher Kontakt aufzunehmen. Dabei durfte man nicht an den Falschen geraten. Die Mongolen waren hart und unerbittlich, also sprach ich einen Ukrainer an. Der sagte mir, dass er mir auch nicht helfen könne, wir müssten halt mit der Situation klarkommen.

Wenigstens gab es nun regelmäßig etwas Verpflegung: ein dünnes Süppchen mit wenigen Erbsen drin, dann Kascha, einen Brei aus Buchweizen und etwas zumeist nasses Brot, vier, fünf Scheiben pro Mann, die man auf den ganzen Tag verteilen musste.

Im ersten Jahr der Gefangenschaft sind rund fünfzig Mann pro Tag gestorben. Die Russen kamen immer wieder vorbei und fragten nach, wie viele Gefangene »kaputt« seien. Dann wurden die Toten von uns auf einen Leiterwagen geladen und von den Russen irgendwohin gebracht. Wohin, haben wir erst viel später erfahren. Die Leichen wurden in Massengräber geworfen und verscharrt.

Während der Gefangenschaft bekam ich Gelbsucht, dann steckte ich mich in der Enge mit Bauchtyphus an und kam jeweils auf die Krankenstation. Typhus trat in den Gefangenenlagern wegen der grauenhaften hygienischen Zustände sehr häufig auf, und viele haben die Infektion in ihrem allgemein geschwächten Zustand nicht überlebt. Für Infizierte bedeutete es sechs Wochen Quarantäne. In der Krankenstation gab es einen Raum mit rund fünfzig

Kameraden, die von der Krankheit gezeichnet und völlig entkräftet, ausgezehrt und regelrecht verhungert waren. Bei manchen war der Kopf aufgedunsen wie ein Ballon, die Beine dagegen dünn wie Stöcke. Alle waren dem Tod geweiht und bekamen keinerlei Versorgung mehr. Zuerst erwischte es immer die Kräftigen, die Schlanken hielten länger durch. Einer sah mich und flüsterte mir zu, ich möge ihm doch einen Schluck Wasser bringen. Als ich ihm das Wasser reichte, schlürfte er es vorsichtig, sah mich an, und wir beide wussten, dass es sein letzter Schluck sein würde. Diesen Moment, diesen Blick werde ich nie vergessen.

Jeden Tag bekamen wir drei kleine, salzige Fischchen zu essen. Einmal stutzte ich und sah, dass eines dieser Fischchen eine Maus war. Da hat es mich derart geekelt, dass ich die Fischchen daraufhin nicht mehr angerührt habe. Irgendwann habe ich dann festgestellt, dass alle meine Zähne gewackelt haben. Das erzählte ich einem Russen, der mir daraufhin eine Zwiebel mit dem Rat gab, das Zahnfleisch damit einzureiben. Das würde helfen. Ich glaubte ihm zwar nicht, rieb aber trotzdem mein Zahnfleisch mit der Zwiebel ein. Tatsächlich wurden die Zähne wieder wesentlich fester, und die Ärztin in der Krankenstation erklärte mir, die wackelnden Zähne seien eine Folge von Vitaminmangel, und ich sollte unbedingt die Fischchen wieder essen. Also hatte ich wieder etwas Wesentliches dazugelernt.

Auch sonst hat mich diese junge Ärztin freundlich und sachkundig behandelt. Eines Tages aber war sie nicht mehr da. Ich erfuhr von einem russischen Bewacher, dass man sie verhaftet habe, weil sie den deutschen Kriegsgefangenen nicht mit genügend Härte begegnet sei.

Einmal kam eine andere Ärztin mit einem dicken Buch in der Hand zu mir und forderte mich auf, mit ihr zu

kommen. Auf einer Pritsche lag ein zugedeckter Toter. Sie nahm das Tuch weg und öffnete den Kopf mit Skalpell und Säge, sodass das Klein- und Großhirn deutlich zu sehen waren. Das Blut floss aus dem Kopf heraus auf den Boden. Sie studierte das Innere des Kopfes und deckte diesen wieder zu. Dann sollte ich das Blut aufwischen. Jetzt wusste ich, warum sie mich gebraucht hatte.

Nach vielen Monaten in diesem Lager wurden zehn Gefangene ausgewählt, die die halb verwesten Leichen der Kameraden wieder ausgraben mussten, die an Hunger und Krankheit gestorben waren und die man auf dem Lagergelände begraben hatte. Sie wurden von den Russen weggefahren und vermutlich ins Schwarze Meer gekippt. Wir erhielten die Aufgabe, in den Grablöchern, in denen die Toten gelegen hatten, Fundamente zu errichten, auf denen dann Häuser gebaut werden sollten.

Die Steine, die für die Fundamente und Mauern gebraucht wurden, kamen aus einem nahe gelegenen Steinbruch mit Muschelkalkstein. Die Kameraden, die in diesem Steinbruch arbeiten mussten, fuhren mit einem Aufzug aus Holz rund hundert Meter in die Tiefe. Zurück ging es über eine Leiter. Mit Sägen wurden die Platten aus dem Gestein geschnitten. Wenn es ein rauschendes Geräusch gab, hieß es, ganz schnell wegzuspringen, weil sich dann die Steinplatte gelöst hatte. Viele Kameraden, die nicht schnell genug wegkamen, sind von stürzenden Steinplatten erschlagen worden. Die Steinplatten sollten dann auf ein exaktes Maß gesägt werden. Die Arbeiter im Steinbruch mussten tägliche Normen erfüllen, sonst wurde ihnen die Essensration gekürzt, und sie mussten zusätzliche Strafarbeiten verrichten wie Unkraut jäten zwischen dem Stacheldraht.

Ich bekam die Aufgabe, den Mörtel, der für den Bau der Häuser gebraucht wurde, zu tragen. Viele Stunden von

früh bis spät schleppte ich die schweren Kübel, und das bei schlechter Verpflegung. Abends war ich total ausgelaugt. Aber das war allemal noch besser, als die Leichen aus den Massengräbern auszubuddeln. Das war eine wirklich grauenvolle Aufgabe, die man sein ganzes Leben lang nicht vergessen kann. Jeden Tag wurden dazu zehn Mann eingeteilt. Glücklicherweise hat es mich nie getroffen.

Von Kameraden, die gelernte Maurer waren, lernte ich bald den richtigen Umgang mit Mörtel und Kelle. Nachdem ein Aufseher mich beim Werfen des Mörtels beobachtet hatte, erklärte er: »Du Spezialist!« Von nun an war ich also »Spezialist« und sollte die rund fünfzig Häuser verputzen und zusammen mit mehreren Kameraden sogar mit Stuck verzieren. Auch ein Theater mussten wir errichten. Obwohl die Mittel außerordentlich primitiv waren, gelang uns das ganz gut, besser jedenfalls als den Russen. Uns wurde mitgeteilt, dass wir so lange in diesem Lager würden bleiben müssen, bis der ganze Ort aufgebaut war. Das machte mich mutlos, denn es lag noch sehr viel Arbeit vor uns, an die ersehnte Heimkehr war also nicht zu denken.

Als ich später einmal das Theater betrat, lagen überall große Mengen von Sonnenblumenkernen auf dem Boden verstreut. Ein Russe erklärte mir, dass das ganz normal sei: »Wenn wir ins Theater gehen, knabbern wir ständig Sonnenblumenkerne. Wir beißen sie auf, essen das Innere und spucken die Schalen auf den Boden. Irgendwann werden sie dann wieder zusammengekehrt.«

Auch beim Aufbau von Fabriken sollten wir helfen. Häufig kamen Züge aus Deutschland, beladen mit Werkzeugmaschinen. Diese wurden einfach in den Sand geworfen. Meiner Meinung nach musste dieser achtlose Umgang die Maschinen unbrauchbar machen. Aber die Russen haben die Maschinen zerlegt und tatsächlich wieder zum

Laufen gebracht. Von da an hatten wir keinen Zutritt mehr zu den Fabriken.

Beim Aufbau der Fabrik waren auch einige Frauen mit technischen Arbeiten beschäftigt.

»Wie kommt es, dass du das alles kannst?«, fragte ich eines Tages eine sehr junge Frau.

»Weil ich das studiert habe«, erwiderte sie. »Wir studieren in Russland nicht so lange wie ihr. Wir haben sehr viel Praxis in der Ausbildung und viel weniger Theorie.«

So schlich die Zeit dahin. Aus Monaten wurden Jahre, und schließlich war es 1949. Nach und nach wurde das Lager geräumt, die Gefangenen nach Hause geschickt. Eines Tages erhielt meine Arbeitsbrigade den Befehl, in Simferopol Generalstabsbauten für hohe Offiziere zu bauen. Auf der Fahrt dahin war ich sehr nachdenklich und irgendwie mutlos. Und ich sagte mir, dass ich als »Spezialist« vermutlich nie mehr nach Hause kommen würde.

Bei der Ankunft am Abend befahl ein russischer Aufseher: » Fünf Mann Spezialist, zwei Mann Handlanger.«

»Njet«, entgegnete ich. »Sechs Spezialist, ein Zwangsarbeiter.«

»Lasst mich gehen«, raunte ich meinen Kameraden zu. »Wenn ich bei euch mitmache, kommen wir alle nach Sibirien.«

»Es sind aber fünf Spezialist.«

»Ich mache aber nicht mehr mit«, entgegnete ich.

»Dann bekommst du von mir 25 Jahre Zwangsarbeit in Sibirien«, brüllte mich der Aufseher an.

»Mach es doch!«, schrie ich mit dem Mut der Verzweiflung zurück.

Darauf spuckte der Aufseher vor mir auf den Boden und rief: »Geh zum Teufel! Steig auf den Lastwagen!«

Dann ging es wieder zum Lager zurück, wo die Kameraden sich bereits zum Aufbruch rüsteten. Die Tore stan-

den schon offen. Natürlich hatte ich nun große Sorge, was mit mir geschehen würde. Stand mein Name auf der Liste der Rückkehrer? Oder würde man mich in ein Straflager stecken? Aber ich hatte Glück, wurde eingereiht, bekam Kleidung zugeworfen und ein Handtuch und musste in einen Güterwaggon steigen, dessen Zug nach Kertsch fuhr. Dort wartete schon der Zug in Richtung Westen, der Heimat entgegen. Wir freuten uns natürlich unglaublich, aber jeder war mit seinen eigenen Gedanken beschäftigt. Wie geht es der Familie? Sind alle noch am Leben? Steht das eigene Haus noch? Was erwartet uns, wenn wir nach Hause kommen? Werde ich Arbeit finden, um mich zu ernähren?

Nach einigen Tagen Fahrt erreichten wir Leipzig, und von dort ging es weiter zu den Amerikanern nach Hof. Wir hatten schon mitbekommen, dass aus den einstigen Alliierten ziemlich erbitterte Feinde geworden waren. Die amerikanischen Vernehmungsoffiziere wollten unbedingt wissen, wie es uns in russischer Gefangenschaft ergangen war und welche Beobachtungen wir gemacht hatten. Sie boten uns sogar zwanzig Mark für unsere Aussagen. Ich sah darin aber nur ein Mittel, um mich zu fangen. Als mich ein Amerikaner fragte, was ich in Russland erlebt hätte, welche Arbeiten ich hatte verrichten müssen, entgegnete ich ihm, dass ich nicht darüber sprechen wolle. Viele Kameraden haben ebenfalls die Aussage verweigert, andere sind der Verlockung der zwanzig Mark erlegen.

Dann erhielt ich meine Entlassungspapiere und konnte einen Zug besteigen, der nach Aschaffenburg fuhr. Von dort ging es weiter nach Mainaschaff, wo meine Großeltern wohnten. Aber das Haus war verschlossen, und von den Nachbarn erfuhr ich, dass meine Großeltern nicht mehr am Leben waren. Also ging ich ins Nebenhaus zu meiner Tante, die ja Russin war. Ein anderer Onkel hatte

das Haus meiner Großeltern bereits mit Beschlag belegt, sodass ich nicht mehr in mein Zimmer konnte.

»Wir können dich nicht nehmen. Wir haben ja selbst zwei Kinder«, erklärte er unfreundlich.

Meine Tante sagte dann tröstend, dass es kein Problem wäre und sie würde mich aufnehmen. Ich solle bloß meine Matratze aus dem Haus meiner Großeltern holen.

Als ich dort klopfte, öffnete die andere Tante, ein Messer in der Hand, und schrie mich giftig an: »Immer, wenn es an der Türe klopft, möchte irgendjemand etwas von mir.«

Also ging ich wieder zurück zu meiner Tante. Denn das Haus, in dem ich aufgewachsen war, durfte ich offenbar nicht mehr betreten.

»Ich sehe zu, dass ich dir eine Matratze besorge. Mach dir keine Sorgen, wir kriegen das schon«, beruhigte sie mich. Irgendwie ging es dann tatsächlich weiter.

Meine größte Sorge aber galt meinem ehemaligen Chef, Oberleutnant Knudsen. Unsere Wege hatten sich im ersten Gefangenenlager in Feodossija getrennt, weil einfache Soldaten wie ich und Offiziere in jeweils andere Lager kamen. Bei unserem letzten gemeinsamen Moment hatte er mich noch um eine Zigarette gebeten und ich hatte ihm gern meine letzte gegeben. Denn ich rauchte ja sowieso nicht.

»Wir beide sind jetzt nichts als Nullen«, hatte er resigniert gemeint. »Hoffentlich überstehen wir das Ganze. Wenn wir wieder nach Hause kommen, melde dich bei mir. Dir werde ich immer helfen.«

Das waren seine letzten Worte zu mir. Dabei hatte er mir fest in die Augen geschaut. Danach hatten ihn die Russen in einen Waggon getrieben, der irgendwohin fuhr.

Ich versuchte immer wieder, über das Rote Kreuz ausfindig zu machen, wo sich mein Chef aufhielt. An seiner

Hamburger Adresse ist er nie aufgetaucht, seine Frau und seine beiden Kinder blieben ebenso verschollen. Ganz offensichtlich hatte er die Gefangenschaft nicht überlebt, und seine Familie ist vermutlich umgekommen. Noch heute muss ich oft an ihn denken. Er war wirklich ein feiner Mensch.

Mein langer, schwerer Weg

Zeitzeugenbericht von Michael Strasser

Meine Kinder- und Jugendjahre, an die ich mich gerne zurückerinnere, habe ich in Puchschlagen verbracht, einem kleinen, damals rein landwirtschaftlich geprägten Ort im Dachauer Land im Nordwesten von München. Puchschlagen war damals mit rund 150 Einwohnern die mit Abstand kleinste Gemeinde im weiten Umkreis.

Mein Vater hatte den elterlichen Hof, der »zum Baumer« genannt wurde, kurz nach dem Ende des Ersten Weltkriegs im Jahre 1919 übernommen. Im selben Jahr heiratete er die Bauerntochter Maria Lochner vom Loder-Hof, die ebenfalls aus Puchschlagen stammte. Natürlich kannten sich die beiden bereits seit ihrer frühen Kindheit.

Die Übernahme des Hofes erfolgte in einer sehr schweren Zeit, nicht nur wegen der allgemeinen Notsituation nach dem Ersten Weltkrieg, sondern auch, weil unser Großvater mehr dem Wirtshaus zugeneigt war als der Hofarbeit. Meine Tante hat mir immer wieder erzählt, dass er in der schlechten Zeit oft gefragt hat: »Wann gibt's denn wieder einmal a guat's Bier?« Es hatte ja seit den

Kriegsjahren nur Dünnbier gegeben. »A guat's Bier« war ihm aber nicht mehr vergönnt. Er verstarb bereits ein Jahr nach der Hofübergabe 1919, sodass ich ihn auch nicht mehr kennengelernt habe.

Von meinem Vater weiß ich, dass die anderen Bauern den »Baumerhof« schon unter sich aufgeteilt hatten, so schlecht war dessen wirtschaftliche Situation. Mit viel Fleiß und Mühe brachten meine Eltern den Hof aber dann gemeinsam wieder hoch, und aus der Aufteilung wurde nichts. In dieser bewegten Zeit kam ich am 27. September 1924 als jüngstes von drei Kindern zur Welt.

Es waren wirklich keine guten Zeiten damals. Die Inflation und der wirtschaftliche Niedergang ganz Deutschlands machten sich auch in unserem kleinen Bauerndorf bemerkbar. Unser Nachbar Josef Loder musste seinen schönen Hof »zum Scharl« verkaufen. Dessen Vater hatte dem Schriftsteller Ludwig Thoma als Vorlage für die in dem gleichnamigen Roman beschriebene tragische Figur des Andreas Vöst gedient.

In diesen Jahren wurde viel landwirtschaftlicher Grund verkauft oder vertauscht, wie man damals sagte. Beim Vertauschen wurden Grundstücke zwischen den Bauern so getauscht, dass kleine und schlecht zu bewirtschaftende Parzellen zu größeren Flächen zusammengelegt wurden. Das war so ähnlich wie heute die Flurbereinigung, aber auf freiwilliger Basis. Mein Vater wirtschaftete gut und konnte in diesen schlechten Jahren von 1926 bis 1930 17 Tagwerk Grund dazukaufen. Wir hatten dann 45 zusammenhängende Tagwerk Wiesen und Äcker.

Mit dem Scharlhof dagegen ging es auch unter dem neuen Besitzer Josef Thurner immer weiter abwärts. Er hatte keine glückliche Hand, sodass er den Hof Ende 1930 nicht mehr halten konnte. Man musste damals nämlich beim Viehhandel sehr umsichtig vorgehen. Wenn man nicht

Familienfoto vor unserem Hof in Puchschlagen

aufpasste, konnte man viel Geld verlieren. Dass man sich für eine gute Kuh und noch etwas Aufgeld eine »dürre Kuh« eingehandelt hatte, stellte sich oft erst viel zu spät heraus. Wahrscheinlich aber war Josef Thurner auch seit dem Kauf des damals schon verkleinerten Scharlhofes bei den Banken schwer verschuldet. Im Frühjahr 1930 wurde klar, dass Josef Thurner wegen der allgemein schlechten Wirtschaftslage den Scharlhof würde aufgeben müssen. Mein Vater sah darin seine Chance. Er tauschte die Hofstelle des Scharlhofes gegen unsere kleinere Hofstelle »zum Baumer« ein. Eines Abends im Juni 1930 wurde das Geschäft beim Wirt ohne langwieriges Verhandeln abgeschlossen. Seinen Erzählungen nach kam der Vater dann vom Wirt heim und sagte einfach: »Jetzt hab' ich den Scharlhof eingetauscht.«

Man kann sich vorstellen, dass meine Mutter und die Großmutter ziemlich erschrocken sind. Damit ging das Kauf- und Tauschkarussell in Puchschlagen erst richtig los: Meine Familie zog vom Baumerhof, unserem Geburtshaus also, in den Scharlhof. Ein anderer Nachbar, der

Besitzer des Pechlerhofs, übernahm unsere nun frei gewordene Hofstelle, und die Familie Geretshauser vom Schneiderhof wechselte in den jetzt wiederum frei gewordenen Pechlerhof. Der kleine Schneiderhof selbst wurde aufgegeben. Es wurde auch kräftig Grundstückstausch und -kauf getrieben, soweit eines jeden Mut und Kräfte es eben zuließen.

Nach 1930 wurde aber die wirtschaftliche Lage nicht besser, besonders für die »Tauscher«, die sich natürlich verschulden mussten. Mein Vater erzählte immer wieder von dieser Zeit: »Oft haben die drei Tauscher zueinander gesagt, sie könnten den Zins bald nicht mehr aufbringen.«

Meine Eltern aber wirtschafteten umsichtig und überstanden diese Zeit. Die Jahre gingen ohne besondere Vorkommnisse ins Land, bis Adolf Hitler an die Macht kam. Dann wurde der politische Wind schlagartig rauer, die Zeiten änderten sich. Heute ist Adolf Hitler als größter Verbrecher der Geschichte verurteilt, aber damals wurde er von vielen als der Retter angesehen, weil sich im Land die Lage besserte. Plötzlich war wieder für alle Arbeit da, man hatte das Gefühl, dass es mit Deutschland bergauf ging. So konnten sich auch die Bauern, die oftmals tief verschuldet waren, wirtschaftlich wieder erholen.

Nach den Osterferien im Jahre 1931 wurde ich in der Volksschule in unserem Nachbardorf Kreuzholzhausen eingeschult. Damals war der Schuljahresbeginn im Frühling und nicht wie heute im September. Der Weg dorthin war ungefähr zweieinhalb Kilometer lang, wobei die Hälfte der Strecke leicht bergauf durch den Wald führte. Im Winter wie auch im Sommer gingen wir diesen Weg zu Fuß, niemand hatte ein Fahrrad geschweige denn ein Auto. Busse gab es auch nicht. Wenn es im Winter richtig viel geschneit hatte, spannten manche Bauern Pferde vor einen Schlitten. Mit diesem Schlittengespann fuhren wir

zur Schule. Wer aber zu spät dran war und die Abfahrt verpasste, musste dann halt leider doch zu Fuß gehen.

Alle sieben Klassen waren in einem einzigen Klassenzimmer versammelt: vierzig Kinder, unterrichtet von einem einzigen Lehrer mit Namen Andrä. Für uns Kinder war es eine feine Zeit, besonders zur Mittagsstunde, denn da konnten wir uns in der ganzen Ortschaft herumtreiben. Im Jahre 1938 wurde schließlich die 8. Klasse eingeführt. Ich besuchte gerade die 7. Klasse, durfte aber nicht in diese neue 8. Schulklasse vorrücken, denn wir Bauernkinder mussten in die »Feiertagsschule«, eine Art landwirtschaftlicher Berufsschule. Anfangs fand diese sonntags statt, später wurde sie auf einen Werktag verlegt. 1939 wurde ich dann aus der Schule entlassen, besuchte aber noch weitere zwei Jahre die Feiertagsschule.

Als ich im September 1939 15 Jahre alt wurde, war der Krieg gerade ausgebrochen. Eigentlich wäre ich gern Landmaschinen-Mechaniker geworden, aber in dieser Situation musste ich mir das aus dem Kopf schlagen. So blieb mir nichts anderes übrig, als auf dem elterlichen Hof zu arbeiten.

Viel vom Kriegsgeschehen haben wir auf unserem kleinen Bauernhof in dem kleinen Ort im Dachauer Hinterland nicht mitkommen. Ich wollte aber wissen, was auf der Welt passiert, und habe deshalb alles gelesen, was ich bekommen konnte. Plötzlich kam der Krieg dann auch zu uns, mitten hinein in die Familie, denn im Oktober 1940 brachte der Postbote den Gestellungsbefehl für meinen älteren Bruder Josef.

Bald wurde er nach München-Freimann in die damalige Verdun-Kaserne zur Artillerie eingezogen. Später kam er nach Lille in Nordfrankreich. Von dort aus musste er im April 1941 nach Polen an den Bug, den Grenzfluss zu Russland, in eine Bereitschaftsstellung. Keiner wusste,

was dort gespielt wurde, da Deutschland und die Sowjetunion ja einen Nichtangriffspakt geschlossen hatten. Am 22. Juni 1941 um 2 Uhr früh begann mit dem »Unternehmen Barbarossa« der Angriff auf Russland, der meinen Bruder über Lemberg, Smolensk, den Jelna-Bogen, Moschaisk und Gshask bis rund 17 Kilometer vor Moskau führen würde. Dort kam der Vormarsch durch Regen, Schnee und Kälte, den gefürchteten »russischen General Winter«, zum Stehen. So kam es zu einem fürchterlichen Stellungskrieg, von dem mein Bruder später berichtete.

Er diente bei einer »bespannten« Artillerieeinheit der 7. Infanteriedivision. Das waren Geschütze, die noch mit Pferdegespannen gezogen wurden. Im August 1942 geschah dann ein folgenschweres Unglück. Die Pferde seines Gespanns gingen durch und rannten blindlings in vollem Galopp davon. Das Gespann stürzte um, und mein Bruder kam unter die Lafette. Er trug neben anderen Verletzungen eine schwere Gehirnerschütterung davon, wurde von Smolensk über Kiedrich und Eltville nach München ins Lazarett gebracht und am 15. Dezember 1942 als dienstunfähig aus der Wehrmacht entlassen.

Dieser Unfall mag ihm das Leben gerettet haben, denn viele Kameraden aus seiner Einheit kehrten nicht mehr aus dem Krieg zurück, aber das Schicksal wollte es, dass er Jahre später bei einem ähnlichen Unfall zu Tode kam.

Auf dem Hof unserer Eltern hatten wir viel Arbeit. Meine Großmutter war ja schon lange tot, meine Mutter fast erblindet und mein Bruder irgendwo in der Weite Russlands im Krieg. So brauchten wir dringend Unterstützung. Uns wurde German, ein französischer Kriegsgefangener, zugewiesen. Beim Nachbarn arbeitete ein anderer Franzose mit Namen Glordie. Die beiden sind dann eines Tages, ich glaube, es war im August 1942, gemeinsam geflohen. Niemand wusste wohin. Das wurde natürlich

gemeldet, und so bekamen wir neue Zwangsarbeiter zugeteilt. Unser Bürgermeister Reindl fuhr dazu mit dem Pferdefuhrwerk nach Dachau in das dortige Dulag-Lager, einem Durchgangslager für Kriegsgefangene, und kam mit drei Arbeitern zurück.

Einer davon war ein junger Kerl mit Namen Iwan. Der kam zu uns auf den Hof. Er war aus der Ukraine einfach deportiert worden, stammte aus der Nähe von Kriwoi Rog, war Jahrgang 1925 und damit ein Jahr jünger als ich. Nach seiner Gefangennahme wurde er zunächst nach Wien verfrachtet. Dort konnte er fliehen und kam, nachdem man ihn wieder gefangen genommen hatte, nach Penzberg in ein Bergwerk. Nachdem er auch da entkam und erneut gefangen worden war, kam er in das Lager Dulag nach Dachau, und von dort zu uns.

Iwan war groß und hatte einen kahlgeschorenen runden Kopf, genauso wie ich später als Gefangener in Russland. An dem Tag, als er bei uns ankam, gab es Schmalznudeln, in Schmalz gebackene Nudeln aus Roggenmehl. Dazu noch »gestöckelte Milch«. Das war das Abendessen für alle, auch für Iwan. Der war vollkommen ausgehungert und da er an unserem Tisch essen konnte, so viel er wollte, stopfte er sich richtig voll. Aber in der Nacht bekam er von dem schweren, fettigen Essen derartige Bauchkrämpfe, dass er sich vor Schmerz krümmte.

Es war so schlimm, dass ihn mein Vater am nächsten Morgen auf das Pferdegespann setzte und mit ihm nach Dachau ins Krankenhaus fuhr. Am Vortag hatten wir das Fuhrwerk schon mit Kartoffeln beladen, die an diesem Tag nach Moosach an die Kantine eines Industriebetriebes geliefert werden sollten. Dachau lag also auf dem Weg. Die Ärzte im Krankenhaus meinten, sie könnten ihm auch nicht helfen, die Beschwerden müssten von selbst wieder vergehen. Iwan blieb den Tag über im Krankenhaus, und

am Abend hat ihn mein Vater auf dem Rückweg wieder mitgenommen.

Unser Russe hat sich dann aber bald gut eingelebt, mit uns gearbeitet und an unserem Tisch gegessen, wie alle anderen auch. Mit ihm teilte ich mein Schlafzimmer, das »Mannsbilder-Kammerl« genannt wurde. Es lag nicht im Wohnhaus, sondern war in den Stadel eingebaut. Wie ich dann erst 1948 nach meiner Rückkehr aus der Gefangenschaft erfahren habe, blieb Iwan bis Kriegsende, ohne noch einmal einen Fluchtversuch zu unternehmen. Offensichtlich ist es ihm bei uns wesentlich besser gegangen als je zuvor auf seinem Leidensweg als russischer Kriegsgefangener.

Inzwischen war auch mein Jahrgang 1924 fällig für den Dienst in der Wehrmacht. Für den 7. Dezember 1942 hatte ich den Gestellungsbefehl bekommen. Die Heimkehr meines Bruders habe ich daher nicht mehr erlebt, denn er kam leider erst am 15. Dezember nach Hause zurück. Ich wurde nach Brannenburg bei Rosenheim zum Infanterieregiment 199 eingezogen. Eigentlich empfand ich es zunächst sogar als etwas Schönes, aus der Enge unseres kleinen Dorfes herauszukommen. Unser Dienst begann mit einer allgemeinen Grundausbildung, während derer sich auch herauskristallisieren sollte, ob wir über irgendwelche besonderen Fähigkeiten verfügten. Einmal fragten uns die Ausbilder, ob wir einen Führerschein besitzen würden. Ich habe mich gemeldet, denn obwohl wir daheim noch gar kein Fahrzeug hatten, besaß ich schon Führerschein Klasse 4, und das war damals etwas Besonderes. Der Erfolg entsprach keineswegs unseren Erwartungen: Wir Führerscheininhaber mussten am Sonntag früh antreten und wurden abkommandiert. Aber wohin? Zur Einweisung ins Kraftfahrwesen der Wehrmacht? Keineswegs, sondern zum Kartoffelschälen! Da waren wir dann fürs

Erste bedient. An einem anderen Sonntag wurden wir geschlossen nach Nussdorf auf die andere Seite des Inns gebracht. Zuerst ging es noch in die Kirche, danach mussten wir uns im Kasernenhof im offenen Viereck zur Vereidigung aufstellen.

Die Grundausbildung war äußerst kurz, denn bereits am 20. Dezember 1942 ging es in geschlossenen Transportwaggons weiter nach Frankreich. An einem Güterbahnhof legten wir einmal eine kurze Rast ein. Unteroffiziere, ältere Gefreite und erfahrene Soldaten, die den Transport begleiteten, gingen in die nahe gelegene Stadt und brachten Schnaps und Likör mit, wovon wir Rekruten natürlich auch zu trinken bekamen. Der Likör schmeckte wie süßes Öl, und ehe wir uns umschauten, hatten wir Rekruten einen Mordsrausch und lagen neben- und übereinander auf dem Waggonboden.

Nach Tagen des Transports kamen wir in Lons-le-Saunier an und wurden in der dortigen Kaserne einquartiert. Als wir angekommen waren, mussten zuerst die vollkommen verunreinigten Klos gesäubert werden. Im hinteren Kasernenhof waren sechs oder acht Stehklosetts nebeneinander mit jeweils drei oder vier Stufen davor. An der Rückseite das gleiche, und alle hatten eine kleine Tür. Es war kaum zu glauben, aber diese Klos waren in einem wahrhaft atemberaubenden Zustand.

Lons-le-Saunier lag auf dem Gebiet des Vichy-Regimes, also hinter der im Waffenstillstand vereinbarten Demarkationslinie. Als auch Vichy besetzt wurde und die französischen Soldaten abziehen mussten, haben sie uns freundlicherweise dieses kulturelle Erbe hinterlassen.

Darüber hinaus war die Verpflegung nicht gut. Einmal gab es in der Kantine geröstetes Pferdefleisch, das zur allgemeinen Verwunderung aber ganz gut schmeckte. Eines Tages entdeckten wir während des Ausgangs eine Metzge-

rei, in der wir zu unserer Freude weißen Presssack kaufen konnten. Wir kauften so große Scheiben, dass wir ihn am selben Abend nicht mehr ganz aufessen konnten. So verwahrten wir den Rest im Kochgeschirrdeckel für den morgigen Tag. Aber zu unserer Enttäuschung mussten wir anderntags feststellen, dass nur noch ein paar trockene Brocken vorhanden waren, alles andere war zu Wasser zerronnen.

Unser Dienst verlief planmäßig. Jeden Vormittag ging es zur Geländeübung nach Montaigu, fünf Kilometer von der Kaserne entfernt auf einer Anhöhe gelegen. Das Gebiet lag in den Ausläufern des Schweizer Jura, zur Schweizer Grenze waren es nur ungefähr achtzig Kilometer.

Wenn beim Ausmarsch zur Geländeübung das Singen nicht so recht klappte, brüllten die Ausbilder plötzlich »Panzer von rechts!«, was volle Deckung bedeutete. Wir warfen uns also in die Straßengräben. Wenn so ein geprobter Angriff dann vorbei war und alle wieder auf der Straße waren, kam wenig später ein »Tieffliegerangriff von links«, was auch gleich wieder volle Deckung bedeutete.

Den 15. Januar 1943 habe ich bis heute noch nicht vergessen. Beim Ausmarsch wieder das gleiche Spiel! Am Übungsplatz hatte Feldwebel Klein, der an diesem Tag den Kompaniechef vertreten musste, allein das Kommando. Er war mit uns überhaupt nicht zufrieden, und so ließ er uns strafexerzieren in einer Art, die eine reine Schlammschlacht war. Zu Mittag, als es dann endlich Zeit war, in die Kaserne zurückzukehren, waren wir von unten bis oben so voll Dreck, dass wir an diesem Nachmittag nicht mehr ausrücken mussten. Stattdessen bekamen wir Befehl, unsere Uniformen von dem fest daran haftenden gelben Lehm zu befreien. Für den besagten Stellvertreter des Kompaniechefs, Zugführer Feldwebel Klein, hatte dieser Vorfall unangenehme Folgen, denn am folgenden Tag

wurde er zur 4. Kompanie strafversetzt. Das bedeutete für ihn anstrengenden Dienst an einem schweren Maschinengewehr auf Lafette.

Nach einer Nachtübung wurden wir am anderen Morgen am Stadtrand von der Musikkapelle des Regiments abgeholt. Bei flotter Marschmusik fiel uns das Marschieren wieder viel leichter.

Besonderen Wert legten die Ausbilder auf scheinbare Nebensächlichkeiten wie die Ordnung im Spind oder das Bettenbauen. Wenn dann mittags nach dem Geländedienst bei der Ankunft im Kasernenhof der Hauptfeldwebel die Gruppenführer beziehungsweise die Stubenältesten zu sich rief, wussten wir schon, dass auf der Stube wieder einmal einiges kritisiert worden war. Zur Strafe pflegten die Kontrolleure unserer Stuben jede Menge Sauereien zu hinterlassen: der Kohlekasten wurde umgekippt, die Decken aus den Betten rausgeworfen, die Tornister umgeschmissen.

Dabei war das Bettenbauen für mich immer das Schlimmste, denn ich schaffte es einfach nicht, das Bettzeug so akkurat kantig zu falten wie manch anderer. Aber um 13 Uhr musste wieder alles perfekt sein; da ging es ja dann erneut auf den kleinen Exerzierplatz, wo Schießübungen am Gewehr und Maschinengewehr stattfanden. So verging die Zeit der Ausbildung in Frankreich.

Ende März 1943 war unsere Ausbildung abgeschlossen, und wir wurden nach Holland verlegt. Das Kapitel Frankreich war nun für mich abgeschlossen. In Holland wurde die 376. Division mit den Regimentern 672, 673 und 767 ganz neu aufgestellt; denn diese Division war in Stalingrad vernichtet worden. Der Transport ging über Leiden, wo wir ausgeladen wurden und nach Zöetermeer kamen. Hier wurden wir auf Kompanien verteilt, und ich kam so in das Nachbardorf Benthuitzen.

Wir wurden in einer Schule untergebracht und machten von dort aus Geländeübungen. Auch Flussüberquerungen gehörten zu unserem Stundenplan, denn es gab hier ja sehr viele Kanäle und große Gräben. Dadurch bekamen wir natürlich oft nasse Füße. Nach einigen Wochen wurden wir nach Zaandam verlegt. Dieser Ort liegt acht Kilometer entfernt von Amsterdam am Nordseekanal. Hier wurden wir ebenfalls in einer Schule einquartiert.

Für die Ausübung unseres Dienstes standen uns auch Fahrräder zur Verfügung, da wir vorwiegend in den Dünen außerhalb von Scheveningen und Wassernar, ja bis hinauf nach Haarlem, unsere Übungen absolvieren mussten. In den Dünen war der gefährlichste Feind der Sand, denn der kam überall hin, selbst in die kleinste Ritze. Am schlimmsten war Sand im Maschinengewehrschloss. Dann gab es Ladehemmung, und wir mussten die gesamte Waffe zerlegen und putzen.

Wie es sich für die Infanterie gehört, ging es auch viel zu Fuß hinaus ins Gelände. Jede Woche konnten wir einmal das Hallenbad besuchen, wo ich endlich Schwimmen lernte – jedenfalls so, dass ich wenigstens nicht mehr unterging. Daheim in Puchschlagen hatte es keine Möglichkeit zum Schwimmen gegeben. Die Methoden waren rau. Wer nicht freiwillig ins Wasser sprang, wurde von den Ausbildern einfach hineingeworfen. Wenn dann einer nicht mehr hochkam, sprangen gleich zwei oder drei Rettungsschwimmer hinterher, um ihn wieder herauszuziehen. Einmal warfen die Ausbilder wieder einmal einen Kameraden, der aus den Bergen stammte und panische Angst vor dem Wasser hatte, gnadenlos in das feuchte Element. Man merkte erst sehr spät, dass er nicht mehr an die Oberfläche kam, und als man ihn endlich herausgezogen hatte, war er schon ganz blau. Die Sanitäter konnten ihn gerade

noch vor dem Ertrinken retten. Seit diesem Ereignis wurde keiner mehr ins Wasser geworfen.

Wenn wir singend ausmarschierten, liefen die holländischen Kinder neben uns her und sangen mit. Selbst bei einem neuen Lied konnten sie schon nach zwei bis drei Tagen mitsingen. Sie hatten auch ihre eigenen Lieder, und eines habe ich mir gemerkt:

»Der Erste war ein Junge, das Zweite war ne Maid;
das Dritte konnt nicht kommen, das Vierte hat kei' Zeit;
der Fünfte war zu mager, der Sechste war zu dick;
der Siebte hat die Beine von dem Achten eingesteckt;
awa daje jupie jeee!«

Die Monate in Holland waren für uns junge Burschen eigentlich eine schöne Zeit. Mussten Bauernkinder wie ich daheim tagein, tagaus füttern, melken oder misten, sahen wir hier etwas von der Welt. So standen in den Restaurants gelegentlich Muscheln auf der Speisekarte, was für uns etwas ganz Besonderes war, hatten wir doch noch nie in unserem Leben so etwas gesehen. Wir dachten auch über einen Urlaub nach, was nach zehn Monaten beim Militär durchaus angebracht gewesen wäre. Aber der Oberbefehlshaber West, Generalfeldmarschall von Rundstedt, hatte wegen der gefährlichen Lage im Westen eine totale Urlaubssperre angeordnet. Deshalb ging es im September 1943 zur neuerlichen Aufstellung nach Breda an der belgischen Grenze.

In die Ukraine und nach Russland an die Ostfront

Wir waren in Breda erst wenige Tage stationiert, da ging es für mich in einem Güterwaggon bereits wieder ab nach Russland. Von jedem Regiment fuhren drei Bataillone in

den Osten, die anderen kamen nach Frankreich. Der Transport verlief quer durch Deutschland und Polen, Richtung Schytomyr vor Kiew, einem Eisenbahnknotenpunkt. Dort wurde unser Tross mit Nachschub und Verpflegung durch einen plötzlichen Vorstoß der Russen von uns Soldaten abgeschnitten. So besaßen wir nur noch das, was ein Soldat im Feld am Leib hat, und unsere Waffen. Alles andere wie unsere Fahrzeuge, der Tornister oder sonstiger Kram war weg und kam nicht mehr zu uns. Trotzdem ging der Transport weiter bis in das im Süden gelegene Kriwoi Rog, wo wir überraschend auf die Front stießen.

Wir kamen in die Dörfer Saksahan und Olexandrija, wo wir von russischen Schlachtfliegern angegriffen wurden. Obwohl wir schnellstmöglich in Deckung gingen, hatten wir doch den ersten Toten zu beklagen. Der Krieg hat uns schlagartig vereinnahmt und uns jungen Burschen auf schreckliche Art gezeigt, wie schnell unser Leben vorbei sein konnte.

Nachdem der Luftangriff vorüber war, bezogen wir außerhalb des Ortes an einer leichten Anhöhe Stellung. Unterhalb war ein kleiner Fluss, der sich wie eine Klamm durch die Felsen schlängelte. Oben auf der Anhöhe befanden sich zwei große Strohhaufen, bei denen ein provisorischer Gefechtsstand der Kompanie eingerichtet wurde. Der war nicht lange zu halten, weil die Russen, die uns gegenüber ebenfalls auf einer Anhöhe lagen, die Strohhaufen mit Leuchtmunition beschossen und in Brand steckten.

Wir hatten uns in der ersten Nacht auf halber Höhe fast zwei Meter tief eingegraben, und immer noch stießen unsere Spaten auf gute, weiche Erde. So saßen wir von dieser ersten Nacht an relativ geschützt in unserem Schützenloch. Den ganzen Tag über durften wir uns nicht sehen

lassen, denn sonst krachte es schon von der anderen Seite des Flusses her, wo auf leicht ansteigendem Gelände große Obstplantagen angelegt waren. Dahinter sah man die Rollbahn nach Kriwoi Rog.

Nach drei Tagen kam morgens der Befehl zum Angriff über den Fluss, um in die Nähe der Rollbahn zu gelangen. Ohne großen Widerstand überquerten wir den Fluss und bezogen am Rande einer Obstplantage wieder Stellung. Wir gruben erneut Schützenlöcher, aber diesmal wesentlich größere, und deckten sie mit Stämmen und Erdreich ab. Sie boten Platz nicht nur für einen einzelnen Schützen, sondern waren so groß gebaut, dass wir darin zu dritt Platz fanden. Es war ein regelrechter Unterstand mit Blick zur Rollbahn, hinter der sich die Russen befanden. Von diesen Stellungen aus lieferten wir uns mit den Russen kleinere Scharmützel.

Wir mussten auch Spähtrupps bilden, um gegen den Feind aufzuklären. Das ging bis Mitte November so weiter. Die Russen haben meist Sprenggeschosse verwendet, weil diese besonders schwere Verwundungen verursachten.

Meine Verwundung

Mitte November wurden die Angriffe der Russen so stark, dass wir uns eines Tages gegen Mittag aus unseren Unterständen zurückziehen mussten. Als wir beim Kompaniegefechtsstand ankamen, bemerkte ich mit Schrecken, dass mein MG-Schütze keine Munition hatte. Ich erhielt den Befehl, noch einmal zu unserer Stellung zurückzulaufen, um die vergessene Munition zu holen. Als ich in die Nähe des Unterstandes kam, spürte ich plötzlich einen Schlag an meiner linken Schulter. Dann wurde es ganz warm im Handschuh. Ich zog ihn aus und sah,

dass er voll Blut war. Daraufhin machte ich sofort kehrt und lief, ohne die Munition mitzunehmen, zurück. Als ich den Fluss entlangrannte, stürmten schon die Russen mit lautem »Urree, urree«-Gebrüll an der Seite der Obstplantagen heraus. Ich und einige weitere »Nachzügler« konnten uns mit Müh und Not bis zum Übergang zurückkämpfen, wo der russische Angriff zum Stehen gebracht werden konnte.

Nur die Verwundeten durften über einen kleinen Steg auf die andere Seite des Flusses. Außer mir hatte es leider noch einige andere erwischt. Ein Offizier stand mit gezogener Pistole an der Brücke und ließ nur Verwundete passieren. Bei mir war die Verwundung offensichtlich, tropfte mir das Blut doch aus dem Ärmel. Dann ging es mit uns Verwundeten, wir waren zu fünft, wieder zurück in die Ortschaft Saksahan. Dort gab es glücklicherweise auch einen Sanitäter, der uns sofort verbunden hat.

Am 14. November 1943 hat unsere Einheit den nächsten Soldaten verloren: Sepp Schöttl, ein Bayer wie ich und ein sympathischer Kamerad, um den es mir wirklich leidtat. Am nächsten Tag ging es mit uns Verwundeten in einem Fahrzeug zum Hauptverbandsplatz nach Kriwoi Rog. In den Gängen des Hauses lagen die Schwerverwundeten, die Schürzen der Ärzte waren voller Blut. Bei mir wurde ein glatter Schulterdurchschuss diagnostiziert, sodass nur ein Verband angelegt und der Arm ruhiggestellt werden musste. Am zweiten Tag nach der Verwundung wurde ein Verwundeten-Transport zusammengestellt, um uns aus der Frontzone herauszubringen. Die Fahrt ging über Odessa nach Lemberg. Dieser weite Umweg war nötig geworden, nachdem die Russen ja den Eisenbahnknotenpunkt Schytomyr westlich von Kiew eingenommen hatten.

Als wir nach langer Fahrt dann Anfang Dezember in Lemberg ankamen, war mein Wundverband schon von

Läusen befallen, und das Jucken war schier unerträglich. Nach ein paar Tagen im Lemberger Lazarett bekam ich abends 41 Grad Fieber. Deshalb wurde ich am nächsten Tag in aller Frühe mit der Trage abgeholt und in einen Operationssaal gebracht. Man stellte fest, dass sich meine Schusswunde entzündet hatte. Die Chirurgen schnitten die Wunde am Ausschuss auf und legten Drainagen, damit der Eiter abfließen konnte. Daraufhin erholte ich mich allmählich wieder.

Ende Dezember kam ich dann mit einem Lazarettzug nach Reichenbach im Eulengebirge. Dieser Ort liegt in Niederschlesien und heißt heute Dzierżoniów. Nach drei Wochen wurden wir in den nahe gelegenen Ort Ulbrichshöh verlegt. Er lag auf einer Anhöhe über einem langen, großen, schönen Gebirgstal. Dort haben wir einen relativ geruhsamen Winter verbracht, denn vom Krieg war hier wenig zu spüren. Meine Wunde verheilte gut. Ich bekam in diesem Winter 1943/44 auch einmal vier Wochen Heimaturlaub, den ersten, seitdem ich am 7. Dezember 1942 eingerückt war.

Ende März 1944 wurde ich aus dem Lazarett entlassen und zur Genesungskompanie in Giebelbach nahe Lindau am Bodensee versetzt. In dieser Zeit wurde Friedrichshafen bombardiert, hauptsächlich wegen der Maybach-Werke, die Motoren für die deutschen Panzer herstellten. Schließlich gab es noch einmal vier Wochen Heimaturlaub, die mir ein wenig Abstand vom Krieg verschafften.

Einsatz in Rumänien

Aber schon Mitte Juni 1944 wurde es leider wieder ernst. Ich wurde zu einer Marschkompanie versetzt, die im Barackenlager Silbersdorf bei Bregenz stationiert war. Dort nutzte ich meine Freizeit zu einer Wanderung auf den

Pfänder und genoss die wunderbare Aussicht auf die Rheinmündung in den Bodensee. Es waren aber nur wenige unbeschwerte Tage, denn bald fuhren wir von Silbersdorf aus nach Kempten, wo ein Transport nach Bessarabien in Rumänien zusammengestellt wurde. Am 29. Juni 1944 trafen wir in München ein und machten am Ostbahnhof einen längeren Halt. Man durfte in dieser Zeit nochmals Verwandte besuchen, wenn man welche in der Nähe hatte. Ich hatte zwar Onkel und Tante in München, aber die wohnten in Sendling auf der anderen Seite der Stadt, und dorthin war der Weg zu weit.

Mit dem Zug ging es über Wien weiter bis nach Bruck an der Leitha, wo wir zwei Tage lagen. Um die folgende Steigung zu bewältigen, benötigten wir sage und schreibe vier Lokomotiven, wobei zwei zogen und zwei schoben. Oben angekommen, wurden die Schiebelokomotiven wieder abgekoppelt, und die beiden vorderen zogen uns weiter nach Ungarn. Ich erkannte die ungarischen Bahnarbeiter schon beim ersten Halt, weil sie gestrickte Hemden trugen.

Anfang Juli erreichten wir Jassie im Osten Rumäniens. Von dort marschierten wir kompanieweise am Fluss Pruth entlang in südlicher Richtung über Costuleni nach Măcăreşti, einem kleinen am linken Pruthufer gelegenen Ort. Dort wurden wir in Gruppen eingeteilt und einquartiert. Die Quartiere waren Privathäuser mit Strohdächern und den berühmten Lehmböden, wo es zu unserem Leidwesen von Flöhen wimmelte. Am linken Pruthufer zogen sich riesige Maisfelder hin. Dieses Getreide war für die Einheimischen ein Grundnahrungsmittel und wurde daher auch uns täglich vorgesetzt. Das Maismehl wurde mit Wasser zu einem dicken Brei gekocht und nach dem Abkühlen gestürzt wie ein Pudding. Dieses Gericht wurde »Mamaliga« genannt und nur mit

Wasser und Salz zubereitet. Dazu gab es oft eine scharfe Fischsuppe.

Etwas weiter südlich gediehen Wein und Getreide, das nicht auf dem Feld, sondern im Hof gedroschen wurde. Die Höfe waren so gebaut, dass man den Innenhof mit einem einzigen Tor zur Straße hin abriegeln konnte, ähnlich den niederbayerischen Vierseithöfen. Das geschnittene Getreide wurde darin in einem Kreis ausgebreitet. Der Boden war fest wie Beton und wurde zuvor zum Dreschen gesäubert. Dann wurden zwei Pferde mit einem Reiter so lange im Kreis über das am Boden liegende Getreide getrieben, bis sie mit ihren Hufen alle Getreidekörner aus den Rispen getreten hatten. Eine weitere Person mit einem Körbchen in der Hand musste die Pferdeäpfel wegräumen, die unvermeidlich ins Getreide fielen.

Zuletzt wurde das leere Stroh weggeräumt, der Rest auf einen Wagen geladen, und los ging es in Richtung Pruth. In der großen Ebene vor dem Fluss hatte man glatte, harte Bodenflächen vorbereitet, auf denen die Bauern das Getreide samt der Spreu abluden. Bei genügend Wind wurde dann das Getreide mit einer Schaufel gekonnt in die Höhe geworfen, sodass der Wind die Spreu vom Weizen trennen konnte.

Jeder Hof hatte, wie ich schon erwähnt habe, zur Straße hin ein Tor. Wenn wir Ausgang hatten, sahen wir jeden Abend ein Häuflein Schafe an einem anderen verschlossenen Tor stehen, was uns sehr verwunderte. Des Rätsels Lösung war: Die Schafe wurden einzeln durchs Tor in den Hof hineingelassen, um sie dann zu melken. Aus der Milch wurde der für diese Region berühmte Schafskäse hergestellt.

Unser Dienst bestand in dieser Zeit aus vielen Gefechtsübungen. Die Rumänen waren ja mit uns verbündet, und die 4. Rumänische Gebirgsdivision lag in unserer Nähe.

Denen mussten wir öfters Vorführungen von Stoßtrupps und dergleichen machen, wobei die Offiziere der Rumänen von einer Anhöhe aus zuschauten. Diese rumänische Division war vollständig mit neuen deutschen Waffen ausgerüstet worden. Mit diesen neuen Waffen wurden wir dann wenige Tage später, als Rumänien nach dem Umsturz am 23. August 1944 zu den Alliierten wechselte, selbst beschossen.

Als wir am 20. Juli 1944 auf der Pruthebene bei einer Übung waren, wurde das Attentat auf Hitler bekannt gegeben. Von da an wurde auch in der Wehrmacht der sogenannte »deutsche Gruß« eingeführt, das Heben des ausgestreckten rechten Arms. Bisher war dieser nur bei der Waffen-SS vorgeschrieben gewesen.

Der nächste größere Ort war das ungefähr 35 Kilometer von unserem Standort Makaresti in nordwestlicher Richtung gelegene Jassie. Das Gebiet um Jassie war wegen der reichen Erdölvorkommen begehrt und wurde aus diesem Grunde von den Deutschen sehr lange gehalten, um das »schwarze Gold« fördern zu können. Öl war ja auch damals schon kriegsentscheidend. Mitte August kamen dann eines Tages die Amerikaner mit Flugzeugen und bombardierten Jassie.

Am 19. August 1944 wurden wir mit LKWs in Richtung Jassie transportiert, wo bereits ein russischer Angriff tobte. Also ging es zurück bis Costuleni, und wir bezogen auf einer Anhöhe am Pruth Stellung. In der folgenden Nacht mussten wir dreimal in dieselbe Stellung, aber sie war nicht mehr zu halten. Wir mussten also schnellstmöglich weiter zurück. Hinter uns flog dann noch die neue Pruthbrücke bei Costuleni in die Luft. Wer sie gesprengt hat, weiß ich nicht. Am Abend des 21. August 1944 gab es in der Feldküche das letzte Mal eine warme Mahlzeit. Ein solches Datum merkt man sich.

Gegenüber des Flusses Pruth haben wir immer gesehen, wie weit die Russen dort schon vorangekommen waren. Wir versuchten nach Hussie zu kommen, dem einzigen noch intakten Übergang über den Pruth. Aber inzwischen hatte in Bukarest der rumänische König die Regierung des Marschalls Ion Antonescu gestürzt, die auf Seiten der Deutschen gestanden hatte. Die neue Regierung schloss sofort einen Waffenstillstand mit den Alliierten und erklärte in der Folge Deutschland den Krieg. Durch diesen Frontwechsel der Rumänen hatten die Russen leichtes Spiel mit uns. Denn die Front war ja so aufgeteilt, dass eine rumänische neben einer deutschen Division stand. Die Russen konnten also an jedem zweiten Frontabschnitt ungehindert durchbrechen.

Ich kann mich an das genaue Datum nicht mehr konkret erinnern. Aber als wir Hussie erreichten, waren schon so viele Soldaten dort, als wäre es ein großes Heerlager. Alle wollten ja über die Brücke nach Westen. Auf der Westseite war auch schon alles voll mit zurückweichenden Soldaten. Die Situation schien weitgehend außer Kontrolle. Geschlossene Einheiten gab es nicht mehr. Das war ein gefundenes Fressen für die Russen und ihre Jagdbomber und Tiefflieger. Gefallene Soldaten lagen massenweise im Gelände. Die vielen toten Pferde wurden von der Hitze schon aufgetrieben. Auch der ganze Tross samt Nachschub versammelte sich hier, wodurch alles erst recht verstopfte. Es gab aber sonst keinen Übergang mehr nach Westen, da die Russen auch vom Süden schon nachstießen.

Ich hatte das Glück, doch noch unversehrt über die Brücke nach Westen zu gelangen. Auf der anderen Seite versuchte man, die versprengten Soldaten wieder zu sammeln. Da jeder Versuch, die alten Einheiten wieder herzustellen, aussichtslos war, wurden aus den vorhandenen Soldaten kleinere Einheiten gebildet.

Alle wollten nur weg von diesem in Auflösung befindlichen Frontabschnitt, in dem 21 deutsche Divisionen ihrer Vernichtung entgegengingen. Wir waren praktisch eingekesselt. Es gab von nun an jeden Tag fast zweimal oder dreimal Ausbruchsversuche, aber jedes Mal wurden wir am Ende wieder im Kessel zusammengetrieben.

Einmal, es war schon Ende August, mussten wir uns zum Ausbruch auf ein Sturmgeschütz setzen. Außerhalb der Ortschaft ging es einen steilen Hang hinunter, unten war lauter sumpfiges, nasses Gelände. Die drei Sturmgeschütze gingen im Morast fast unter und kamen nicht mehr vorwärts. Deshalb mussten wir wieder zu Fuß weiter. Von da an wurden die Gruppen immer kleiner. Wir waren schließlich nur mehr zu sechst und zogen bergauf und bergab an den Talhängen entlang. Dabei konnten wir uns nur noch bei Nacht bewegen, denn unten in den Tälern waren die Straßen der Ortschaften alle schon von den Russen eingenommen worden. Tagsüber lagen wir in Verstecken oben am Berg oder in einer Hecke, wo niemand hinkam. Nachts versuchten wir voranzukommen, auch um Brot oder anderes Essbares zu organisieren. Doch immer wenn wir uns einer Ortschaft näherten, fingen die Hunde an zu bellen, was für uns wieder eine große Gefahr bedeutete, erwischt zu werden. So konnten wir also nur in Häusern ganz an den Ortsrändern um etwas Essbares bitten.

Als wir dann am Morgen des 4. September 1944 – es war noch finster – am Fluss Serreth angekommen waren und die beiden Seitenarme am Hauptfluss erreicht hatten, merkten wir, dass es dort von Russen nur so wimmelte. Deshalb mussten wir so schnell es ging wieder zurück.

Später kamen wir an ein Feld und dachten, wir hätten ein Tomatenfeld entdeckt. Zu unserem Entsetzen waren es nur scharfe Peperoni. So zogen wir an den Ortsrand, um

Brot zu besorgen, und stiegen danach bei einem Bauern auf dessen Heuboden. Die Zeit verging schnell, und um circa 9 Uhr kam dann der Bauer zu uns und bat uns zu gehen, denn die Russen würden ihn erschießen, wenn sie bemerkten, dass er deutsche Soldaten beherbergte.

Von den Russen gefangen

So beschlossen wir zu gehen, obwohl wir wussten, dass das für uns mindestens Gefangenschaft, vielleicht auch den Tod bedeuten würde. Auf dem Weg haben wir unsere Pistolen in Einzelteile zerlegt und in alle Himmelsrichtungen weggeworfen. Wir gingen die Dorfstraße hinunter und aßen Zwetschgen aus einem Garten. Es war für uns sowieso alles aus. Niemand sagte etwas, jeder hatte Angst. Ich kann und will das heute nicht mehr so richtig beschreiben, was wir damals gefühlt haben. Es war schrecklich. An der nächsten Kurve tauchten vier russische Soldaten auf und riefen sofort: »Stoi, stoi, Rukiwehr«, also »Stehen bleiben, Hände hoch!« Wir blieben stehen, es gab ja so oder so kein Weiterkommen mehr.

Als sie näher kamen, schrien sie: »Urr jest!« Dann hat der Erste schon meine Uhr herausgerissen und mir die Kartentasche weggenommen. Meinen Kameraden erging es genauso. Wir wurden restlos ausgeplündert. Dann trieben sie uns vor sich her, wie vermutet zum Sammelplatz für Gefangene. So marschierten wir den ganzen Tag. Am Abend hatten sie gut 25 Mann beisammen, und wir kamen an den Fluss, genau an jene Stelle, an der wir tags zuvor die vielen Russen beobachtet hatten. Dort gab es eine Furt, und diese mussten wir splitternackt, mit unserer Kleidung auf dem Kopf, durchwaten. Mit Glück kamen wir alle auf der anderen Seite an, denn an einigen Stellen war die Strömung sehr reißend.

Es war schon später Abend, als wir die andere Seite erreichten. Dort sperrte man uns in den Keller eines kleinen Häuschens, in dem die Russen Quartier oder Wache bezogen hatten. Der Keller war so klein und eng, dass wir Gefangenen die ganze Nacht über dicht gedrängt stehen mussten. Über der Falltür oberhalb von uns schliefen die Russen.

Am anderen Morgen ging es dann weiter in die Stadt Bakan, wo wir zum ersten Mal von den Russen etwas zu Essen bekamen: einen Becher Hirsebrei. In Bakan kamen wir für zwei oder drei Tage in eine Kaserne. Es gab jeden Tag ein Stück Brot. Inzwischen waren ungefähr 2000 Gefangene zusammengekommen. Schließlich mussten wir uns in Gruppen zu je hundert Mann aufstellen und weiter nach Roman marschieren, links und rechts flankiert von russischen Bewachern. Zu beiden Seiten breiteten sich fruchtbare Wiesen und Felder aus. Wir alle litten unter Durst und Hunger. Immer wieder versuchte einer von uns, aus der Kolonne heraus in ein Feld zu springen, um eine Melone oder einen Maiskolben zu ergattern. Dann krachte es, und der Mann kam nicht wieder. Die russischen Bewacher hatten ihn ohne jede Warnung erschossen. Wir befanden uns so gesehen auf einem Todesmarsch. Dies mitansehen zu müssen, war für mich schrecklich. Jeder Schuss ging einem durch Mark und Bein, und dann ging man an dem Kameraden vorbei, der leblos im Dreck lag.

Am Abend des ersten Tages mussten wir in einer großen Mulde übernachten. Am Rand des Kessels standen die Russen Wache, damit keiner davonlaufen konnte. Aber es hätte ja sowieso keinen Zweck gehabt.

Am anderen Morgen ging es weiter nach Roman. Beim Einmarsch in die Stadt gingen die Leute mit Stöcken auf uns los und schlugen wie wild auf uns ein. Die russischen Bewacher, berittene Kosaken, ließen sie gewähren. Jeder

von uns wollte in die Mitte der Kolonne, damit er keine Schläge bekam. Es war wie ein Spießrutenlaufen durch die ganze Stadt, bis wir endlich zur Kaserne kamen. Hier blieben wir einige Zeit.

Die meisten von uns besaßen nichts mehr außer den Kleidern, die wir am Leib trugen. Selbst die Kochgeschirre hatten sie uns abgenommen. So bogen wir Blech von den Dächern der Kaserne zu kleinen Näpfen zusammen, in die wir dann die Mittagspampe füllten. Daheim hätte man so einen Blechnapf höchstens einem Hund hingestellt. Das passte durchaus zu unserer Lage, denn wir alle hatten das Gefühl, nichts mehr wert zu sein. Als Latrine diente uns ein Balken, hinter dem eine Grube ausgehoben war.

Eines Tages mussten wir alle antreten. Wir sollten zur Moldau zum Waschen marschieren. Unterwegs wurde uns klar, wie viele von uns in Gefangenschaft geraten waren. Als die Spitze der Kolonne die Anhöhe in Richtung Fluss erreicht hatte, kamen die letzten erst aus der Kaserne heraus.

Nach einiger Zeit begann es im Bereich der Schamhaare zu jucken. Es wurde immer schlimmer, sodass ich irgendwann meine Scham überwand und einen älteren, erfahrenen Kameraden fragte: »Schau mal her, mich juckt und beißt es so. Was kann das sein?«

Der sah sich das Ganze an und meinte: »Mei, Bua, du hast ja Läus! Da kleben ja schon die Nissen, also die Läuseeier, dran an den Haaren!«

Ich hatte mir also irgendwo Läuse eingefangen. Zum Glück hatte einer der Kameraden eine Schere retten können, mit der ich mir die Haare, so gut es eben ging, abschnitt. Mittlerweile war ich zwanzig Jahre alt geworden, aber Läuse hatte ich bis dahin nie gesehen. In der Folgezeit sollte ich sie noch gut kennenlernen.

Transport ins Gefangenenlager

Einige Tage nach meinem zwanzigsten Geburtstag, am 28. September 1944, wurde ein großer Gefangenentransport zusammengestellt. In jeden Wagen, es waren ganz große gedeckte Güterwaggons, wurden 120 Mann gesteckt. Die Russen bekamen den letzten Waggon aber nicht mehr ganz voll. Da haben sie dann einfach vier rumänische Soldaten ausgesucht und mitgenommen, welche dann später im Lager die besten Plätze bekamen und uns Deutsche drangsalieren durften.

Dann ging die Fahrt los. Wir konnten nur sitzen, ein jeder zwischen den Beinen des Hintermanns. Wenn einer austreten musste, zu welchem Zweck auch immer, musste er über die anderen hinwegsteigen, um in die Mitte des Waggons zu kommen. Dort war in die Waggontür ein größeres Loch geschnitten worden, durch das zwei in V-Form zusammengenagelte Bretter nach außen gesteckt waren. Fertig war das Klo, egal ob man groß oder klein musste. Da gab es oft ein Geschimpfe, wenn die Hinteren auf dem Weg zum Klo über alle drübersteigen mussten. Es gab aber keine andere Möglichkeit. Als Verpflegung erhielten wir eine Scheibe Trockenbrot und einen Becher Tee, vielleicht auch mal einen Becher Hirsebrei.

Am vierten oder fünften Tag wurde an jeden ein Stück Salzhering ausgegeben, was uns erst recht Durst machte. Als sich nach acht Tagen bei einem Halt zum ersten Mal die Tür öffnete, fragten die Zugbegleiter als Erstes: »Sgolko kaputt?«, also »Wie viele sind tot?«

Als wir so um den 15. Oktober 1944 am Bahnhof von Moschaisk ankamen, mussten alle aussteigen und antreten. Die Bewacher führten uns um einen großen Weiher herum und ließen uns dabei so nahe ans Wasser, dass einige zum Trinken ans Ufer sprangen. Sie ließen uns alle eine

Zeit lang gewähren. Dann ging es in das zwei Kilometer entfernte, außerhalb der Stadt gelegene Lager, das vermutlich noch von der deutschen Wehrmacht erbaut und genutzt worden war. Die Unterkünfte, die als Bunker bezeichnet wurden, waren halb in die Erde eingelassen und dann mit Erde vollständig zugeschüttet worden. Moschaisk liegt achtzig Kilometer südwestlich von Moskau an der Poststraße nach Smolensk.

Das Lager Moschaisk

In den Bunkern waren links und rechts des Ganges zweistöckige Pritschen angebracht. Als Matratzen dienten gespaltene Pappelstämme mit einem Durchmesser von gut dreißig Zentimeter, die einfach nebeneinandergelegt waren. Das war alles. Die Stämme waren aber alle bucklig und verdreht, sodass keine glatte Fläche zum Schlafen zustande kam. Wir schliefen alle mit unserer Kleidung, hatten also Tag und Nacht dasselbe am Leib. Dabei waren wir so dicht gedrängt, dass ein Umdrehen nur möglich war, wenn sich die anderen auch drehen wollten. Deswegen gab es oft harsche Worte von Mitgefangenen, denn alle waren hundemüde und wollten nur schlafen.

Jeder Gefangene war in der Kommandantur registriert. Die »Karteikarte« bestand aus einer Holzschindel von Pappelholz, worauf mit Tintenbleistift Name, Vorname, Vatersname und die Einheit verzeichnet waren. Bei mir stand: »Strasser, Michael Kaspar, Div. 376, Reg. 767.«

Jeden Morgen und Abend mussten wir zum Zählappell antreten und uns in Zehnerblöcken aufstellen. So konnten sie uns leichter abzählen. Diese Prozedur war für die Russen anscheinend schwierig. Denn bis sie die hinteren Blöcke zusammenhatten, waren die ersten wegen Wind und Kälte oft schon wieder auseinandergelaufen. Es war ja

früh Winter geworden in diesem schrecklichen Jahr 1944. Es war windig und hatte meistens um die dreißig Grad minus. Wenn dann doch alle Blöcke aufgestellt waren, gingen fast immer einer oder auch mehrere Gefangene ab. Die Russen mussten dann im Lazarett suchen und nachschauen, ob die Betreffenden nicht schon tot waren. Denn es kam immer wieder vor, dass ein Kamerad an Krankheit oder Erschöpfung gestorben war und Stunden oder Tage tot in einem Bunker lag.

Diese Prozedur fand also jeden Tag in der Früh und abends nach der Arbeit statt. Erst dann ging es in den sogenannten Speisesaal zum Essen. Dieser war auch halb in die Erde eingelassen und dann zugeschüttet worden. Es gab dreimal täglich 750 Gramm Suppe. Wer Glück hatte, bei dem schwamm ein Stück Rübe drin. Mittags gab es dazu 250 Gramm Kascha, den typischen russischen Buchweizenbrei, und einmal täglich zusätzlich 750 Gramm Brot, das »Kleeb« genannt wurde. Man kann es nicht mit unserem Brot vergleichen, denn es war sehr feucht.

Wenn einer sein Brot nicht gegessen hatte und es mit in den Wald zur Arbeit nehmen wollte, wurde es ihm weggenommen. Denn draußen bei der Kälte wäre es sofort gefroren und hätte dadurch Durchfall oder sogar die gefürchtete Ruhr hervorrufen können. Mir selbst ist das nie passiert, denn ich habe das Brot immer zur Suppe gegessen.

Den ganzen Tag waren wir draußen im Wald beim Arbeiten. Wir mussten Bäume fällen, das geschlagene und zugeschnittene Brennholz auf Schlitten laden und dann ins Lager ziehen. Dazu war vor dem Schlitten eine Stange angebracht, an der vier Mann an Seilen ziehen mussten. Hinten haben welche bei Bedarf gebremst und gesteuert.

Es wurden auch ganze Stämme ins Lager gefahren, aus denen dann Bretter geschnitten wurden. Dazu wurde der

Stamm in ein großes Gestell gewuchtet, sodass sich ein Mann oben über dem Stamm und einer unten hinstellen konnte. Mit einer Trummsäge sägten sie dann den ganzen Tag auf und ab und schnitten damit ein Brett nach dem anderen vom Stamm. Diese beiden hatten, wie im Sozialismus üblich, eine Tagesnorm zu erfüllen: vierzig Meter Bretter pro Tag. Wenn die beiden gut zusammenarbeiteten und auch gut harmonierten, konnten sie die Norm übererfüllen und bekamen dafür auch einen Nachschlag in Form von Suppe und einem Stück Normbrot.

Alle vier Wochen ging es zum Waschen und zum Entlausen. Dabei hängten wir alle unsere Kleidungsstücke an einen eisernen Ring. Sie wurden dann in eine große Kammer gehängt, in der die Kleidung auf siebzig Grad aufgeheizt wurde, um die Läuse abzutöten. Währenddessen konnten wir uns waschen. Dazu bekam jeder von uns einen kleinen Bottich mit warmem Wasser und etwas Seife. Zuvor hatte man uns noch die dicht behaarten Körperstellen rasiert, damit sich dort die Läuse nicht halten konnten. Nach dieser Prozedur bekamen wir auf der anderen Seite des Ofens unsere Kleidungsstücke wieder. Die angenehme Wärme beim Anziehen hat uns allen richtig gutgetan bei der allgegenwärtigen Kälte. Leider waren aber nur die Läuse tot, nicht jedoch die Nissen, ihre Eier. So wurden wir bald wieder von Läusen geplagt. Draußen bei der Arbeit, wo es sehr kalt war, haben sie sich nicht gerührt. Aber abends im Bunker, wenn es wieder warm wurde, fingen sie an zu krabbeln. Es wurde dann gekratzt und gerieben oder man langte in den Hemdkragen und holte sie heraus. Hatte man eine Laus erwischt, wurde sie zwischen den Daumennägeln zerdrückt. Es hat so sehr gespritzt, dass die Fingernägel danach schwarz waren. Wir haben die Quälgeister »T 34« genannt, nach dem gefürchteten russischen Panzer. Ich habe mir so sehr die Brust aufgekratzt, dass

heute noch Narben sichtbar sind. Das ging bis nach Weihnachten so, bis die »Viecherei« durch das mehrmalige Entlausen endlich ein Ende hatte.

Im Laufe der Zeit kamen wir Gefangenen uns näher. Wir stammten ja aus den unterschiedlichsten Gegenden Deutschlands. Wir redeten miteinander, fragten nach der Herkunft, wenn wir einen uns unbekannten Dialekt vernahmen, und über die täglichen Gespräche erfuhren wir so manches über unsere Mitgefangenen. Auf diese Weise fand ich Freunde, den Köppel-Ludwig, den Bayer-Xaver aus Unterweickertshofen und den Wagner-Karl aus Weilenbach bei Schrobenhausen. Blutjung waren wir alle, bis auf den Ludwig, der war acht Jahre älter als ich, hatte lange bei der Wehrmacht gedient und war erfahren in allem. Er war unsere Stütze.

An Weihnachten 1944 saßen wir hinter dem kalten Ofen und weinten. Niemand sagte ein Wort, nur die Tränen rannen uns über die Wangen. Keiner wusste ja, wie es weitergehen würde und wie lange man das noch aushalte. Als wir da so saßen und weinten, kam dem Köppel-Ludwig ein Gedanke: Wenn wir gesund wieder heimkämen, würden wir als Dank für eine glückliche Heimkehr ein Kreuz setzen. Wir alle haben dieses Gelübde dann auch abgelegt. Ich kam am 25. November 1948 nach Hause und habe in den Fünfzigerjahren das Versprechen eingelöst. Das Kreuz steht heute noch an der Ecke unseres Grundstücks an der Straße zur Kirche von Puchschlagen.

Zu Weihnachten gab es ein Stück Streuselkuchen von der uns zustehenden Zuckerration, die wir bisher noch nie bekommen hatten. Dann erkrankte ein Bekannter Ludwigs, der Metzger Josef Willibald aus Odelzhausen (heute Gasthaus zur Sonne), Jahrgang 1919, an Durchfall, der sich zur Ruhr entwickelte. Er wurde in den Bunker Nr. 4 verlegt, wo lauter Ruhrkranke lagen. Dieser Bunker war,

ebenso wie Bunker Nr. 5, mit Stacheldraht umzäunt, damit keiner hinein- und herauskonnte. Dadurch wollte man die Ansteckungsgefahr verringern. Aber mein Freund, der alte Hase Ludwig Köppel, fand immer wieder Mittel und Wege, den Josef Willibald zu besuchen. Er nahm auch mich einige Male mit in die Krankenstation. So musste ich das ganze Elend und die unfassbare Erbärmlichkeit, in der diese Menschen dalagen, mit ansehen. Gott der Herr erlöste sie fast alle. Willibald starb Ende Januar 1945. Er war einer von vielen, die diesen Winter nicht überlebten. Die Opfer wurden hinter der Kommandantur außerhalb des Lagers begraben. Solange die Minustemperaturen das Schaufeln von Gräbern unmöglich machten, wurden die Leichen einfach aufgestapelt. Mit 1800 Mann waren wir im Oktober 1944 in das Lager eingewiesen worden. Davon waren im April 1945 nur noch 1130 übrig. Die anderen lagen tot hinter der Kommandantur.

In unserem Lager gab es nur Mannschafts- und Unteroffiziersdienstgrade, die alle arbeiten mussten. Die in Stalingrad gefangenen Generäle und Offiziere hingegen hatte man in einem Lager hinter Moskau zusammengezogen. Sie wurden verpflichtet, Zeitungen zu verfassen, die im Lager an Anschlagtafeln aushingen. Die Zeitung *Freies Deutschland* diente natürlich in erster Linie der sowjetischen Kriegspropaganda, vermittelte uns aber doch auch Eindrücke aus Deutschland, die uns sehr nachdenklich machten. So war einmal ein Bild vom Konzentrationslager Dachau zu sehen, das zeigte, wie Tote nackt auf einem Zweiradkarren hinausgeschoben wurden. Bei uns im russischen Lager wurden die Toten jeden Tag genauso hinausgeschoben, nur eben steif gefroren.

So verging die Zeit. Mitte April 1945 ging's dann mit 150 Mann in einem Güterzug auf Reisen. Als wir nach ein paar Tagen ankamen, befanden wir uns im Lager Baba-

jewo, einige hundert Kilometer nördlich von Moskau. Warum sie gerade mich für diese Gruppe ausgewählt haben, weiß ich nicht. Zu meinem Glück waren der Köppel-Ludwig und der Bayer-Xaver auch mit dabei.

Das Lager Babajewo

Anders als in Moschaisk gab es in Babajewo ärztliche Betreuung, da hier hauptsächlich erkennbar geschwächte Gefangene untergebracht worden waren. Wir Neuankömmlinge, die wir noch bei besserer Gesundheit waren, mussten wieder Holz machen, im wesentlichen Kleinholz für die Küche. Nach einiger Zeit litt ich unter zwei vereiterten Fingernägeln. Das kam von dem ständigen Prellen der Axt. Deshalb kam ich zu einer Ärztin. Die griff den Fingernagel mit einer Zange und zog brutal daran, bis sie ihn ausgerissen hatte. Dabei fragte sie »balid, balid?«, das heißt, »Tut's weh?«. Natürlich tat es saumäßig weh.

Ich hatte auch einmal Zahnweh und kam zu einer Ärztin, die groß und stark war, eine wirklich stattliche Frau. Sie sprach gut deutsch und erzählte mir, dass sie vor dem Krieg in Hamburg studiert habe. Zu meinen Zähnen meinte sie: »Sie haben Zähne wie ein Pferd.« So stark waren meine Zähne damals. Nur zwei Jahre später, 1947 in Tscherepowez, hatten sich durch die lange, einseitige und vitaminarme Ernährung sämtliche Zähne gelockert. Davon haben sie sich nicht mehr erholt, und schon mit vierzig Jahren hatte ich keinen einzigen eigenen Zahn mehr.

Am Vormittag des Pfingstdienstag 1945, kurz vor dem Essen, beschlossen der Köppel-Ludwig und der Lankes-Joseph aus dem Bayrischen Wald, mir und dem Bayer-Xaver das Schafkopfen beizubringen. Dazu hatten sie aus kleinen Papierstücken Spielkarten zurechtgeschnitten, mit einem Bleistift beschriftet, mit Figuren und Namen verse-

hen. Wir hatten noch nicht lange gespielt, da kam diese Ärztin zur Visite. Obwohl wir in der hintersten Ecke im Saal saßen, hatte sie uns gesehen und den Dolmetscher, einen jungen Kerl aus Sachsen, angewiesen, er solle nachsehen, was wir da machten. Er berichtete ihr, dass wir Karten spielen würden. Dann musste er uns die 32 Spielkarten wegnehmen, und sie hat den Vorfall gemeldet. Zur Strafe bekamen wir mittags und abends nichts zu essen, obwohl doch das bisschen Verpflegung, das wir erhielten, ohnehin nicht zum Sattwerden reichte.

In Babajewo mussten wir später auch Waldarbeiten verrichten. Der Weg dorthin führte jeden Tag am Waldrand entlang und an einem Friedhof vorbei. So wurden wir Zeugen einer für uns merkwürdigen Form der Totenverehrung. Immer wenn die Leute die Gräber ihrer Angehörigen besuchten, brachten sie Speisen und Getränke mit. Sie ließen sich an den Rändern des Grabhügels nieder und verspeisten das Mitgebrachte, ließen aber von allem einen Rest übrig. Diesen Rest ließen sie am Grab liegen. Nach ihrer Vorstellung sollten die Verstorbenen im Jenseits davon zehren.

Einmal mussten wir als kleiner Trupp von sechs oder acht Mann in ein nahes Dorf ausrücken, um ein Strohdach zu reparieren. Wahrscheinlich gehörte das Haus einem Angehörigen der Bewachungsmannschaft. In der Mitte des Dorfes lag ein riesiger Steinhaufen, die kümmerlichen Reste der Dorfkirche. Die Bolschewiki hatten ja seit der Oktoberrevolution die Kirche bekämpft, und der größte Teil des Klerus war im Zuge der Stalinschen »Säuberungen« in den Dreißigerjahren ermordet worden.

Nach der Arbeit gab es reichlich Suppe, den gebräuchlichen Kascha (Buchweizenbrei) und ein Stück Brot. All das schmeckte vorzüglich. Ich war sehr froh, dass ich zu diesem Trupp eingeteilt worden war. Zum Essen durften wir

in die gute Stube des Hauses, und dort hingen viele schöne, goldglänzende Ikonentafeln. Vermutlich haben sie die Dörfler aus der Dorfkirche gerettet, bevor diese gesprengt wurde.

Als am 8. Mai 1945 der Krieg zu Ende war, durfte mehrere Tage lang niemand das Lager verlassen, denn die Russen feierten den Sieg ausgiebig mit Alkohol und waren dann längere Zeit nicht mehr nüchtern.

Und so verging die Zeit, Woche für Woche. Im Juni wurde eine Arbeitsgruppe für das sogenannte Kinderlager abgestellt, der auch wir drei Kameraden angehörten. Es war kein typisches Gefangenenlager, sondern wurde als »Kommando« bezeichnet. Wir mussten 14 Tage lang in einem einzigen Gebäude arbeiten. Der Name »Kinderlager« blieb mir ein Rätsel. Von diesem »Kommando« ist mir besonders in Erinnerung geblieben, dass wir dort Singen lernen mussten, und zwar das Kampflied der sozialistischen Arbeiterbewegung, die Internationale. »Völker, höret die Signale, auf zum letzten Gefecht; die Internationale erkämpft das Menschenrecht.«

Tscherepowez

Kurz nach dem Einsatz im Kinderlager ging es schon weiter, diesmal nach Tscherepowez, gut 400 Kilometer nördlich von Moskau. Der Ort liegt an der Bahnlinie von Moskau nach Archangelsk, südlich der Halbinsel Kola am Weißen Meer, an einem großen Kanal, der auch für den Schiffsbau genutzt worden war. Er ist durch mehrere Seen und nicht zuletzt durch den Ladogasee mit Leningrad an der Ostsee verbunden. Auf diesem Kanal brachte man alle Waren hierher. Dort befand sich das berüchtigte Waldlager Schaika, in dem deutsche Gefangene Holz schlagen, es zu Flößen zusammenbinden oder direkt auf Schiffe verla-

den mussten, mit denen das Holz dann auf dem Wasserweg weitertransportiert wurde.

Die Flöße wurden aus Langholz von zehn bis 14 Metern Länge liegend zusammengebaut. Es gab auch noch Flöße aus zwei Meter langen Stämmen. Diese wurden im Wasser stehend zusammengebunden. Im Winter 1945/46 lagen Hunderte solcher Flöße in dem von dickem Eis bedeckten Kanal.

Ein anderer Freund, Max Römisch, kam zum Floßmachen in dieses Lager nach Schaika. Er arbeitete bei dem Kommando, das die auf Rollen aufgewickelten Drähte vor Verwendung erst im offenen Feuer ausglühen mussten, damit sie an Spannung verloren und flexibler wurden. Beim Öffnen einer noch unter Spannung stehenden Rolle schlug ein Drahtende aus und dem Max ins linke Auge. Auf diesem Auge ist er bis heute fast blind.

Ich kam mit meinen Freunden in ein anderes Lager, das sich auf der entgegengesetzten Seite der Stadt befand. Das war ein sogenanntes Stammlager, das, den alten Baracken nach zu urteilen, zuvor zur Zeit von Stalins »großem Terror« als Straflager für die zahllosen sogenannten Volksfeinde gedient haben musste. Uns wurde berichtet, dass man solche Lager »Sakritschonie« genannt habe.

Für uns ging es von dort aus dann täglich in den nahe gelegenen Schmiedehafen, wo 200 bis 300 Mann starke Kommandos alle möglichen Arbeiten verrichten mussten, wie das Heraufziehen von Schiffen oder Steine klopfen. Zum ersten Mal wurde nach bestimmten Berufen gefragt. Ich hoffte, dass man mit Berufsausbildung bessere Verpflegung bekommen würde, und meldete mich als Zimmerer. Doch schon am ersten Abend bereute ich das sehr, denn ich musste eine Schalung zimmern, wovon ich ja keine Ahnung hatte. Das wurde natürlich sofort bemerkt, und so kam ich wieder zu den »unqualifizierten« Arbei-

tern. Da mussten wir zum Beispiel zu zweit eine von sechs bis acht Winden drehen, die in einer Reihe standen, um ein beschädigtes Schiff auf Schienen aus dem Wasser zu ziehen. Beim Zurichten von Steinen zu Pflastersteinen saß man den ganzen Tag an einem Fleck, je zwanzig Mann nebeneinander, und klopfte und klopfte. Es war wirklich eine scheußliche Arbeit.

Ich hatte einmal erfahren, dass man von der Küche eine Woche lang abends nach dem eigentlichen Essen einen Nachschlag an Suppe von immerhin 750 Gramm bekommen würde, wenn man eine Tafel Blech abliefern könne. Solche Bleche wurden in der sogenannten Elektrostanz abgegeben, wo der Strom für das Lager erzeugt wurde. Natürlich wollte ich auch einmal in den Genuss so eines Nachschlags kommen.

Im Schmiedehafen wurde ich fündig, denn da lagen ein paar dieser Blechtafeln. Schnell und verstohlen nahm ich eine Tafel, legte sie mir um den Körper und schnürte sie fest zusammen. Dann kam mein Mantel drüber, und so ging es auf den ungefähr zwei Kilometer langen Weg zurück zum Lager.

Als wir am Lagertor ankamen, wurden wir wie gewohnt in Dreierreihen abgezählt. Ich war etwa in der Mitte der Kolonne und in der mittleren Reihe. Als wir drankamen, musterte uns der Posten kurz, zog mich aus der Reihe heraus und stellte mich an die Seite. Als wenn er es gerochen hätte! Ich musste stehen bleiben, bis er alle anderen abgezählt und das Tor geschlossen hatte. Dann nahm er mich in sein Wachhäuschen mit. Ich hätte keinen Tropfen Blut mehr geben können vor Angst. Er riss mir den Mantel auf, zerschnitt die Schnur, nahm die Blechtafel, rollte sie wieder zusammen und stellte sie hinter den Ofen. Dann sagte er zu mir: »Dawaibaschlie!«, was so viel bedeutete wie »Schnell ab, schnell hinaus durch das kleine Tor und ins Lager!«

Ich tat wie befohlen und rannte über das kleine Tor ins Lager hinein. Mein Herz klopfte wie verrückt. Erst weit drinnen im Lager beruhigte ich mich wieder. Nie mehr habe ich so etwas versucht. Ich habe dem Herrgott gedankt, noch einmal so davongekommen zu sein.

Einmal wurde ich mit einer Arbeitsgruppe in einer Eisengießerei eingesetzt. Das war eine so schwere Arbeit, dass die Gruppen jede Woche wieder abgelöst wurden. Wir waren lauter starke Männer, die jeden Tag einen Zuschlag an Brot und Suppe bekamen, deshalb probierte ich das auch aus. Vormittags ging man erst um 10 Uhr aus dem Lager, kam aber um 22 Uhr abends wieder zurück. Denn vormittags wurden von russischen Arbeitern die Gießformen vorbereitet, in die wir dann das flüssige Eisen gießen mussten. Je nach Größe der Formen waren dafür zwei oder vier Mann vorgesehen. Der Hochofen wurde mit einer langen Stange angestochen, sodass das flüssige Eisen durch eine ebenso lange Rinne in die Kübel lief. Wenn ein Kübel voll war, wurde das Loch mit einer Stange wieder verschlossen und ein Pfropfen draufgesetzt. Der Mann mit der Stange war ein schwergewichtiger Russe. So füllten wir die Formen Kübel für Kübel. Gegen Abend war das Eisen schon so weit abgekühlt, dass die Formen auseinandergenommen werden konnten. Dann mussten wir das schwarze Zeug durchsieben, denn die Russen brauchten dieses Material ja anderntags schon wieder zum Fertigen der Formen.

Danach wurde ich einem anderen Kommando zugeteilt, das in der Nähe des Schmiedehafens Zersai eingesetzt war, wo die Flöße ankamen. Die langen Stämme wurden einzeln mit Pferden auf die Lagerflächen gezogen. Zuvor mussten wir aber die beiden Drähte lösen, die das jeweilige Floß zusammenhielten. Die Drähte waren fast so dick wie mein kleiner Finger. Das Aufmachen war eine sehr

gefährliche Arbeit. Zwei Mann mussten sich dazu quer auf die Stämme legen und auf Kommando gleichzeitig die beiden Drähte mit Bolzenschneidern durchtrennen.

Als es Ende Oktober, Anfang November kalt wurde und Kanal und Hafen zugefroren waren, ging es an die kurzen Flöße mit den zwei Meter langen Stämmen. Diese kurzen Hölzer mussten wir selbst einzeln zum Holzlager hinauftragen. Zuvor musste das Floß aber noch aus dem Eis geschlagen werden. Dazu bekamen wir Eisenstangen, die Lom genannt wurden. So standen wir alle auf dem Eis, jeweils vier Mann um ein Floß, und hauten und stießen den ganzen Tag ins Eis, bis das Floß frei im Wasser schwamm und wir die kurzen Stämme einzeln herausziehen konnten. Es war aber so kalt und das Eis so dick, dass uns das nicht jeden Tag gelang. Wenn die Eisschicht fast durchstoßen war, musste man besonders vorsichtig sein. Denn wenn man da noch einmal zu fest zustieß, war das schwere Lom nicht mehr zu halten und verschwand in der Tiefe. Laute Flüche der russischen Aufseher waren die logische Folge. Das Holz wurde dann ans andere Ufer hinaufgetragen, wo ein Heizkraftwerk stand, das für die ganze Stadt elektrischen Strom produzierte.

Wenn das Wetter nicht allzu grimmig war, waren etwas abseits von uns auch Russen auf dem Eis. Auch sie schlugen Löcher mit knapp einem Meter Durchmesser ins Eis und ließen durch dieses ein Netz ins Wasser hinunter. Denn die Russen wussten, dass die Fische an solche Löcher kamen, um Sauerstoff zu schnappen. Nach einiger Zeit zogen sie das Netz heraus, und mit etwas Glück fing man einen Fisch.

Bei einem anderen Einsatz fuhren wir Mehl und Graupen mit einem Pferdefuhrwerk vom Magazin in die Stadt. Wenn die Luft rein war, bohrten wir einen Sack an, aßen die herausrieselnden Flocken und füllten uns damit die

Hosentaschen, um am Abend auch noch etwas zu haben. Bei diesem Kommando hat man auch immer wieder russische Zivilisten getroffen, die man dann fragte, ob sie nicht eine Zehe Knoblauch übrig hätten. Knoblauch war sehr begehrt bei uns Gefangenen, denn damit konnten wir die tägliche Suppe etwas wohlschmeckender machen. Dazu wurde eine Zehe fein geschnitten, zerdrückt und in die Suppe gegeben.

Bei diesem Einsatz wurde auch sonntags gearbeitet, wenn auch nicht so viel. So mussten wir zum Beispiel Holz vom Fluss zum Lager tragen. Ab und zu sollten wir am Fluss entlang Weiden schneiden, um Körbe zu flechten. Ich kann mich erinnern, dass wir nicht nur einmal beim größten Schneetreiben draußen waren und völlig durchgefroren ins Lager zurückkamen.

Mein mit Abstand »bestes« Kommando im Winter 1945/46 war außerhalb des Lagers bei der Bäckerei, die deutsches Brot für das ganze Lager herstellte. Ich war da mit dem Köppel-Ludwig und einem anderen Kameraden abgestellt, um das Holz für die Backöfen vorzubereiten. Natürlich gab's da für jeden von uns frisches Brot und täglich auch ein Stück zum Mitnehmen. Das ging lange gut, bis uns der Posten am Lagertor zu filzen begann und uns das Brot wegnahm. Das war aber nicht das Schlimmste, denn zur Strafe haben sie uns noch über Nacht in den Kaboss-Arrest eingesperrt. Die Zellen in diesem Arrestlokal waren so klein, dass man nur stehen oder sitzen konnte. Es passte auch nur ein Mann hinein, und hinlegen war gar nicht möglich.

Trotzdem haben wir am anderen Tag wieder versucht, Brot ins Lager zu schmuggeln. Hunger war ja unser ständiger Begleiter, und deshalb war gutes Brot einfach unwiderstehlich. Wir haben aber von nun an das Brot in der Hose zwischen die Beine gebunden, wo der Posten doch

nicht hingelangt hat. Somit war das Brot im Lager und hat wunderbar geschmeckt.

Das Brot unserer Verpflegung im Lager wurde in der Küche geschnitten, gewogen und auf Tabletts in die Baracken getragen. Die Brotstücke waren nicht alle gleich schwer, denn es waren ja Kastenbrote, da gab es zwei Randstücke mit Rinde dran, und die galten als viel wertvoller. Das Gleiche für die Zuwaagen, die zum Ausgleich des Gewichts auf die Scheiben gesteckt wurden. Da wurde schon mit Argusaugen draufgeschaut, dass man ein gutes, nahrhaftes Stück ergattern konnte.

Zu Weihnachten 1945 gab es sogenannte Doppelkarten, mit denen man nach Hause schreiben konnte. Auf so einer Karte waren oben das Rote Kreuz und der türkische Halbmond abgebildet. Die Karten wurden nach dem Alphabet ausgeteilt. Als mein Buchstabe S dran gewesen wäre, waren schon lange keine Karten mehr da, und ich ging leer aus. Ich fand es gar nicht so schlimm, dass meine Familie nicht wusste, dass ich noch lebte. Denn es war ja fraglich, ob ich die Tortur der Gefangenschaft überstehen würde.

Am ersten Weihnachtstag hatte es noch minus dreißig Grad Celsius, am folgenden Tag floss das Wasser von den Dächern. Die Wetterumschwünge konnten hier gewaltig sein. Plötzlich einsetzendes Tauwetter war aber der größte Feind unserer Filzstiefel, denn wir hatten praktisch keine Möglichkeit, nasse Stiefel zu trocknen, und nach ein paar Tagen wurde es schon wieder bitterkalt.

Jedes Lager hatte sogenannte Politruk, von uns »Antifaschist« genannt, die die Gefangenen kommunistisch indoktrinieren sollten. In der Anfangszeit waren das vermutlich kommunistische Emigranten gewesen. In den späteren Jahren wurden auch Gefangene zu antifaschistischen Kursen angeworben. Die Teilnehmer genossen viele Vorteile und Freiheiten, zum Beispiel selbst auf kleine

Kommandoposten eingeteilt zu werden. Diese Leute sollten später in der Heimat die Ideologie des Kommunismus offensiv vertreten. Denn das Ziel der Kommunisten war ja die Weltrevolution.

Einmal musste ich zu so einem Politruk, einem Herrn Wirthig aus Augsburg. An den Namen kann ich mich nur noch dunkel erinnern, aus Augsburg war er aber gewiss. Er hat mich zu sich bestellt, mich nach meinen Personalien gefragt und ist dann sofort zum Thema Dachau gekommen. Ich sei doch aus Dachau und müsse über das dortige Konzentrationslager Bescheid wissen, über die Vergasungen und Verbrennungen. Das müsse man ja gerochen haben. Ich verneinte, denn darüber hatte uns niemand informiert. So ging es eine Zeit lang hin und her. Mit allen Tricks wollte er mir ein Wissen über das Lager entlocken, das ich aber nicht hatte. Schließlich erklärte ich ihm, dass das Lager zwei Kilometer östlich von Dachau gelegen wäre, mein Heimatort Puchschlagen aber acht Kilometer westlich davon. Da hatte ich dann von ihm Ruhe und habe auch nichts mehr von ihm gehört.

Dass Dachau so ein schlimmes Konzentrationslager gewesen war und dass es viele solcher Konzentrationslager gegeben hatte, das habe ich erst hier im Tscherepowezer Stammlager erfahren. Denn da waren an allen Wänden der Baracken die Namen deutscher Konzentrationslager groß aufgemalt, worüber auch wir staunten, da wir von alledem keine Ahnung hatten, jedenfalls wir Jüngeren nicht. Auch dass ich in der 376. Division gedient hatte, bereitete mir keine Schwierigkeiten.

Wir Gefangenen wurden regelmäßig medizinisch untersucht und je nach Kraft, Gesundheit und Ausdauer in Arbeitsgruppen eingeteilt. In Arbeitsgruppe 1 kamen die stärksten Männer, in Gruppe 3 die schwächeren, die aber trotzdem noch arbeitsfähig waren. Daneben gab es noch

die Kranken, die sie »Distrofia« nannten. Eine solche Untersuchung lief wie folgt ab: Wir mussten uns im Revier nackt vor ein paar Ärzten in einer Reihe aufstellen. Einer davon, meist eine Ärztin, drückte die Muskeln am Oberarm zusammen und zog an der Haut über dem Muskel. Wenn sich bei einem Gefangenen die Haut leicht wegziehen ließ, wurde er als »slawie«, schwach, oder als »Distrofia« bezeichnet. Dann musste man sich umdrehen und sie machten den gleichen Test mit den Hinterbacken – meist mit dem gleichen Ergebnis. Wer unter die Rubrik »Distrofia« fiel, war wirklich krank, brauchte und konnte auch nicht arbeiten. Im Gefangenenjargon nannten wir sie »Strohficker«. Bei mir ließ sich die Haut nicht wegziehen. Da ich aber sonst nicht so kräftig war, kam ich immer in die Arbeitsgruppe 3. In den Arbeitsgruppen 1 und 2 fanden sich die wirklich kräftigen und gesunden Kameraden.

Von unserem Stammlager aus wurden auch Arbeitskommandos in das Bergwerk in Stalino und die Papierfabrik in Sokol geschickt. Die Arbeiten dort waren so beschwerlich, dass dorthin nur Kameraden der Gruppen 1 und 2 geschickt wurden. Besonders die Papierfabrik war berüchtigt und wurde deshalb von uns auch Knochenmühle genannt. Wenn die Leute dann spätestens nach zwei bis drei Monaten wieder zurückkamen, waren sie völlig erschöpft und gehörten zur Kategorie »Distrofia«. Ich war froh über meine Arbeitsgruppe 3, aber für die Kameraden tat es mir leid, weil sie buchstäblich verheizt worden sind.

Es wurden aber auch Gefangene aus anderen Lagern nach solch zermürbenden Arbeitseinsätzen in unser Stammlager verlegt. So kam im November 1945, also schon lange nach Kriegsende, ein Transport mit circa 200 Mann direkt aus Deutschland, die im Sommer in der Umgebung Berlins hatten arbeiten müssen. Sie wurden im La-

ger in einer separaten Baracke untergebracht, die fast genauso stark umzäunt war wie das Lager selbst. Dort mussten die Kameraden vier Wochen in Quarantäne verbringen. Niemand durfte zu ihnen hinein und niemand durfte heraus. Was die Seuchengefahr anbelangte, gingen die Russen keinerlei Risiko ein. Darum wurde den Gefangenen auch die gesamte Körperbehaarung abrasiert, auch das Kopfhaar.

Mit diesem Transport kam auch mein späterer Freund Max Römisch aus Dietfurt bei Grafenwöhr, den ich im Kommando Jorkie 1946 kennenlernte. Er war vier Jahre jünger als ich, hatte also praktisch noch als Kind in den Krieg ziehen müsen.

So verging der Winter 1945/46. Anfang oder Mitte April 1946 ging's auf das erwähnte »Kommando Jorkie«. Dieses Kommando bestand aus zehn Mann und führte uns von Tscherepowez aus weiter nördlich zu einer verlassenen Kolchose. Vielleicht war es auch nur ein Zweigbetrieb gewesen. Dort hatten die Russen schon zwölf Pferde und eine Rinderherde hingebracht. Wir mussten dort einen landwirtschaftlichen Betrieb bewirtschaften. Ein Mitgefangener, ein gewisser Panl aus Pommern, war für die Rinder verantwortlich. Gemolken wurden diese offensichtlich nicht, sonst hätten wir ja etwas gesehen. Für den Pferdestall war ein Fritz aus Rumänien zuständig. Er konnte gut Russisch und war deshalb zuvor Fahrer eines Lagerkommandanten gewesen.

Es war ja Frühling, und so mussten wir nach der Ankunft mit einem Pflug und mit einer einzigen Schar ohne Rad gleich einige Felder pflügen. Einen Pflug ohne Rad führen, das hatte ich daheim noch nie gemacht, es ging aber wider Erwarten ganz gut. Die Arbeiten organisierte ein alter, weißhaariger Russe, der sich Agronom nannte. Wahrscheinlich war er schon über Siebzig.

Anfangs legten wir große, breite Beete an, so wie wir es von daheim eben gewohnt waren. Aber weit gefehlt! Nach Anweisung des Agronomen mussten die Beete sehr schmal gemacht werden, mit großen, tiefen Furchen dazwischen. Wie wir später verstanden, war das notwendig, damit das viele Wasser ablaufen konnte. Den Pflug zogen vier schwere belgische Pferde, die die Russen bestimmt in Deutschland erbeutet hatten. Sie meinten, diese Tiere wären so kräftig, dass man sie unbegrenzt zu allen Feldarbeiten einsetzen könne. Das stellte sich allerdings als Trugschluss heraus. Der tiefe, nasse Boden war so schwer, dass die belgischen Pferde schon nach acht Tagen so geschwächt waren, dass sie nicht einmal den leeren Pflug ziehen konnten. Die russischen Rösser schafften das viel leichter.

Auf einer großen Parzelle sollten Kartoffeln angebaut werden. Die notwendigen Saatkartoffeln wurden mit einem Lastwagen bis an das Ende der leidlich befestigten Zufahrtsstraße gebracht, die sie Rollbahn nannten und die ungefähr eineinhalb Kilometer von der Kolchose entfernt endete. Dort mussten wir die Kartoffeln mit zwei Pferdefuhrwerken abholen. Das war ein Fiasko! Der Weg war noch schlechter als wir befürchtet hatten, sodass unsere beladenen Wagen immer wieder tief eingesunken sind. Einige Zentner sind daher auf diesem Weg schon im Busch verschwunden.

Diese Saatkartoffeln waren lauter große Knollen, wie bei uns die Speisekartoffeln, aber das machte nichts. Das Ausbringen, bei uns einfach nur Kartoffellegen genannt, war schon eine Schau: Wir ackerten mit unserem Einscharpflug eine Furche in den Kartoffelacker, in die dann die Russen die Saatkartoffeln einzeln hineingeworfen haben. Wir haben diese dann zugepflügt und eine neue Furche gezogen, in die wieder Knollen kamen. Ganz langsam zogen die Rösser den Pflug durch die fette und nasse

Erde. Das ging so, bis die ganzen zehn Tagwerk ausgesät waren.

Einige der Äcker reichten bis an die befestigte Zufahrtsstraße, die sogenannte Rollbahn. Einmal kam ein Russe zu Fuß auf der Rollbahn daher, als Max und ich mit unseren Pflügen ganz nahe der Straße waren. Wir hielten den Russen an mit den Worten: »Trastische Dawarisch Boschalsta nem noschko bo Gurid.« Auf Deutsch heißt das: »Grüß dich, Genosse, bitteschön ein bisschen was zu rauchen.«

Der Russe griff in den Hosensack und holte eine Prise von dem groben, starken Tabak heraus, den sie Mahorka nannten. Zigarettenpapier brauchten wir auch noch, und so sagte ich: »Bomago do schineto«, was auf Deutsch so viel heißt wie »Zigarettenpapier haben wir auch nicht.«

Er schob den Tabak zurück in seine Hosentasche und holte ein fachgerecht zusammengelegtes Zigarettenpapier hervor, riss für uns beide je ein Blatt herunter und gab sie uns. Dann holte er den Mahorka wieder aus der Tasche und gab jedem ausreichend auf das Blatt. Wir richteten es zurecht, rollten die Zigarette zusammen, machten den überlappenden Streifen Papier mit der Zunge nass, und fertig waren die Zigaretten.

Ich aber sagte schon ein wenig verlegen: »Spitzkie doschie neto.« Das heißt »Feuer haben wir auch nicht«.

So zog der Mann seine Lunte heraus, die damals jeder Russe dabei hatte. Er drückte seinen Feuerstein an die Lunte und schlug mit einem Stück Stahl ein paarmal darauf, bis die Lunte glühte. Er blies noch ein bisschen hinein, und schon konnten wir unsere Zigaretten anbrennen.

Mit dem russischen Wort »S-Passiwa«, also »Dankeschön«, verabschiedeten wir uns. Endlich konnten wir wieder einmal eine Zigarette rauchen. Die glücklichen Momente im Leben eines Kriegsgefangenen sind ja so bescheiden!

So ein Lunten-Feuerzeug ist einfach gemacht: Man ziehe fettfreie Watte zu einer zehn bis zwanzig Zentimeter langen, fingerdicken Wurst, wickle Stoff herum, zünde sie an einem Ende an und ersticke diese Glut durch Aufstecken einer geschlossenen Hülse, beispielsweise eines Fingerhuts. Die Glut stirbt ab. An dieser Stelle kann man das Feuer mit Feuerstein und Stahl neu entfachen. Dabei darf man die Glut nicht abputzen, sonst glüht die Lunte das nächste Mal nicht mehr. Das war das russische Feuerzeug, mit dem auch Feuer gemacht wurde. Ein solches habe ich mir besorgt. Steine gab es ja genug, man musste sie halt ausprobieren. Watte gab's auch, notfalls aus der eigenen Wattejacke. Ja, und ein Stück Stahl, da musste man eben schauen, woher man das organisieren konnte. Als wir uns dann noch Zigarettenpapier und Tabak besorgt hatten, konnten wir uns selbst Zigaretten drehen.

Max und ich waren wieder einmal beim Ackern, wobei wir uns gleich am Anfang eine Zigarette gönnen wollten. Der Tabak, den wir organisiert hatten, war aber ganz jung und stammte von den ersten unteren Blättern am Stängel, die schon vor der Reife der Tabakpflanze abgenommen worden waren. Was wir nicht wussten: Dieser Tabak ist sehr stark! Und so kamen wir nur bis gut zur Hälfte der Ackerlänge, als wir schon in größter Eile die Hosen herunterlassen mussten! Aber wir hatten wenigstens eine Zigarette gehabt.

Auch über das Zigarettenpapier musste man sich kundig machen. Die Russen verwendeten nämlich einfach bedrucktes Zeitungspapier. Man konnte aber nicht irgendwelche Zeitungen nehmen, sondern nur Papier von *Iswestia* und *Prawda*, den Partei- und Regierungszeitungen der Sowjets. Diese beiden bedruckten gutes Papier, das so weiß brannte wie normales Zigarettenpapier. Das

Papier aller anderen Zeitungen brannte schwarz, und bei jedem Zug ging die Flamme hoch.

Mitte/Ende Juni 1946 war es schon sehr heiß, obwohl wir weit im Norden waren, und es wurde fast nicht mehr finster. Es wurde so heiß, dass wir am frühen Morgen schon von 6 bis 10 Uhr und dann erst nachmittags von 16 bis 20 Uhr abends auf die Felder mussten. Ich hatte mir bei dieser Hitze am Oberkörper einen solchen Sonnenbrand zugezogen, dass mir unser Sanitäter Neumann einen Verband anlegen musste.

So kamen wir wegen der Hitze täglich ganz früh auf die Felder. Meistens waren wir immer noch beim Ackern. Dabei haben wir, wenn immer möglich, auch den Kartoffelacker heimgesucht, einige der keimenden großen Kartoffeln herausgezogen, in ein vorher angefachtes Feuer geworfen und dort gebraten. Ich hatte ja jetzt auch immer mein Lunten-Feuerzeug bei mir. Die Kartoffeln haben vorzüglich geschmeckt.

Das ging aber auch nur deshalb gut, weil wir als Wachmann einen Österreicher dabeihatten, den sie »B.K.-Mann« nannten, weil er eine Armbinde mit den Buchstaben B.K. trug. Wahrscheinlich war er ein Antifaschist, der in die Sowjetunion emigriert war. Dieser B.K.-Mann verpfiff unsere Kartoffelbraterei nicht, sonst wäre es damit gleich vorbei gewesen.

Eines Tages sagte er zu mir: »Strasser, schreib doch auch mal heim.«

Ich fragte ihn verwundert, wie das gehen sollte, denn die dazu notwendigen Doppelkarten waren ja sehr rar gewesen. Daraufhin zog er eine Doppelkarte aus seiner Tasche, trennte die beiden auseinander und gab mir eine davon. Da habe ich heim geschrieben. Es war das erste Lebenszeichen von mir, seit ich zwei Jahre zuvor in Ge-

fangenschaft geraten war. Nach vier Wochen schon bekam ich Post von zu Hause!

Als dann die Zeit für die Kartoffelernte kam, wurden ungefähr fünfzig Mann vom Lager mit Lastwagen zu uns herausgekarrt. Jeder hatte eine kleine hölzerne Schaufel dabei, mit der die Kartoffeln ausgegraben und in Körben gesammelt wurden. Der armselige Kartoffelhaufen, den sie zusammengebracht hatten, war aber kleiner als der, den wir im Frühjahr »eingeackert« hatten. Viel Arbeit also für nichts.

Dann kam die Getreideernte an die Reihe. In der Nähe unserer Unterkunft stand eine große Scheune, links und rechts an den Giebelseiten befand sich ein Anbau. Unten in jedem Anbau war ein Ofen eingebaut. Die Bauart entsprach unseren heimischen Backöfen, nur mit dem Unterschied, dass die Wölbung des Ofens aus lauter großen Steinen mit einem Durchmesser von zehn bis dreißig Zentimetern bestand. Zwei Meter über den Öfen war je ein Stangenboden eingebaut, auf die die geernteten Getreidegarben geschichtet wurden.

Diese Garben mussten die Gefangenen kilometerweit zu Fuß herbeitragen. Sie wurden dann auf dem Stangenboden über dem Ofen aufgeschlichtet. Mit der aufsteigenden Wärme des Feuers wurden die Garben mit dem Getreide getrocknet. Das war auch notwendig, denn die meiste Zeit regnete es, und die Garben waren tropfnass. Natürlich waren auch unsere »Erntehelfer« aus dem Lager nass, aber das störte sie nicht. Denn sie konnten ja den ganzen Tag Körner aus den Ähren zupfen und sich an diesen gütlich tun. Solchen Luxus hat es im Lager nicht gegeben.

Meine Gruppe musste jeden Vormittag mit den Pferdefuhrwerken im Wald Holz holen und dieses ofengerecht sägen. Mit diesem Holz wurde dann am frühen Nachmittag einer der beiden Öfen angeheizt, bis die Ofensteine

weiß glühten. Dann wurde bis 2 Uhr nachts durchgeheizt. So waren die Garben dann am anderen Morgen durchgetrocknet. Sie wurden direkt in die Scheune geworfen und ausgedroschen. So ging es mindestens 14 Tage lang: einen Tag an dem einen Ofen, am anderen Tag am anderen.

Ich erinnere mich noch gut an ein paar ältere Frauen, die uns bei so einer Fahrt entgegenkamen, in unsere Gesichter schauten und laut ausriefen: »Gospodie, Gospodie, Moladaie Tscholaweg.« Das heißt auf Deutsch in etwa »Mein Gott, mein Gott, sind das noch junge Leute«. Ich war damals 21, und mein Freund Max gerade einmal 18 Jahre alt.

Im Spätherbst mussten wir immer wieder in den Wald fahren, dort vollblättrige Stauden abschneiden und heraushauen, aufladen und zum Lager fahren. Solche Sträucher gab es zuhauf, denn der Wald bestand nur aus Laubgehölzen und riesigen Mengen Unterholz. Zurück im Lager mussten wir eine flache Grube ausheben, in etwa so, wie bei uns früher eine Rübenschanze ausgehoben wurde. Wir füllten all die Stauden in die Grube und deckten sie gut mit Erde zu. Angeordnet und beaufsichtigt hat das alles der alte Agronom. Die Stauden brauchte er im Winter als Silage für seine Ziegen.

Mein Freund Max Römisch war derweil zusammen mit unserem Kameraden Otto Ersche eingeteilt, bei Nacht draußen auf den Feldern die Pferde zu hüten, wenn sie sehr weit vom Lager entfernt eingesetzt waren. Sie hatten dazu »Glocken« aus Konservendosen gebastelt und den Rössern umgehängt, damit immer etwas gescheppert hat. Zusätzlich hatten sie die Tiere gehobbelt, ihnen also die Vorderbeine so zusammengebunden, dass sie nur kleine Schritte machen, aber nicht davonlaufen konnten. Das wichtigste aber war: sie mussten die ganze Nacht ein Feuer unterhalten, damit sich die Wölfe nicht heranwagten. Denn Wölfe gab es hier viele.

Anfang November wurden Max und ich zu einem Spezialkommando eingeteilt. Wir mussten mit zwei Pferdegespannen und dem russischen Kommandanten der Arbeitsgruppe, Kapitän Timosche, zu einer Kolchose einige Ortschaften weiter fahren, um Proviant zu holen. Kolchosen waren landwirtschaftliche Großbetriebe, die genossenschaftlich bewirtschaftet wurden. Dazu hatten die Bauern ihren Grundbesitz abtreten müssen. Jede Kolchose musste einen Teil ihrer Produktion, das sogenannte Kontingent, an den Staat abliefern. Wenn sie dieses Kontingent nicht erreichte, egal ob wegen schlechten Wetters oder aus anderen Gründen, mussten sie den fehlenden Rest aus den Erträgen der Hausgärten der beteiligten Bauern ausgleichen. Jedes Mitglied einer Kolchose durfte ja einen kleinen Garten für sich selbst bewirtschaften. Dort blühte und wuchs dann alles viel besser als auf den Gemeinschaftsäckern.

Unsere Kolchose war mit ihrem Kontingent im Rückstand, und so kam Timosche mit uns im Schlepptau zu den Hausgärten, um Zwiebeln, Gemüse, Gelbe Rüben, Wruken oder Dotschen, eine etwas bessere Rübenart, und vieles andere von den Bauern abzuholen. Ob sie wollten oder nicht, spielte keine Rolle.

Natürlich wollte niemand etwas abgeben von seinen Wintervorräten, aber Kommandant Timosche hat schon dafür gesorgt, dass jeder seine Körbe herausholte. Wir waren überrascht, wie brutal er mit den eigenen Leuten umgesprungen ist.

Auf dem Heimweg fiel mir vor unserer Nachbarortschaft ein noch nicht abgeerntetes Kartoffelfeld ins Auge. Max und ich nutzten die Gelegenheit, um von da an abends bei Dunkelheit ein Säckchen voll Kartoffeln zu holen. Als wir zurückkamen, haben uns eines Abends die Posten mit dem Säckchen erwischt. Die Kartoffeln waren natürlich

weg, und eine Strafe haben sie uns auch gleich aufgebrummt. Jeder von uns beiden musste hundert Kübel Exkremente aus der Latrine rausschöpfen und aufs Feld hinaustragen. Als Schikane machten sie nur einen kleinen Spalt im Zaun auf, durch den wir mit unseren Kübeln schlüpfen mussten. Da waren wir bedient.

Früh brach der Winter herein, und die Pferde mussten in den Stall. Es wurde schnell so kalt, dass die Pferdeäpfel schon gefroren waren, als wir in der Früh in den Stall kamen. Zum Füttern gab es Heu, das wir mit Schlitten aus bis zu zwanzig Kilometer Entfernung holen mussten. Dort war das Gras im Sommer von einem Kommando, dem ich nicht angehörte, gemäht und dann zu Haufen aufgerichtet worden. Es blieb dort bis zum Winter, denn im Sommer konnte man es wegen der schlechten Wegverhältnisse nicht einfahren. Im Winter ging das mit dem Schlitten viel einfacher. So fuhren wir mit unserem Schlitten in wechselnder Besetzung täglich hinaus und holten Heu. Die Kufen der Schlitten waren aus gespaltenen Birkenstangen, die vorne aufgebogen waren. Die Breite betrug nur einen Meter. Links und rechts an den Kufen war je eine Deichsel angebracht, um einen Bügel darüberspannen zu können, sodass das Pferd, wie in Russland üblich, zwischen den Deichseln ging. Das Kummet wurde also dann unten an den beiden Hölzern mit einem Riemen zusammengezogen, damit Kummet und Deichsel fest miteinander verbunden waren, denn Stränge wie bei uns gab es nicht. Auf dem Rücken des Pferdes lag ein kleiner Sattel, über den mit einem Riemen beide Deichseln samt Kummet auf die gewünschte Höhe eingestellt wurden. An so einem russischen Schlitten gab es keinen einzigen Nagel oder ein anderes Eisenteil. Alles war aus Weidenruten und anderen geeigneten Hölzern gebaut. Auf den Schlitten wurde so viel Heu aufgeladen wie möglich. Dann wurde

ein 2 mal 3 Meter großer Rahmen daraufgeschnallt, dann das Ganze rundum zugeschnürt wie ein Paket, damit nichts verloren ging, wenn die Ladung zur Seite hing. Nach einer Weile stellte er sich schon wieder auf. Wenn dann bei so einer Fahrt Halt gemacht wurde, haben wir sofort ein Feuer gemacht, um die Wölfe abzuschrecken.

So verging der Winter 1946/47, und wir kamen im Frühjahr 1947 wieder ins Stammlager zurück, wo ich dann auch wieder in den Schmiedehafen zur Arbeit musste. Ende Mai schon wurde es sehr warm, auch in unseren Baracken. Als ich eines Tages in der Früh aufwachte, schaute ich nach links und rechts und sah, dass fast niemand mehr auf den Pritschen lag. Was war los? Fast alle Kameraden waren zum Schlafen ins Freie ausgezogen, da wir wegen der Hitze eine große Wanzenplage hatten. Mir aber haben die Wanzen nichts getan, angeblich meines Blutes wegen. So habe ich gut geschlafen, während die Kameraden von den Wanzen malträtiert worden sind. Wenn allerdings auch nur eine einzige Laus in der Gegend war, die habe ich bestimmt gehabt!

Anfang Juni 1947 wurden wieder neue Kommandos eingeteilt. Max, der ja der Arbeitsgruppe 2 zugeordnet war, wurde ins Waldlager Schaika abkommandiert. Ich als Angehöriger der Arbeitsgruppe 3 wurde nach Armakowo zur Heuernte geschickt. Armakowo war eine Sowchose, also ein im Gegensatz zur Kolchose in Staatsbesitz befindlicher landwirtschaftlicher Betrieb. Untergebracht waren wir in einer Scheune, die auf ungefähr einen Meter hohen Stelzen über dem Boden gebaut war. Daneben waren noch zwei weitere baugleiche Scheunen, in denen Getreide gelagert war.

Als Erstes mussten wir mit der Sense Gras mähen. Das Gelände war aber keine Wiese, sondern Sumpf und Gestrüpp, wo es fast noch mehr Frösche gab als Gras. Für

uns war das aber ein Segen, denn die Frösche haben wir gefangen, sooft wir konnten. Wir nahmen die Frösche aus und steckten sie in das Säckchen, das man als Gefangener immer dabeihatte, um etwas mitnehmen zu können. Abends wurden sie dann gekocht, einfach so, wie wir sie von draußen mitgebracht hatten. Das gab eine schöne Suppe, auf der auch etliche Fettaugen schwammen. Den höchsten Froschfangertrag hatte einmal unser Kamerad Hermann Werneke mit 268 Fröschen. Wenn man dann vielleicht noch eine Kartoffel oder eine Handvoll Getreide ergattert hatte, war das für uns jedes Mal ein Festessen.

Schon nach acht Tagen kam ich zu den Pferden, wo gerade das Mähen von Gras auf dem Programm stand. Die Sowchose hatte vier Mähmaschinen. Zwei davon waren alte russische Fabrikate, die beiden anderen aber noch fast neue deutsche Maschinen, eine der Marke Deering und eine Ölbad-Fahr, wie wir sie zu Hause in Puchschlagen auch hatten. Ich wurde für eine der Maschinen eingeteilt und liebäugelte mit der Ölbad-Fahr, die ich ja schon kannte. Aber weit gefehlt, ich musste mit einer der alten russischen Maschinen Vorlieb nehmen. O Schreck, dachte ich, mit der kannst du ja gar nichts anfangen. Aber sie waren mindestens so gut wie unsere. Am anderen Tag spannten wir, drei Russen und ich, unsere vier Gespanne mit den Maschinen ein und fuhren hinaus auf die Wiese. Das Gras stand hier den Pferden bis an den Bauch. Meiner Meinung nach war das eine neu eingesäte Wiese. So ging es los mit einem flotten »Nuu«, wie man dort anstelle unseres »Hüh« zu sagen pflegt. Die Wiesenlänge betrug mindestens 1,5 bis 2 Kilometer. So mähten wir um die Wiese rundherum, alle vier Gespanne nacheinander.

Nach rund zwei Stunden wurde angehalten, und die Pferde wurden so im Kreis zusammengestellt, dass wir in der Mitte noch schön Platz zum Sitzen hatten. Dann hieß

es »Dawei bo Guried«, also »Schnell eine rauchen«. Die drei Russen haben mir auch eine Zigarette angeboten, da konnte ich natürlich nicht nein sagen. Währenddessen haben wir die Pferde grasen lassen, bis wir fertig geraucht hatten. Dann ging das Mähen weiter bis zur nächsten Pause. So ging's, ich weiß es nicht mehr genau, acht bis vierzehn Tage dahin mit dem Mähen. Die anderen Gefangenen, dazu auch russische Arbeiter, haben das Heu zu Haufen aufgerichtet, so groß wie eine Scheune. Darin waren die Russen ja Meister.

Als wir ohne Zwischenfälle alles weggemäht hatten, kam ich in den Pferdestall. Ich musste den Stall ausmisten und die Pferde putzen. Stallmeister war ein Russe mit dem Namen Simoveum, der so zwischen fünfzig und sechzig Jahre alt war. Er hat etwas Deutsch gesprochen, denn er war im Ersten Weltkrieg in deutscher Gefangenschaft gewesen. Seinen Erzählungen nach war es ihm da nicht schlecht gegangen, und so war er auch gut zu mir.

Nach ein paar Tagen wurden Simoveum und ich und noch einige andere Leute nach Berchanof, einem 25 Kilometer entfernten ganz allein in der Wildnis liegenden Nebenbetrieb der Sowchose Armakowo geschickt, wieder zum Gras Mähen – ich mit meinen Rössern und meiner Mähmaschine und Simoveum mit einer anderen Maschine. Das Kommando leitete ein russischer Natschalnik, was so viel wie Kommandoführer bedeutete. Angeblich war er Tierarzt, man wusste es nicht. Aber dass er kein freundlicher Mensch war, haben wir alle gesehen.

Gehalten wurden da draußen nur Kalbinnen. Als unser Trupp ankam, regnete es unaufhörlich. Wir waren ganz auf uns gestellt in der Gegend, denn wir waren ja nicht im Betrieb, sondern noch weit außerhalb. So mussten wir uns erst eine Hütte bauen, um uns vor dem Regen zu schützen. Abgedeckt wurde die Hütte mit Laub, entsprechend

dicht war das Dach. Am anderen Tag ging es los mit dem Mähen, was aber im Gegensatz zu den schönen und großen Wiesen ein paar Wochen zuvor gar keine Freude machte. Das Gras stand auf relativ kleinen Lichtungen, die noch dazu nicht eben waren. So schrammte ich mit der Mähmaschine einmal da an, das andere Mal dort, und immer wieder stockte es. Wo wir mit der Maschine nicht hinkonnten, haben die anderen Leute mit der Sense gemäht.

Ich habe meine Arbeit mit den Pferden und der Maschine so gut gemacht, wie ich es auch zu Hause und in Armakowo gemacht hatte. Diesmal aber konnte ich gar nichts recht machen. Der Natschalnik hat immer nur kritisiert und auf mich eingeschimpft, weil ich alles falsch machen würde. Er konnte mich anscheinend nicht leiden.

Ein paar Tage ging es so, was mich sehr gekränkt hat, besonders da er, so gut ich seine Anweisungen auch ausgeführt hatte, immer wieder Neues zu bekritteln hatte. Ich wusste nicht mehr ein noch aus, und eines Tages war ich so fertig, dass ich von der Maschine herunterstieg, mich vor ihm niederkniete, die Hände faltete und sagte: »Dawai Natschalnik, Boschalsta bo bum!« Auf Deutsch: »Bitte schnell, Natschalnik, bitte erschieß mich!« Mein Leben war mir in dem Augenblick egal, ich fühlte einfach, dass ich so nicht mehr weiterexistieren konnte.

Da zuckte er die Achseln und antwortete: »Ja nie je moschno!«, was auf Deutsch ungefähr hieß: »Ja, ich darf ja nicht!« Mit diesen Worten wandte er sich ab und ging. Ich aber begann zu weinen wie ein kleines Kind, legte mich auf den Boden, kraftlos und völlig verzweifelt. Nach einer Zeit schlief ich einfach ein.

Als ich wach wurde und zur Maschine und zu den Pferden ging, die ein Stück weitergezogen waren, weil es da vermutlich besseres Gras gab, bemerkte ich, dass die Kurbelstange, die das Messer der Mähmaschine antreibt, ge-

brochen war. Vermutlich hatten die Pferde die Maschine zu grob über einen Baumstumpf gezogen. Für mich war das Mähen damit zu Ende. Ich bin dann mit den Rössern und der Maschine zu den anderen und habe den Schaden allen gezeigt. Der Natschalnik, der mich so getriezt hatte, hat nichts gesagt wegen der kaputten Kurbelstange. Von da an hat er mich auch vollkommen in Ruhe gelassen.

Ich wurde dann eingeteilt, mit einem Pferd Heu zusammenzuziehen, sodass andere Kameraden daraus größere Haufen machen konnten. Diese haben wir später mit Stangen und einem Strick zusammengebunden und mit Pferden zum nächsten Schober gezogen. Von dort wurde das Heu dann im Winter mit den Schlitten geholt, genauso wie in Jorkie.

Als die Heuarbeit erledigt war, kam ein Teil der Leute mit Simoveum und den Pferden nach Armakowo zurück. Ich musste mit einigen anderen noch draußen bleiben zum Holz machen für den Winter. Wir wurden in einem alten Haus einquartiert. Da ist es uns dann besonders gut gegangen. Denn unter der Mittagszeit sind wir schnell weg in den Wald und haben Pilze gesammelt. Die gab es dort in rauen Mengen. Einmal oder zweimal hingekniet, rund herum eingesammelt, und schon war der Kopfkissenbezug, der Säckel, wie wir sagten, voll mit Birkenpilzen und Rotkappen. Klar, wir haben da nicht viel nach Würmern geschaut. Die wurden einfach mitgekocht und haben uns nicht geschadet. Genug zu essen zu haben war ja das Allerwichtigste für uns Gefangene. Bei Nacht aber durfte keiner das Haus verlassen, denn Wölfe streunten und heulten um unser Haus.

Ein paar Wochen später kamen wir wieder nach Armakowo zurück, und ich erneut zu Simoveum in den Pferdestall zum Ausmisten und Putzen, außerdem zum Holz Holen für die Küche. Wie im Winter waren wir wieder zu

fünft: Simoveum, drei weitere Russen und ich. Im Stall hatten sie ein kleines Kämmerlein als Aufenthaltsraum, wo sie sich um einen Tisch setzen, rauchen und Brotzeit machen konnten. Ich war schon im Winter in dieser Runde gut aufgenommen worden, und so auch jetzt wieder. Jeden Tag in der Früh, nachdem ich die eine Stallseite mit den 14 Pferden fertig ausgemistet hatte, gesellte ich mich zu den Russen, bekam eine Zigarette und Brot. Da ging es mir gut.

Danach kam die andere Seite des Stalles dran. Dort standen nur sechs Pferde, darunter ein paar Reitpferde. Diese wurden von Direktor Antonowitsch geritten. Das passte für ihn gut, denn der Stall war von der Sowchosenverwaltung nicht weit entfernt, wo Direktor Antonowitsch wohnte. Dort hielt er sich auch ein paar Hühner, die immer wieder in »meinen« Stall kamen, um dort den Pferdemist auseinanderzuscharren, den ich auf Haufen zusammengerichtet hatte. Das hat mich einmal so geärgert, dass ich meine Gabel nahm und eine Henne von hinten niedergeschlagen habe. Obwohl ich sie eigentlich nur vertreiben wollte, war sie sofort tot. Ein tragischer Unfall sozusagen, aber es war ja das Huhn vom Direktor. Ja, was also tun? Schnell habe ich es im Misthaufen versteckt. Später habe ich es unter meiner Jacke heimlich mit in die Unterkunft genommen, gerupft, ausgenommen und gekocht. Als die anderen abends heimkamen, haben sie gierig geschnuppert, denn es gab Hühnersuppe und Fleisch für alle. Wieder ein Festessen für uns.

Zur Sowchose gehörte neben einem Kuhstall auch ein großer Schweinestall ganz in der Nähe meiner Arbeitsstelle, wo ebenfalls einer von uns Gefangenen beschäftigt war. Der hat uns immer wieder eine spezielle Art Rüben mitgebracht, Wruggen genannt, die dort an die Schweine verfüttert wurden. Diese Rübenart war viel besser als die, die für

unsere Verpflegung verwendet wurde. Das Gemüse war also sehr begehrt. Andere wiederum brachten Kartoffeln mit. Wir Gefangenen wurden mit der Zeit immer findiger im Organisieren von allem, was gut schmeckte und den Hunger stillte. Oft hatten wir so viel, dass wir es nicht sofort verbrauchen konnten. So begannen wir mit einer Art Lagerhaltung.

Unsere Schätze haben wir dann in der Unterkunft unter dem doppelten Boden an verschiedenen Orten verstaut. Die Holzhäuser waren ja einen guten halben bis einen Meter über dem Erdboden, sodass wir genügend Verstecke fanden. Zwar gab es immer wieder eine Razzia von den Russen, aber sie fanden niemals alles, was wir versteckt hatten, aber oft mehr, als der Koch gerade brauchen und lagern konnte.

Mittlerweile war es wieder Winter geworden. Ich konnte von meinem Pferdestall aus beobachten, wann die begehrten Wruggen am Schweinestall angeliefert wurden. An kalten Wintertagen, wenn der Hofraum glatt gefroren war, huschte ich auch mal vom Pferdestall aus hinüber, klemmte mir schnell vier oder fünf Wruggen unter den Arm und ab Richtung Pferdestall. Das muss der Natschalnik, der Aufseher vom Schweinestall, gesehen haben und mir nachgelaufen sein. Ich sah ihn nicht, aber als er mich eingeholt hatte, zog er mir ein Bein weg, sodass ich zu Boden stürzte und die Wruggen davonflogen. Ich sprang sofort wieder auf und rannte davon – ohne Rüben. Da wusste ich, dass ich da nicht mehr hinübergehen durfte.

Im Spätherbst ging es wieder zurück nach Armakowo, und ich musste, wie schon das Jahr zuvor, Holz für die Küche holen. Bei der Rückfahrt von Berchanof hatte ich vor einer Ortschaft in der Nähe von Armakowo mehrere Stämme Holz liegen sehen. Die wollte ich für die Küche holen, denn sie brauchten ja nur noch aufgeladen und mit

Stricken zusammengebunden werden, was sehr viel einfacher war, als wenn man wie üblich erst Bäume fällen musste. Ich fuhr mit Schlitten und Pferd also hinaus nach Iskra, so hieß die Ortschaft, lud schnell das Holz auf den Schlitten, band es fest, und los ging's zurück nach Armakowo. Aber wieder einmal machte ich die Rechnung ohne die Russen. Als ich mit dem Schlitten das erste Haus der Ortschaft erreichte, kamen zwei Männer hinterm Haus hervor, nahmen mein Pferd am Zügel, führten es hinters Haus und schlugen, zack zack, die Stricke durch.

Dann stießen sie das Holz links und rechts herunter und sagten drohend: »Dawai Baschlie«, was bedeutet »Hau bloß ab!«. Voller Angst bin ich ohne Holz auf und davon.

Ein anderes Mal schlug ich auf der anderen Seite von Iskra, etwas weiter draußen, einige Birken, die da weit verstreut einzeln herumstanden. Irgendwie muss ich dabei die Richtung verloren haben. Auf einmal wusste ich nicht mehr, wo es nach Armakowo ging. Ich versuchte zurückzufinden und erreichte nach einiger Zeit eine mir fremde Ortschaft. Ich wusste nicht mehr, was ich tun sollte, fasste Mut und fragte ein paar Russen: »Trastische Dawarisch, od guda Sowchose Armakowo?« (»Grüß dich, Genosse, wo geht's zur Sowchose Armakowo?«)

Die Russen waren freundlich und zeigten mir den Weg. Aber der Schnee auf der Straße wurde immer weniger, sodass ich einen Teil meiner schönen Birkenladung abladen musste, da das Pferd sie sonst nicht mehr hätte ziehen können. So kam ich nach langer und anstrengender Fahrt, es war längst finster geworden, um 22 Uhr abends zurück nach Armakowo. Dort hatten sie mich schon vermisst. Der Koch sagte dann schnippisch zu mir, man solle halt nicht so weit wegfahren. Und ich war froh, dass dieses Abenteuer ohne Strafe beendet werden konnte.

Einmal nahm mich der alte Simoveum, der Vorarbeiter im Pferdestall, mit zu sich nach Hause. Ich sollte ihm beim Drehen von Seilen zur Hand gehen. Sein Haus lag zwei Dörfer von uns entfernt. Das Material für die Seile stammte auch wieder aus Deutschland, das sah ich sofort. Es waren nämlich Sisalbinder der Marke Baumhüter, wie auch wir sie daheim am Hof für die Strohpresse und den Bindemäher verwendeten. Die Russen haben halt aus Deutschland alles mitgenommen, was sie brauchen konnten.

Diese Sisalbinder versponnen wir mit einer einfachen Warbel, bei der an einer Seite ein einzelner Haken und am anderen Ende drei Haken angebracht waren. Damit wurden drei Schnüre verdrillt. Hernach wurde der einzelne Haken ebenfalls gedreht, sodass sich die drei verdrillten Schnüre wiederum verdrehten und fertig war das Seil. Nach getaner Arbeit gab es am Tisch Simoveums ein anständiges Essen und ein Stück Brot dazu, wodurch es mir an diesem Tag ganz besonders gut ging.

Dieser Ausflug mit Simoveum bestätigte meine Erfahrung, dass man als deutscher Kriegsgefangener am besten mit Leuten zurechtkam, die die Zarenzeit noch miterlebt hatten, also gut über vierzig Jahre alt waren. Denn die jüngeren Leute waren zumeist fanatische Kommunisten und standen uns Deutschen feindselig gegenüber.

In Iskra, dem Nachbarort, wo man mir das Holz vom Schlitten gerissen hatte, befand sich auch ein Gefangenenlager für russische Sträflinge, ein sogenanntes Sakritschonie-Lager. Die Russen in diesen Lagern wurden noch viel schlechter behandelt als wir Kriegsgefangenen. Die Strafen in Stalins Reich waren drakonisch: Für den Diebstahl eines halben Zentners Hafer waren zum Beispiel vier Jahre Sakritschonie fällig.

Im Winter kam der Abschied von Armakowo, wo es mir dank Simoveum, meinem Stallnatschalnik, im Großen

und Ganzen nicht schlecht ergangen war. Wir Gefangenen waren das Jahr über im Organisieren so »erfolgreich« gewesen, dass wir bei unserem Weggang viel Proviant zurücklassen mussten. Besonders schade war es um die Rüben und Kartoffeln, die wir an vielen Orten versteckt hatten und nicht mitnehmen konnten.

Das Lager Panovka

Anfang Januar 1948 wurden wir in Armakowo in einen Zug mit Ziel Wologda verladen. Vor der Abfahrt stieß dann noch eine andere Gruppe Gefangener zu uns, die von Wologda kam, wie wir später erfuhren. Mit dabei war auch mein Freund Max Römisch aus dem Kommando Jorkie des Jahres 1946. Gemeinsam ging es weiter im Waggon, bis es wieder hieß »Raus, wir sind hier in Panovka, unserem Zielort«. Panovka lag weiter nördlich und war auch ein Holzkommando und ein Waldlager, wie ich es ja schon kannte. Dieses Lager bestand aus einigen Blockhütten auf der einen Seite der Bahn. Auf der anderen Seite waren einige Eisenbahnwaggons als Unterkunft abgestellt. Wir waren in einer der größeren Blockhütten untergebracht. Darin gab es fast kein Licht, dafür aber umso mehr Wanzen. Es waren so viele, dass man beim Essen aufpassen musste, keine von der Decke ins Kochgeschirr gefallene Wanze mitzuessen. Denn zerbissene Wanzen hätten furchtbar gestunken. Immerhin gab es dort keine Läuse mehr. Wenigstens etwas …

Am anderen Tag ging es zu Fuß gleich in den Wald. Wir marschierten etwa einen Kilometer an einer schmalspurigen Eisenbahnlinie entlang, bis wir an ein Holzhäuschen kamen, das als Magazin für unsere Arbeitsgeräte wie Sägen und Äxte diente. Nachdem wir dort mit Arbeitsgerät ausgestattet worden waren, ging es noch einmal rund 500

Meter weiter. Wir waren jetzt mitten in einem Wald, der hauptsächlich aus Fichten, aber auch aus Pappeln und Buchen bestand. Hier wurden wir in Gruppen von jeweils drei Mann eingeteilt, um das Waldstück abzuholzen. Die Fichtenstämme wurden zu Telegrafenmasten mit zehn, 12 oder 14 Metern Länge verarbeitet. Alle anderen Holzarten wurden nur als Brennholz verwendet. Der Schnee lag gut einen Meter hoch. So mussten wir die Bäume vor dem Umschneiden erst einmal freischaufeln. Gegen die beißende Kälte hatten wir Pelzmäntel, Pelzhauben und Filzstiefel, sogenannte »Walenki« bekommen.

Die ersten Tage hatten wir mehr als genug zu tun, um die vorgegebene sozialistische Norm zu erfüllen. Nachdem wir aber erkannt hatten, wie die Normabnahme vor sich ging, wurde es leichter. Einige Kameraden, die aus Wologda dazugekommen waren, hatten ja in den vorangegangenen Wintern im Waldlager Schaika gearbeitet und wussten ganz genau, was man da alles tun konnte, um die Norm am einfachsten zu erfüllen.

Trotz klirrender Kälte mussten die Gefangenen im Wald arbeiten.

Mit Walinkie (Filzstiefeln), Pelzmantel und Pelzhandschuhen marschierten wir in Richtung Bahnstation.

Jede Gruppe schaute als Erstes, dass sie einen schönen großen Bestand an Bäumen bekam. Es wurde auch schon mal um einen großen Baum gestritten. Die Fichten, die ja zu Telegrafenmasten verarbeitet werden mussten, wurden immer einen Meter länger als vorgeschrieben abgesägt. Nach der Normabnahme an einem Tag haben wir am folgenden Tag dieses Stück abgeschnitten und dem Natschalnik den gekürzten Stamm nochmals zur Abnahme vorgezeigt. Das war recht einfach, denn die Normabnahme bestand in einer einfachen Kennzeichnung des Schnitts mit einem Stück Holzkohle, und ebendiese Seite haben wir gekürzt. Nur was am Ende angestrichen war, wurde abtransportiert. Da das gesamte Reisig verbrannt werden musste, hatten wir immer ein Feuer brennen.

Beim Brennholz tricksten wir genauso, nur in größerer Masse. So wurde schon beim Aufrichten der Brennholzstapel im Inneren des Haufens so viel Hohlraum gelassen, dass man gleich selbst Platz darin hätte nehmen können.

Nur von außen musste der Brennholzstoß vollständig ausschauen.

Bei kleineren Holzstapeln konnte man viel mit Schnee machen: Wir schaufelten die bereits abgenommene, also mit Holzkohle geschwärzte Seite so hoch mit Schnee zu, dass der Natschalnik nur an die andere Seite kommen konnte, die ja noch nicht abgenommen war. Mit solchen und anderen »Lumpereien« haben wir jede Woche einen Tag über die Norm zusammengebracht. Dann durften wir am letzten Tag der Woche nach dem morgendlichen Abmarsch über das Gleis sofort wieder zurück in die Unterkunft abbiegen.

Das Langholz sowie das Brennholz wurden neben den Gleisen gelagert, bis es dann von einem anderen Kommando aufgeladen und abtransportiert wurde. Das Verladen des Brennholzes war eine große Schinderei, denn die Stämme mussten senkrecht in den Waggon gestellt werden. Gar nicht so selten sprang auch ein Waggon aus den Schienen, und alle mussten zusammenhelfen, ihn wieder aufs Gleis zu hieven. Das war eine gewaltige und vor allem gefährliche Schinderei.

Zum Abtransport des Holzes stand eine kleine Diesellok bereit, die aber meistens kaputt war und erst wieder betriebsbereit gemacht werden musste.

Als es dann Frühjahr wurde und der Schnee schmolz, kam der wahre Gleisbau zum Vorschein. Unebenheiten im Gelände waren einfach mit über Kreuz aufgerichteten Holzstapeln ausgeglichen worden. Das war logischerweise eine sehr wackelige Angelegenheit, die auch die vielen Pannen im Winter trotz Eis und Schnee erklärte.

Jetzt hatte man das nasse, morastige Gelände »in voller Schönheit« vor sich. Bei dieser Nässe konnten wir unmöglich mit unseren Filzstiefeln in den Wald marschieren, aber wir mussten hinaus zur Arbeit. Befestigte Wege gab es auch nicht, nur das Gleis. So nahmen je zwei Mann ei-

Mit dieser Diesellok wurde das Holz abtransportiert.

nen Stock in die Hände, stellten sich nebeneinander aufs Gleis, jeder auf eine Schiene. Und los ging's im Gleichschritt bis zum Arbeitsplatz, und heimwärts genauso. Das ging gar nicht schlecht. Bei diesen Gängen habe ich auch beobachtet, wie die Russen Gleise reparierten: War irgendwo eine Schwelle locker, haben sie einfach Hartholzschindeln untergelegt.

In diesen Tagen bekamen wir auch »Besuch« vom Lager Krassowitz. Dies war ein Lager für hohe deutsche Offiziere. Sie waren zwar auch Kriegsgefangene, mussten aber nicht arbeiten. Wenn ein Offizier doch arbeiten wollte, konnte er für eine Woche zu uns ins Waldlager herauskommen. Das war dann so geregelt, dass in dieser Woche einer von uns freinehmen konnte.

So kam mit Oberst Freiherr von Hallberg auch einmal ein Offizier zu uns nach Panovka, der uns zur Erbauung Geschichten aus seinem Leben erzählte. Dies hat uns aufgemuntert und ließ die Stimmung wieder steigen.

Unsere Arbeitsstelle im Wald um Panovka an der Bahnlinie

Dieser Offizier hat tatsächlich Münchner Dialekt gesprochen.

Panovka war eigentlich nur eine Bahnstation zum Holzverladen. Regulär hielten hier keine Züge. Nachrichten, Meldungen und sonstiges kleines Transportgut wurden mittels einer zwei Meter langen geflochtenen Weidenrute, an deren Ende sich eine große Schlaufe befand, an den Lokführer übergeben. Das kleine Packerl wurde an die Rute gebunden und das Ganze so an das Gleis gehalten, dass es der Lokführer während der Vorbeifahrt ergreifen und die Rute mitsamt dem Packerl zu sich in das Führerhaus hineinziehen konnte.

Wenn wir Verpflegung brauchten, musste dann doch mal ein Zug anhalten und ein paar Mann zur nächsten Stadt mitnehmen. Ihren Namen und die genaue Entfernung kann ich nicht mehr sagen. Bei der Rückkehr hielt der Zug aber nicht mehr an. Vielmehr mussten unsere Leute die Ladung, also den Proviant, vom Zug herunterwerfen und dann selbst abspringen. Gott sei Dank stieg

die Strecke von Norden her an, sodass der Zug hier so langsam fahren musste, dass unsere Leute relativ gefahrlos abspringen konnten.

Das Lager Krassowitz

Ende April oder Anfang Mai ging's mit der Bahn wieder auf die Reise. »Woanders hin«, so hieß es. Wir haben ja nie erfahren, wohin wir gerade verlegt wurden. Man wurde am Zielbahnhof ausgeladen, und keiner wusste, wie das neue Lager hieß und was uns wieder bevorstand. Immer hatten wir Angst, zum »Kommando Sokol« zu kommen, das den berüchtigten Beinamen »Die Knochenmühle« trug. Ich hatte wieder einmal Glück, denn unser Ziel war das Lager Krassowitz, nach der russischen Schreibweise »Grjasowez«.

Das Lager befand sich einige Kilometer außerhalb der Stadt gleichen Namens und war wahrscheinlich einmal ein Kloster gewesen. Von diesem war aber nur mehr ein kleiner Steinbau übrig geblieben. Es handelte sich dabei um ein Offizierslager, in dem nur hohe deutsche Offiziere interniert waren. Auch unser letzter Divisionskommandeur, General Schwarz von der 376. Infanteriedivision, war hier. Da diese Offiziere nicht zu arbeiten brauchten, waren immer auch Mannschaftsdienstgrade im Lager, die die nötigen Arbeiten verrichten mussten. In Krassowitz waren ungefähr hundert Arbeitskräfte.

Ständig arbeitspflichtig waren nur die Mannschaftsdienstgrade, aber auch ein kleiner Teil der Subalternoffiziere bis zum Oberleutnant mussten noch arbeiten. Wie man das eingeteilt hat, weiß ich nicht. Vom Hauptmann aufwärts brauchte dann keiner mehr zu arbeiten. Die Offiziere bekamen auch eine bessere Verpflegung, genauso wie es auch im russischen Militär üblich war.

Am Eingang des Lagers standen zwei große Gebäude aus Holz in einer Form, die ebenfalls auf ein Kloster hindeuteten. Das Lager selbst war an einem leichten Abhang angelegt. Unten in der Senke, rund 150 Meter vom Eingang entfernt, war ein kleiner Fluss. Links vom Eingang standen zwei große Baracken, rechts drei Baracken, in denen wir Mannschaften untergebracht waren. Es gab auch noch drei andere, zum Teil komfortable Häuser aus Holz. In einem war die deutsche Lagerverwaltung untergebracht. Ja, auch so etwas hat's da gegeben.

Das untere Haus am Fluss war eine Art Aufenthaltsraum mit einem Café. Die Offiziere waren ja nicht nur von Arbeit befreit, sie bezogen auch einen Sold von 14 Rubel im Monat und konnten somit auch einmal ins Café gehen. Wir Mannschaften bekamen keinen Sold, und so sind wir auch nie ins Café gekommen. Trotzdem ist es uns in diesem Lager bei Weitem besser gegangen als in allen Lagern zuvor.

Was sich im obersten der drei Häuser befand, weiß ich nicht, aber auf alle Fälle schienen sie etwas Besonderes zu beherbergen. Auf dem gegenüber der Straße gelegenen Gelände war ein Sportplatz.

Auf der anderen Seite des Flusses kam gleich links die Wäscherei und dann ein steiler Anstieg, wo nach ungefähr hundert Metern rechts noch eine Baracke und links der Speisesaal standen. Hinter der Wäscherei in Richtung des Lagereingangs war einer der zwei großen Unterkunftsbauten zu erkennen, in denen hohe Offiziere und Generäle wohnten. Ich vermute, diese Gebäude waren Reste der Landwirtschaftsgebäude des Klosters. Links stand das Gebäude der deutschen Lagerverwaltung. Dahinter, durch ausladende Bäume fast verdeckt, sah man weitere Baracken und Gebäude.

Hinter dem Speisesaal kam dann noch ein großer Steinbau, der wiederum auf einen ehemaligen Klosterbau hin-

In diesem Gebäude befand sich die deutsche Lagerverwaltung mit dem Aufenthaltsraum.

In ihrer Freizeit schufen die Kriegsgefangenen kunstvolle Bastelarbeiten.

deutete. Ich vermute sogar, der Größe nach zu schließen, dass es einst die Klosterkirche gewesen war. Kirchen haben ja, wie in Russland üblich, keine Türme. Auch in diesem Bau waren Gefangene untergebracht, unter anderem auch Oberst von Hallberg, der uns draußen in Panovka besucht hatte.

Gleich am Lagereingang befand sich ein großer Platz mit einem Blumenbeet, in dem aus verschiedenfarbigen Blüten ein Sowjetstern gebildet worden war. An der Seite waren große Anschlagtafeln angebracht, an denen immer die neuesten russischen Zeitungen, hauptsächlich *Iswestia* und *Prawda*, aushingen, sodass man die neuesten Nachrichten, freilich aus sowjetischer Perspektive, nachlesen konnte.

Auch eine »deutsche« Zeitung war angeschlagen. Sie hieß *Freies Deutschland* und wurde von deutschen antifaschistischen Offizieren – mehr oder weniger freiwillig – herausgegeben. Diese Zeitungen waren natürlich hauptsächlich für die arbeitsbefreiten hohen Offiziere gedacht und nicht für uns Mannschaften.

Auch hier wurden wir überwiegend zum Holzschlagen eingesetzt. Morgens ging's dazu in den Wald. Wir marschierten neben dem Lager den Berg hinab, über den Fluss, auf dem anderen Ufer wieder hinauf und durch das Dorf Talitza in Richtung Wald. Der Ortsname Talitza blieb mir sehr gut im Gedächtnis, denn der Name heißt auf Deutsch »das sündige Dorf«.

So waren wir den ganzen Tag draußen im Wald. Von da aus haben wir uns immer wieder in die nächste Ortschaft aufgemacht, um zu »hamstern«, wie es bei uns hieß. Wir bettelten bei den russischen Bauern um Kartoffeln, Milch und Brot. Was wir selbst nicht verbrauchen konnten, haben wir dann im Lager wieder verschachert, also gegen andere Dinge eingetauscht.

Im Offizierslager Krassowitz waren die Lebensbedingungen vergleichsweise günstig.

Oft zogen wir auch mit Pferd und Wagen in den Wald. Dazu stand eine Stute zur Verfügung, die ein kleines Fohlen hatte. Daher gab die Stute gerade Milch, und auch das haben wir natürlich ausgenutzt: Wir haben das Fohlen einfach in den Stall gesperrt, um draußen die Stute zu melken, damit wir Milch für den täglichen Kartoffelstampf hatten. Der schmeckte dann besonders gut. Übrigens ist Pferdemilch so süß, dass sie sich nicht zu Dickmilch verarbeiten lässt.

Bei dem warmen Sommerwetter konnten wir am Morgen zum Waschen und Baden an den Fluss gehen, der schnurgerade durch das Lager lief. Einmal wurde sogar ein Schwimmfest organisiert. Da konnte man dann in der Staffel schwimmen und vom Drei-Meter-Brett springen. Ich selbst konnte nicht gut schwimmen, sodass ein Mitmachen für mich nicht in Frage kam. So begnügte ich mich wie die meisten anderen mit der Rolle des Zuschauers.

Besonders in Erinnerung ist mir an diesem Tag der Kölner Jupp Bös geblieben. Er hatte sich ein besonderes Schauspiel ausgedacht und wollte als »Wojna Plenni«, als typischer Kriegsgefangener also, vom Drei-Meter-Brett springen – mit Gefangenenkleidung und sämtlichen Sachen am Körper, die ein Wojna Plenni halt so mitzuführen pflegte: ein Brotbrett, eine Brotwaage, etliche Büchsen bis hin zum Kochgeschirr. Diese Accessoires wollte er dann unter Wasser abstreifen, um nur mit Badehose bekleidet, sozusagen als neuer Mensch wieder aufzutauchen und herauszukommen. Das Ganze ging aber leider vollständig daneben. Denn beim Versuch, Kleidung und Gegenstände unter Wasser abzustreifen, verhedderten sich seine Klamotten samt »Wojna-Plenni-Inventar« um seine Füße, sodass er nicht mehr auftauchen konnte. Als Vorsichtsmaßnahme waren aber genügend Rettungsschwimmer eingeteilt worden, die gleich zur Stelle waren und den armen Kerl herausholten. Sonst wäre er noch Jahre nach Kriegsende den »Heldentod« gestorben.

Sogar ein Boxturnier wurde einmal veranstaltet. Doch trotz der geschilderten Annehmlichkeiten war der Aufenthalt im Offizierslager für die meisten der Internierten keineswegs angenehm. Die Offiziere waren ja nicht hier zusammengezogen worden, damit sie sich von den Strapazen des Krieges erholen konnten. Vielmehr wurden sie alle intensiv und wiederholt verhört zu allem und jedem, was sie im Krieg getan und erlebt hatten. Bei diesen Vernehmungen ging es um jede Einheit, um jedes Detail sowohl beim Vormarsch als auch beim Rückzug. Die Russen wussten inzwischen ja alles über uns: wo welche Einheit wann im Einsatz gewesen war, welche Leute darin gedient hatten. Vernommen wurden die Offiziere vom russischen Geheimdienst NKWD, dessen Dienststelle in dem großen Gebäude links vom Lagertor untergebracht war.

Jupp Bös aus Köln sprang vom Drei-Meter-Brett.

Die Geheimdienstleute verhörten die Offiziere dann tage-, oft auch wochen- und monatelang, bis sie schließlich eine gewünschte Aussage erhalten oder ein Geständnis aus ihnen herausgepresst hatten. Während der gesamten Vernehmungszeit hielt man sie bei Wasser und Brot in

strenger Einzelhaft. Hinter vorgehaltener Hand haben wir Gefangenen uns über diese Geschehnisse ausgetauscht. Es war auch die Rede von einigen Offizieren, die über ein Jahr eingesperrt waren, nur um sie zu vernehmen. Angesichts dieser Umstände verzichteten wir Mannschaftsdienstgrade gern auf die Offiziersprivilegien.

Der NKWD war der berüchtigte Geheimdienst und die auch bei den Russen selbst gefürchtete Geheimpolizei, die gleich nach der Oktoberrevolution vom Bolschewiken Felix Dserschinski unter dem Namen Tscheka aufgestellt worden war, und in den frühen Zwanzigerjahren des letzten Jahrhunderts in NKWD umbenannt wurde. Später nannte man ihn KGB. Die Namen wechselten, die Brutalität blieb. So hat Felix Dserschinski tausende Erschießungsbefehle für missliebige Russen unterschrieben, und unter seinen Nachfolgern Genrich Jagoda und Nikolai Iwanowitsch Jeschow forderte Stalins großer Terror geschätzt über eine Million Opfer.

Da waren wir alle froh, dass wir draußen im Wald arbeiten konnten und nichts wussten, was für den Geheimdienst hätte von Bedeutung sein können. Wir mussten höchstens einmal in die Lagerleitung, um irgendwas mehr oder weniger Unwichtiges zu erledigen. Als Max Römisch und ich einmal dorthin gingen, den Grund weiß ich nicht mehr, und wir die Tür passiert hatten, quittierte der »automatische« Türschließer den Dienst. Dessen Mechanik war denkbar einfach: An der Tür war ein Seil befestigt, das über eine Rolle lief und am anderen Ende ein Gewicht trug. Als wir beide die Tür öffneten, sprang das Seil von der Rolle herunter, und das Gewicht schepperte zu Boden. Wir waren erschrocken und wollten die Sache gleich wieder reparieren, bevor es einer merkte. Aber zu spät. Denn sofort kam ein Kamerad hinzu, der so etwas wie der Hausmeister war: »Buam, was habt's denn wieder an'gfangt?«

Damit war die Sache für uns erledigt, aber in meinen Ohren klingt dieser Satz bis heute noch nach. Dieser Hausmeister war ein Herr Eisenmann, wie ich später erfahren habe. Auf einem der Bilder habe ich ihn als den Angler mit Zigarette wiedererkannt.

Mancher Leser mag sich nun wundern, woher ich all diese Bilder aus Panovka und Krassowitz habe. Man weiß ja, Gefangene haben nur ums Überleben gekämpft und nicht ans Fotografieren gedacht. Außerdem hätten die Russen so etwas nie geduldet. Einer aber durfte im Lager Krassowitz doch fotografieren, ein gelernter Fotograf mit Namen Steinberg, der in der Wehrmacht als Oberleutnant gedient hatte.

Es gab nämlich einen russischen Offizier im Lager, der den Rang eines Kapitäns bekleidete, was im deutschen Militär einem Hauptmann entsprach. Dieser war ein Deutscher, der im Ersten Weltkrieg als deutscher Soldat von den Russen gefangengenommen worden und dann in Russland geblieben und russischer Staatsbürger geworden war. Im Zweiten Weltkrieg hatte er gegen Deutschland gekämpft.

Er wollte es den Gefangenen möglich machen, ein aktuelles Foto von sich nach Hause zu schicken. So fragte er bei der deutschen Lagerleitung nach einem Fotografen, und Oberleutnant Steinberg wurde ihm genannt. Der bekam nun eine Zorki-Kleinbildkamera, ein russisches Plagiat der Leica, mit dem Auftrag, Gefangene auf deren Wunsch im Brustbild zu fotografieren. Steinberg musste die Filme auch entwickeln und Abzüge anfertigen. Dieses Foto mit ihrem glatzköpfigen Konterfei konnten die Gefangenen dann auf die Postkarte nach Hause an einer Seite festnähen. Dann wusste die Familie zu Hause, dass ihr Angehöriger noch lebte. Einseitig aufgenäht wurde es deshalb, damit der Zensor bei der Kontrolle auch auf die

Rückseite des Fotos schauen konnte, damit da ja nichts Verbotenes draufstand. Ich selbst habe den Oberleutnant Steinberg in Krassowitz nicht kennengelernt und vermute, dass hauptsächlich Offiziere fotografiert wurden.

Der Fotograf Steinberg hat mit seiner Kamera auch das Lagerleben in Krassowitz sowie die Arbeit im Waldlager Panovka fotografiert. Die Negative hat er dann bei seiner Entlassung mit nach Deutschland geschmuggelt. Wie er dieses Kunststück fertiggebracht hat, erzählte er mir am 23. November 1994: Er hat die entwickelten Filmstreifen links und rechts so zugeschnitten, dass sie schmäler waren als die Lederriemen seines Rucksacks. In diese Lederriemen hat er die Filmstreifen dann eingenäht und so bei seiner Entlassung unbemerkt durch die Kontrollen gebracht. Anfang der Fünfzigerjahre wurden einige der Fotos in einer Illustrierten veröffentlicht, die ich zufällig sah. Ich erkannte sofort, dass es Bilder aus Krassowitz und Panovka waren.

Ich wollte die Fotos natürlich auch haben, wusste aber nicht, wie ich es anfangen sollte. Da kam mir wieder ein bisschen Glück zu Hilfe. Bei unserer Waldarbeit in Krassowitz war auch ein Arzt namens Dr. Schreier dabei. Da wir Gefangenen natürlich unsere Namen, Herkunft und Lebensgeschichten austauschten, erinnerte er sich an mich, als er im nahen Dachauer Krankenhaus eine Stelle antrat. Seinen ersten Patienten aus meinem Heimatort Puchschlagen fragte er, ob ich denn heimgekommen sei. Er ließ mir ausrichten, ich solle doch bei nächster Gelegenheit im Krankenhaus vorbeischauen und nach ihm fragen. Das tat ich auch, und es gab ein freudiges Wiedersehen. Wir umarmten uns und waren froh, dass wir beide die Gefangenschaft überlebt hatten.

Er erzählte mir vom Fotografen Steinberg und dass dieser in der Maxburg in München ein Fotogeschäft betreibe. Im selben Herbst, als ich mit dem Pferdefuhrwerk wieder

Das Orchester spielte vor dem Haus der Theatergruppe.

einen Wagen mit Kartoffeln nach München brachte, fuhr ich dort vorbei und kaufte die Bilder. Später hat Dr. Schreier in Pfaffenhofen an der Ilm eine Arztpraxis aufgemacht und – wieder so ein Zufall – eine Tochter des schon erwähnten Hausmeisters Eisenmann von der Lagerverwaltung Krassowitz geheiratet.

Oft hat der Fotograf Steinberg auch Konzerte des Lagerorchesters fotografiert. Denn es gab im Lager ein komplettes Orchester mit gut fünfzig Mann, ausgestattet mit sämtlichen Instrumenten. Ich selbst habe keines dieser Konzerte gesehen, da ich ja beim Holzmachen draußen im Wald sein musste. Ich habe aber von dem Orchester gewusst, denn ich habe manchmal gehört, wenn es im großen Steinbau oberhalb des Speisesaals geprobt hat. Als ich erfahren habe, dass auch ein Münchner mitspielte, ging ich einmal in den Probensaal und habe nach ihm gefragt. Ich wollte einfach nur mit einem Kameraden aus der Heimat plaudern, fand aber keinen Zugang zu ihm. Denn er war halt ein Künstler, der sich für etwas Besseres hielt und mit

einem einfachen Bauernbuben nichts anfangen konnte. Nach einem kurzen und kühlen Gespräch bin ich enttäuscht wieder abgezogen.

Bei einem solchen Konzert, offensichtlich im Sommer, hat Steinberg auch die Zuschauertribüne fotografiert. Diese hatte man offensichtlich eigens aufgebaut, damit auch alle Zuhörer eine gute Sicht hatten. Ich war zwar nicht dabei, kannte aber die ganze Prominenz. In der ersten Reihe ungefähr in der Mitte saß ein russischer Offizier mit einem Kleinkind, das eine weiße Haube auf dem Kopf trug, eingerahmt von vier Frauen. Das war der russische Lagerkommandant. Direkt zu seiner Rechten war seine Frau platziert. Die Dame in Uniform links vom Kommandanten war die Sanitätsoffizierin, die wir Gefangenen immer nur »Vitaminchen« genannt haben wegen der Tabletten, die sie ausgegeben hat. Ganz vorne, den Kopf auf den linken Arm aufgestützt, also in typischer Denkerpose, saß der deutsche Lagerchef Keller. Zu beiden Seiten dieser Gruppe saßen russische Wachposten mit Mütze und Uniform. Einen davon nannten wir wegen seiner schmächtigen Statur nur »Schmales Handtuch«. Er trug die Dienstmütze immer weit ins Genick geschoben. Leider war er im Umgang mit uns sehr unangenehm. So haben sie dann mit ein paar hundert deutschen Gefangenen im Hintergrund dem Konzert gelauscht. Ich wunderte mich damals schon, warum die Russen den Aufwand eines so großen klassischen Orchesters betrieben haben. War es wirklich nur, um bei den deutschen Offizieren für eine günstige Stimmung gegenüber dem sowjetischen Kommunismus zu sorgen, damit diese nach ihrer Heimkehr ein positives Bild von der Sowjetunion zeichnen würden? Das Ziel der Kommunisten war ja damals immer noch die Weltrevolution, und der kommende Machtkampf der politischen Systeme im Kalten Krieg zeichnete sich bereits 1948 ab.

Der Blick auf die Zuschauertribüne

So verging der Sommer 1948 mit verschiedensten Arbeiten, einmal da im Wald, einmal dort in der Stadt, wo man auch manchmal zusätzlich etwas zu essen bekommen konnte. Oft war bei diesen Arbeitseinsätzen mein Freund Max Römisch dabei. Max hatte ein Talent zum Organisieren, also etwas Essbares oder irgendwie Brauchbares zu ergattern, ohne auch nur einmal erwischt zu werden. Mich dagegen haben sie schon beim ersten falschen Schritt erwischt. Dafür aber konnte ich mit den russischen Menschen leichter sprechen oder, besser gesagt, sie anbetteln. Ich wusste, wen man ansprechen konnte, um etwas zu bekommen: Es waren immer die alten Russen, die Mitleid mit uns hatten. Verglichen mit dem Todeslager in Moschaisk, den Wintern in Tscherepowez und dem Waldlager Panovka ging es uns in Krassowitz blendend. An Hunger oder Kälte brauchte hier keiner zu sterben! Welch ein Glück! Einige dachten schon an eine Entlassung aus der Gefangenschaft, an eine Fahrt in die Freiheit.

Anfang September 1948 war dieses Glück aber schon wieder vorbei. Plötzlich hieß es, alle Gefangenen, die im Frühjahr aus Panovka gekommen waren, würden verlegt werden. So ging es wieder zum Bahnhof, dann in Güterwaggons, die uns über Wologda nach Tscherepowez brachten, genauer gesagt in das in der Nähe gelegene Lager Poprotzkie. Die Stadt kannte ich ja schon, denn drei Jahre zuvor, im Herbst 1945, war ich bereits dort gewesen. Das Lager Poprotzkie lag jedoch am anderen Ende der Stadt und hatte größere und nicht so alte Baracken wie das Hauptlager.

Die Baracken waren so groß wie richtige Hallen und besonders für unsere Verhältnisse sehr geräumig. Es gab auch ganz normale Pritschen zum Schlafen. Es war ja Herbst und Erntezeit, sodass wir zunächst ein paarmal bei Bauern in der Nähe zum Kartoffelklauben eingeteilt wurden. Ich vermute, dass diese Bauern auch Angestellte des Lagers waren. Manchmal musste man bei Privatleuten in der Stadt arbeiten. Das war für uns jedes Mal etwas Besonderes. Denn da gab's immer reichlich und gut zu essen und noch ein Stück Kleeb zum Mitnehmen. Wer bei einem solchen Arbeitsauftrag in der Stadt dabei war, konnte vielleicht auch einen alten Zivilisten »anhauen«, also anbetteln: »Boschalsta nem noschko Kleeb, bitteschön ein bisschen Brot!«

Oder man erbettelte sich etwas Rauchware, »Gurid« genannt. Wie schon erwähnt, je älter die Russen waren, desto mehr Verständnis hatten sie uns gegenüber. Wenn man Glück hatte, war man bei solchen Einsätzen dabei, wo so etwas möglich war.

Zu diesem Lager gehörte auch ein Fußballfeld, und einmal hat die Lagerleitung ein Fußballspiel unter den Ge-

fangenen organisiert, bei dem ich Zuschauer war. Mittendrin hat einer der Spieler, ein Spanier, einem Deutschen vor Wut fast ein Ohr abgebissen. Es waren nämlich auch spanische Kriegsgefangene in diesem Lager interniert. Sie hatten eine eigene Baracke und waren ausnahmslos Angehörige der Blauen Division, die auf deutscher Seite vor Leningrad gekämpft hatte.

In diesem Lager waren auch einige katholische Geistliche untergebracht. Es war das erste Mal, dass ich in der Sowjetunion gefangenen Priestern begegnet bin. An einen kann ich mich noch erinnern, ein bekannter Theologieprofessor mit Namen Johannes Stelzenberger. Die Geistlichen bekamen eine ganz andere, sehr viel bessere Verpflegung als wir, wovon aber immer wieder auch etwas für uns abfiel.

Hier in Poprotzkie gab es wieder Kommandos, die eine reine Schinderei waren. Eines wurde »SMU« genannt. Dort gab es sehr viele Betonfundamente, die nacheinander ausgegraben werden mussten. Ich vermute, dass sie schon vor dem Krieg betoniert worden waren, aber dann einfach nicht mehr weitergebaut wurden, was in Russland leicht möglich war. Schlussendlich hat es mich leider zu diesem Kommando verschlagen – eine elend schwere und mühselige Arbeit! Die Fundamente waren groß und tief. Tag für Tag haben wir uns mit dem Ausgraben und Wegschaufeln des Aushubs herumgeplagt und am Abend sind wir alle erschöpft auf unsere Pritschen gefallen.

Endlich kam die Entlassung

Wieder einmal wurde es November, und für mich schien schon wieder ein russischer Winter vor der Tür zu stehen. Doch dann, am 2. oder 3. November 1948, kam eine Entlassungsliste nach Poprotzkie, auf der Gefangene standen,

die entlassen werden sollten und nach Deutschland zurückkehren durften. Unser Barackenvorstand Böhm hat uns abends die Namen der Reihe nach vorgelesen. Plötzlich keimte in allen die Hoffnung auf Heimkehr. Aber mein Name und die Namen vieler anderer Kameraden waren nicht dabei. Deshalb war es für alle eine aufregende und schlaflose Nacht – für die einen aus Freude über die Entlassung, für die anderen aus Verzweiflung und Trauer.

Am anderen Morgen mussten wir Zurückgebliebenen wie gewohnt wieder antreten. Es ging erneut ins Kommando SMU, um weiter diese verfluchten Fundamente auszugraben. Unsere Stimmung war entsprechend niedergedrückt. So fassten wir unsere Arbeitsgeräte, Pickel und Schaufel, gruben ein Loch neben einem Fundament, so groß, dass wir uns hineinsetzen konnten, und so tief, dass man uns von außen nicht sah. Da haben wir uns alle hineingesetzt und den Tag schweigend und verdrossen zu Ende gebracht. Verzweiflung und Hoffnungslosigkeit hatten sich breitgemacht.

Als wir abends ins Lager zurückkamen, sagten einige auf dem Weg zur Baracke: »Es ist noch eine Liste herausgekommen mit weiteren Namen von Leuten, die heimfahren dürfen.«

Als wir in unsere Baracke kamen, stand Barackenvorstand Böhm schon mit der Liste da. Dieser Mann hatte bei der Wehrmacht immer Dienst beim »Spieß« gemacht, also beim Hauptfeldwebel, auch »Mutter der Kompanie« genannt. So hatte er sich auch in der Gefangenschaft wieder um allen möglichen Schreibkram gekümmert.

Als wir alle versammelt waren, verlas er die Namen der neu hinzugekommenen – und mein Name, Strasser Michael Kaspar, war auch dabei. Anfangs konnte ich es gar nicht recht glauben. Ich war mir plötzlich auch nicht mehr sicher, dass ich meinen Namen wirklich gehört hatte. So

ging ich hernach noch mal in Böhms »Büro« und fragte nach.

»Ja, du bist dabei!«

Man kann sich denken, was das für ein Hallo war für mich! Aber Max Römisch, mein Kamerad und Freund, war nicht dabei. In unserer Baracke wurde an diesem Abend nicht mehr viel geredet. Die einen genossen still ihre Freude, und die anderen schwiegen aus Verbitterung.

Am Vormittag wurde jeder einzelne von uns Glücklichen aufgerufen zum Einkleiden in einer anderen Baracke. Jetzt hieß es Abschied nehmen von den Kameraden, die noch immer dableiben mussten. Es gab nur noch ein trauriges Händeschütteln, ein ebenso trauriges »Pfiad euch Gott«. Jeder wusste, dass die glücklichen Gelisteten nicht mehr in die Baracke zurückkommen würden. Dass jemals eine Zeit kommen würde, in der man den einen oder anderen Kameraden in der Heimat würde besuchen können, konnte sich in diesem Moment niemand vorstellen. Trotzdem hat man die Namen und Adressen von so manchem Kameraden im Gedächtnis mit nach Hause genommen. Aufschreiben hätte nichts genützt, denn es wurde ja jedem alles Schriftliche abgenommen.

Mein Freund Max musste zurückbleiben. Doch auch er hat Namen und Adressen von den Heimkehrern im Gedächtnis behalten. Jahre danach, Ende der Fünfzigerjahre, ist er dann plötzlich vor unserer Tür gestanden.

Jeder ging also zum Einkleiden in die in der Nähe gelegene Baracke. Dort erhielten wir neue Kleidung. Ich bekam eine neue Leinenunterhose und nicht nur ein, sondern gleich zwei Hemden. Das war wahrscheinlich zum Wechseln gedacht. Einen solchen Luxus hatte es in der Gefangenschaft nie gegeben. Oder war es eine Propagandamaßnahme, die zeigen sollte, wie gut wir als Gefangene behandelt worden waren? Die Hemden waren aus Leinen,

reichten nicht mal bis zum Bauchnabel und fühlten sich so hart und kalt an wie Blech. Dazu bekam ich eine neue Wattehose, eine neue Wattejacke, eine alte Pelzhaube und einen blauen Uniformrock, der von der deutschen Luftwaffe stammte.

Jetzt kam das Schlimmste: die Untersuchung auf SS-Zugehörigkeit. Denn wer bei der SS gewesen war, wurde wieder zurückgeschickt und durfte nicht heim. Jeder musste die Arme heben, damit sie nach Tätowierungen abgesucht werden konnten. Denn den Soldaten der Waffen-SS hatte man die Blutgruppe unter dem Arm eintätowiert. Das war ein Schreckensmoment für mich! Mein Herz klopfte wie wild. Ich hatte Angst, dass sie auch mich zurückschicken würden. Denn ich hatte ja 1943 in Holland einen Schweißdrüsenabszess in der Achselhöhle gehabt. Den hatte mir der Arzt aufgeschnitten, die Wunde war gut verheilt, hatte aber eine Narbe hinterlassen. Ich hatte gehört, dass viele SS-Angehörige die verräterische Tätowierung ausschnitten, was auch eine Narbe hinterließ. Die russischen Kontrolleure haben mich aber einfach durchgewunken. Später habe ich dann erfahren, dass die Blutgruppe an der Innenseite des Oberarms und nicht in der Achselhöhle eintätowiert und meine Angst also unbegründet gewesen war. An diesem Tag haben sie aber drei oder vier Kameraden gefunden, die sie wegen einer solchen Tätowierung wieder zurückgeschickt haben.

Dann ging es in eine Scheune, wo alle nochmals gefilzt wurden, damit auch niemand etwas Verbotenes mitnehmen konnte. Dann ging's weiter durchs Lagertor zum Sammeln. Wir wurden in Reihen aufgestellt und marschierten zum Bahnhof, der gut 1,5 Kilometer entfernt war. Es regnete in Strömen, weshalb wir völlig durchnässt waren, als wir am Bahnhof ankamen. Gott sei Dank warteten die Waggons bereits, in die wir auch sogleich einge-

teilt wurden. In die Waggons war halbseitig eine Zwischendecke eingezogen worden, sodass wir in zwei Reihen, oben und unten, schlafen konnten.

Wir hatten auch viel mehr Platz als in den vielen Verladungen, die ich in den letzten Jahren mitgemacht hatte. Es war sogar ein Ofen aufgestellt worden, was ich das erste Mal in einem Güterwaggon gesehen habe. Aber es war kein Holz zum Feuermachen vorhanden. Nach fünf Jahren Russland schreckte uns so etwas aber nicht mehr. Es wurde gleich wieder »organisiert«, was durchaus erlaubt war. So hatten wir im Nu genügend Holz zum Einheizen gesammelt, und bald prasselte ein Feuer im Ofen und es wurde warm im Waggon. Langsam konnten wir unsere nassen Kleider trocknen. Bevor es losging, gab es noch einmal Suppe und Kascha. Als der Zug dann endlich losfuhr, war schon der 4. oder 5. November gekommen. Genau weiß ich das nicht mehr, es war jedenfalls nur ein paar Tage vor den Feiern zur Oktoberrevolution von 1917 am 6. oder 7. November. Dieses Datum galt ja als Geburtstag der Sowjetunion und wurde in Russland überall groß gefeiert.

Nach ein paar Tagen hat unser Transport von 400 bis 500 Mann die Vororte von Moskau erreicht. An unserem Güterwagen vorbei fuhren die Nahverkehrs- oder U-Bahn-Züge von Moskau. Es waren wunderschöne Waggons, ganz in Rot lackiert. Im Vorbeifahren konnten wir auch einen Blick auf die Kremltürme werfen, die prächtig vergoldet in der Sonne blitzten. Ich kam mir vor, als würde ich in eine andere Welt kommen.

Weiter ging die Fahrt, die aber stets von langen Aufenthalten auf Bahnhöfen und auch auf freier Strecke unterbrochen wurde. Wir nutzten jeden Halt, um gleich wieder Holz zu organisieren. Dabei waren wir so erfolgreich, dass wir keinen Platz mehr zum Lagern hatten. Mit dieser

Menge Holz hätten wir bis hinter den Ural fahren können, ohne frieren zu müssen.

Ich weiß nicht mehr, ob es 1946 oder 1947 war, als Stalin zum Tag der Arbeit am 1. Mai eine Rede gehalten hat. Er soll dabei gesagt haben:

»Fsia Wojna Plenni Skorro Damoie, Sorrok was moi! Alle Kriegsgefangenen kommen nach Hause, vierzig acht!«

Damit meinte er das Jahr 1948, denn im Russischen sagt man zu 48 nicht achtundvierzig, sondern vierzig acht. Bei mir hat Stalin seine Ankündigung gerade noch so eingehalten.

Endlich wieder in Deutschland

Nach knapp drei Wochen Bahnfahrt kamen wir dann am 21. oder 22. November 1948 in Frankfurt an der Oder an. Der Krieg war schon seit drei Jahren vorbei, und ich hatte über vier Jahre Kriegsgefangenschaft überlebt. Mir kam es vor wie ein Wunder. Denn viele Kameraden waren an Unterernährung oder irgendeiner Krankheit verstorben.

Am Bahnhof warteten schon viele Leute, aber weniger um uns zu begrüßen, sondern um unsere Waggons nach Holz zu durchsuchen. Ganz Deutschland war ja zerbombt gewesen, und die Überlebenden suchten auch 1948 noch überall nach Brauchbarem. Wir hatten immer noch viel Brennholz im Waggon, und im Nu war es weg. Wir kümmerten uns nicht darum. Für uns Heimkehrer war schließlich gesorgt.

Wir wurden gleich in ein Lager zum Waschen und zum Verpflegen gebracht. Ich vermute, es war eine ehemalige Kaserne. Es gab auch Geld, 40 Ostmark, die ich gleich in zwei Flaschen Bier und in Brot umsetzte. Das Geld war somit schon weg. Auch übernachten konnten wir in die-

sem Lager. So saßen wir ehemaligen russischen Kriegsgefangenen am Abend das erste Mal in Freiheit beisammen, froh und traurig zugleich. Wir redeten viel und so lange, dass wir am anderen Morgen den Weitertransport fast verschlafen hätten.

Es ging weiter nach Ölsnitz, wo wir bei Nacht ankamen. Auf der über der Stadt gelegenen Burg waren Übernachtungsquartiere für uns hergerichtet. Am anderen Tag ging es dann in einem Personenzug über die Grenze nach Hof-Moschendorf, wo wir von den Amerikanern empfangen und verpflegt wurden. Dabei wurden wir über unsere Zeit als Kriegsgefangene und unsere Erfahrungen im »Paradies des Sozialismus« befragt.

Ich weiß noch, dass es den ganzen Tag bis spät am Abend reichlich zu essen gab. Um 1 Uhr nachts wurde es dann Zeit für mich und einige Kameraden, zum Bahnhof zu kommen, denn um 2 Uhr ging unser Zug nach München. Um 7 oder 7.30 Uhr kamen wir dort an! Endlich! Ich war wieder daheim, nach sechs langen Jahren, in denen ich einen schweren und weiten Weg zurückgelegt hatte.

Als Erstes wollte ich zu meiner Tante nach Sendling. So verließ ich den Hauptbahnhof durch den Südausgang, wo sich ein schockierendes Bild bot. So viele Häuser waren zerstört, dass ich bis zum Goetheplatz und zur Lindwurmstraße hinübersehen konnte. Ich stieg in die Trambahn Linie 6 ein und fuhr nach Sendling zu meiner Tante. Genau genommen ging's zu Onkel Josef, einem Bruder meines Vaters, und seiner Frau. Diese »Tante aus der Stadt« hatte ja immer etwas Gutes für uns Kinder vom Land mitgebracht, wenn sie zu Besuch gekommen waren. So hatten wir Kinder sie sehr geliebt.

Sie war zu Hause, erschrak zuerst, war spontan außer sich vor Freude über mein unerwartetes Kommen, wollte Wiedersehen feiern und bereitete sogleich alles vor für den

Abend. Sogar der Badeofen wurde angeheizt, damit ich baden konnte. Auch an meine Mutter dachte sie. Die müsse vorbereitet werden auf meine Rückkehr, denn sie sei ja erblindet. Deshalb rief sie noch am Vormittag den Wirt von Puchschlagen an, der als einziger im Ort schon ein Telefon hatte. Dieser Wirt, Anton Holzmüller, war ein Cousin von mir und sollte meiner Familie die Nachricht von der Heimkehr des Sohnes überbringen. Es war der 25. November 1948, also der Kathreinstag, damals für die Landbevölkerung noch ein Bauernfeiertag, an dem ab Mittag arbeitsfrei war.

Er ging zu meinem Vater, der gerade beim Dreschen von Weizen war, und berichtete ihm, dass sein Sohn Michael aus der Gefangenschaft heimgekommen und bei der Tante in München sei. Der Vater stellte sofort den Motor ab und schloss die Scheunentore. Feierabend! Es war ja auch Kathrein.

Meine Schwester fuhr am Nachmittag mit dem Taxi nach München und holte mich ab, was meiner Tante nicht recht war. Sie hätte mich gern noch ein wenig länger verwöhnt. Auch zu Hause herrschten Freude und Begeisterung, dass ich endlich wieder daheim war. Dann gab es viel zu erzählen.

Aber wie es eben so ist auf dem Bauernhof: Der Alltag hatte mich schnell wieder. Am anderen Morgen, als die anderen mit der Stallarbeit fertig waren, kam der Vater zu mir und fragte, ob ich nicht beim Dreschen helfen könnte. So stand ich am Tag nach der Heimkehr bereits in der Scheune, um mitzuarbeiten. Zwischen meinem Vater und mir war das völlig normal, denn früher hat man nicht so viel von Urlaub geredet. Die Hauptsache war, dass wir wieder alle beisammen waren: mein Vater, meine schon ganz erblindete Mutter, meine Schwester und mein älterer Bruder Josef. Wir hatten den Krieg überlebt!

Doch schon im nächsten Sommer starb meine Mutter. Ich selbst wollte im April 1950 bei der Landmaschinenfirma Reiter in Dachau eine Mechanikerlehre beginnen. Doch dazu kam es nicht. Denn im Februar 1950 verunglückte mein älterer Bruder tödlich. Er hatte sich ja bei einem Unfall in Russland schwere Kopfverletzungen zugezogen und war aus diesem Grund schon 1943 aus der Wehrmacht entlassen worden. Eigentlich sollte er den elterlichen Hof übernehmen. Doch ihn quälten düstere Vorahnungen. So sagte er immer wieder, er werde nur noch so lange auf der Welt sein, bis ich, sein jüngerer Bruder, so weit sei, den Hof zu übernehmen. Auch zu mir hat er das gesagt, was ich natürlich für ein Hirngespinst hielt. Und wirklich war er eines Tages plötzlich tot, erschlagen von einem umfallenden Traktor nach einer Kollision mit einer Dampflok. So musste ich meine Mechaniker-Pläne begraben, und ich wurde Bauer in Puchschlagen.

Meinen Freund Max Römisch habe ich auch wieder getroffen. Er hatte sich meinen Geburtsort Puchschlagen gemerkt. Ende der Fünfzigerjahre war Max stolzer Besitzer eines kleinen Kieswerks und regelmäßiger Besucher der Baumaschinenmesse Bauma. So fuhr er eines Tages von München nach Puchschlagen hinaus, wo er mich gesucht und gefunden hat. Das war für mich eine große, wirklich freudige Überraschung. Max war erst 1949 entlassen worden und auch gut heimgekommen, worüber ich sehr froh war. Wir sind noch viele Jahre in Kontakt geblieben.

Wenn ich zurückdenke an die unseligen Jahre in Russland, dann war ich sechs Jahre im Krieg und vier davon, von 1944 bis 1948, in russischer Gefangenschaft. Ich habe damals viel Not und Leid erfahren, hege aber keinen Groll gegen das russische Volk. Dass ich noch lebe, ist ein Wunder, und ich danke Gott noch heute dafür. In diesen Jahren

habe ich Russland und die Russen ziemlich gut kennengelernt. Es ist eigentlich ein friedliebendes Volk, ebenso wie die Ukrainer, aber auch die Deutschen und alle anderen Völker dieser Welt. Nichts liegt den Menschen ferner als der Krieg. Deshalb und nur deshalb habe ich meine Erlebnisse aufgeschrieben. Als Mahnung für den Frieden und die Verständigung aller Völker!

Ich war behütet

Zeitzeugenbericht von Josef Hamberger

Ende Dezember 1925 wurde ich in einem kleinen Dorf direkt vor den bayerischen Bergen, auf einem Bauernhof im Ortsteil Pfannstiel, rund zwei Kilometer von Frasdorf entfernt, geboren. Meine Familie bewirtschaftete einen mittelgroßen Bauernhof mit zwanzig Kühen, Hühnern, Schweinen, Hasen, Tauben und Äckern zum Getreideanbau und natürlich auch Wald, in dem wir in den Wintermonaten arbeiteten, weil wir zum Heizen Holz benötigten. Ein beschauliches, normales Leben und natürlich, was in unserer Gegend üblich war, eine sehr christliche Erziehung in der Volksschule. Wir waren zufrieden, und alle Familienmitglieder halfen bei der Arbeit mit. Mähen, Heu einbringen, in den Wintermonaten Waldarbeit. Ich war ein richtiger Bauernbursch. Das empfand ich aber nicht als unangenehm. Es war ein schönes Leben, und es war einfach so. Um 4 Uhr morgens wurde aufgestanden, um mit der Sense zu mähen oder Arbeit im Stall zu verrichten, Tag für Tag. Und jedes Jahr wurde einmal ein Schwein geschlachtet, das für ein ganzes Jahr reichen musste. Das Fleisch wurde im Dachboden geräuchert, damit es die vie-

len Monate überstand. Es wurde genau rationiert, und es wurde aufgepasst, dass sich keiner am Geräucherten vergriff, denn erst in einem Jahr wurde ja wieder geschlachtet.

Als ich 14 Jahre alt war, begann der Zweite Weltkrieg, der nicht spurlos an uns vorbeiging. Die politischen Ereignisse waren Tagesgespräch in unserer Familie. Meine Eltern waren strikt gegen das nationalsozialistische Regime, was uns im Dorf natürlich große Schwierigkeiten bereitete, denn die meisten waren dafür. Außerdem gab es Spitzel, und wir mussten sehr vorsichtig sein. Ich sollte zur Hitlerjugend, aber ich wollte nicht, was mir wiederum in der Volksschule Probleme bereitete. Auf Anordnung meiner Eltern durfte ich nichts machen, was im Sinne der Nazis war. Die treibende Kraft dabei war meine Mutter, die in diesen Fragen bei uns den Ton angab. Ob bei den Buben in unserer Gegend einer für die Nazis oder dagegen war, das war eigentlich unwichtig.

Als der Krieg ausbrach, haben alle Frauen der fünf Bauernhöfe unseres Dorfes geweint. »Jetzt haben wir es!«

Ich war in meiner Meinung gespalten, denn unser Lehrer war ein glühender Nazi, der sich über den Kriegsbeginn freute und bei der Nachricht über den Beginn des Polenfeldzugs »Hurra« gerufen hat. Für uns Schüler war dieser Krieg wesentlich weniger wichtig als die Hasen und Tauben, die wir im Klassenzimmer unter den Bänken dabei hatten. Es waren unsere geliebten Haustiere, die ruhig zwischen unseren Füßen darauf warteten, dass der Unterricht vorbei war. Sie fühlten sich wohl, störten nicht, und der Lehrer hatte auch nichts gegen ihre Anwesenheit.

Nach Abschluss der Volksschule wurde ich also bereits mit 14 Jahren Bauernknecht. Aber meine Mutter war der Ansicht, dass der Hof keine sechs Kinder würde ernähren können. Deshalb wurde beschlossen, dass ich mich auf einem anderen Hof als Knecht verdingen müsse. Der Bauer

war sehr freundlich zu mir, aber bei der Arbeit gab es natürlich kein Pardon, da musste ich voll hinlangen. Das bedeutete sieben Tage in der Woche harte Arbeit. Aber mein Bruder, der fünf Jahre älter war, musste auf dem elterlichen Hof genauso viel arbeiten.

Nach einem Jahr kam ich wieder zurück, weil auf unserem Hof doch so viel Arbeit anfiel, dass ich dringend gebraucht wurde. Meine vier Schwestern waren natürlich in der Übermacht, kommandierten mich herum und neckten mich. Wahrscheinlich wären sie lieber Buben gewesen.

Irgendwann kam ein Brief vom Ministerium, ein Brief, der in unserer Familie wie eine Bombe einschlug. Am 7. Januar 1943 wurde ich zum Reichsarbeitsdienst eingezogen. Meinen Bruder traf es erst ein Jahr später, weil er auf dem Hof gebraucht wurde. Für unsere Landwirtschaft war das natürlich sehr schwierig, weil dann mein Vater der einzige Mann für die schwere Arbeit war. Es war eine eigenartige Situation, und meine Mutter hat sehr viel geweint, weil sie Angst hatte, ihren Buben zu verlieren. Diese bedrückende Stimmung lastete auf uns wie ein schwerer Stein, den wir nicht wegrollen konnten. Für mich aber ging es zunächst unweigerlich nach Donauwörth.

Schon beim Reichsarbeitsdienst habe ich gelernt, dass man nie in der ersten Reihe stehen sollte, sondern am besten immer in der letzten. Instinktiv habe ich gefühlt, dass man auf diese Weise am längsten lebt. Wir mussten uns immer in drei Reihen aufstellen, und ich war stets in der dritten zu finden. Bei der Entlassung in Donauwörth standen einige SS-Männer am Ende der Baracke, durch die wir hindurchmussten, die mit patriotischen Phrasen dafür warben, zur SS zu gehen.

»Wollen Sie Ihrem Vaterland dienen?«

Viele haben sich in dieser Situation für die Waffen-SS anwerben lassen. Ich aber war fest entschlossen, mich von

den Flötentönen dieses Nazi-Ordens nicht verlocken zu lassen. Deshalb bin ich als einer der letzten durch die Baracke gegangen. Als mich die SS-Leute befragt haben, habe ich mich derart dumm angestellt, dass sie das Interesse an mir verloren. Wahrscheinlich haben sie gedacht, dass sie so einen Deppen nicht gebrauchen können. Ich habe ihre Fragen zwar beantwortet, aber derart einfältig, dass es sogar den SS-Männern zu viel war.

Die von der SS ausgewählten Kameraden kamen dann sofort nach Warschau zur SS-Totenkopf-Division, um bei der Niederschlagung des Aufstands im Warschauer Ghetto eingesetzt zu werden. Welch ein Glück für mich, dass ich da nicht dabei war, denn dieser Einsatz war grausam und verbrecherisch.

Bereits nach rund drei Wochen ging's nach Frankreich an die Atlantikküste, zum U-Boot-Stützpunkt Saint-Nazaire. Unsere Hauptaufgabe an der Küste bestand in der Schussfeldbereinigung, also dem Beseitigen von Büschen, damit sich dort niemand verstecken konnte. Mit unseren Spaten, dem obligatorischen Werkzeug des RAD, aber auch mit Zangen und Sägen rückten wir den Büschen zu Leibe. Die Verpflegung dort war ziemlich sparsam, ganz im Gegensatz zu unseren Vorgesetzten, die vorzügliches Essen erhielten. Wir hielten sie für eine Saubande, die nur auf ihr eigenes leibliches Wohl bedacht war. Was mit uns passierte, war ihnen herzlich egal. Einmal durften wir den Bunker der U-Boot-Fahrer und ein U-Boot von innen besichtigen. Es war dermaßen eng, dass mir gegraust hat und dass ich glücklich war, nicht in einem solchen schwimmenden Sarg fahren zu müssen.

Im Juli 1943 wurde ich dann nach Königsberg zur Flak abkommandiert. Mit der Eisenbahn war das eine weite Reise. In den kommenden Monaten wurde ich an der schweren Flak ausgebildet. Für uns war das eine ruhige

Zeit, vom Krieg war wenig zu spüren. Außer dem üblichen Schleifdienst hat sich nichts bewegt. Die Luftwaffe hätte mich eher interessiert. Also habe ich mich zur Bordschützen-Schule gemeldet. Aber ich bin nicht versetzt worden und habe mein Gesuch irgendwann vergessen.

Ein halbes Jahr später, im Januar 1944, sprach mich mein Vorgesetzter an: »Sie haben sich doch gemeldet? Sie wollten doch auf die Bordschützenschule.«

Tatsächlich wurde ich dann nach Rahmel bei Danzig verlegt, um eine Ausbildung zum Bordschützen zu beginnen. Es handelte sich dabei um einen Unteroffizierslehrgang, für den ich mich Monate zuvor gemeldet hatte. Also ging es für mich wieder in den äußersten Nordosten, wo ich doch schon gewesen war. Aber das war immerhin wesentlich besser als an die Ostfront.

Eigentlich war auch das eine schöne Zeit, wenn auch wenig passierte, es hieß immer nur warten, warten, warten. Ich war zuständig für die Flugfeldüberwachung, aber es kam nie ein feindliches Flugzeug, was im Nachhinein mein Glück war.

Irgendwann wurde gefragt: »Wer kommt aus der Landwirtschaft?«

Da habe ich mich natürlich gemeldet und musste fortan mit einem Pferdefuhrwerk Post ausfahren. Wunderbar! Auch wenn die störrischen Pferde nicht gerade leicht zu führen waren, so war es doch eine gemütliche und ungefährliche Aufgabe. Es war wirklich grotesk. Denn der Geschützdonner der nahen Front war in unserer Stellung bereits zu hören, die Russen standen vor Warschau, und wir fuhren gemütlich mit den Pferden in der Gegend herum.

Gerade als ich auf einem Lehrgang östlich von Rahmel war, griffen die Engländer von Westen her mit Flugzeugen den Flugplatz Rahmel an, der in der Nähe des Ortes gele-

gen war. Sie zerstörten mit ihren Bordwaffen den Flugplatz total. Viele meiner Kameraden sind dabei gefallen, weil sie sich nicht mehr rechtzeitig in einen Bunker retten konnten. Unser Flugplatz war danach praktisch vernichtet, die Flugzeuge und Gebäude zerstört.

Nach diesem schrecklichen Ereignis ist mir zum ersten Mal bewusst geworden, dass ich behütet bin. Weil ich ein religiöser Mensch war, wusste ich, dass mir nichts passieren konnte. Man fragte sich zwar immer, warum nicht ich, während so viele Kameraden tot herumlagen. Aber wer hätte diese Frage schon beantworten können. Und wieder einmal wurde mir bewusst, dass es gut war, nicht in der ersten Reihe zu stehen.

In diesem Sommer 1944 wendete sich das Kriegsglück endgültig gegen Nazi-Deutschland. An der Ostfront wurde in der sowjetischen Sommeroffensive die Heeresgruppe Mitte aufgerieben, und die Alliierten landeten an der Atlantikküste. Es herrschte urplötzlich völliges Chaos. Die Bordschützenschule wurde nach diesen Ereignissen aufgelöst, und wir mussten uns auf dem SS-Truppenübungsplatz Westpreußen im Landkreis Konitz sammeln, von dem aus wir verschickt wurden. Alles musste nun an die sich auflösende Ostfront. Es war für mich ein völlig neues Umfeld, wirklich alles war neu. Mein nächstes Ziel war also Russland. Mit Güterzügen ging es in den Osten Richtung Leningrad, in eine unbekannte Zukunft, von der wir hofften, dass wir sie überleben würden. Die Transporte wurden in der allgemeinen Verwirrung nach dem Alphabet zusammengestellt.

Für mich ging es nach Thorn in Westpolen, nordöstlich von Warschau auf einen Truppenübungsplatz. Plötzlich kannte ich keinen Menschen mehr. Alle alten Kameraden waren woandershin verschickt worden. Ich hatte ein unglaubliches Gefühl der Einsamkeit, des Verlorenseins. Es

ging zack-zack los. Man drückte uns einen Rucksack mit Wäsche und einen alten Karabiner in die Hand. Ausbildung. Welche Ausbildung? »Die bekommt ihr hinter der Front«, hieß es.

Also sind wir am 20. Juli 1944 losgefahren, durch Ostpreußen bis nach Memel in Litauen, an einem wunderschönen, sonnigen Sommertag. Dort konnten wir aber nicht mehr weiter, weil die Russen mittlerweile den Kurland-Kessel gebildet und die deutschen Einheiten von der Landverbindung abgeschnitten und eingekesselt hatten. Deshalb wurden wir in Boote verladen und um den Kessel herum nach Riga gebracht. Im Kessel wurde auf beiden Seiten der Front heftig gekämpft, und die Unseren erlitten fürchterliche Verluste.

Als wir in Riga aus den Booten stiegen, wartete am Pier eine Gruppe von »Goldfasanen«, wie die Parteibonzen wegen ihrer goldbraunen Uniformen genannt wurden, bis wir aus den Booten gestiegen waren und fuhren dann wieder heim. Sie hatten ja in Kurland lange Zeit ein vom Krieg ungefährdetes Leben wie im Schlaraffenland geführt, bis die Russen durch ihren Vormarsch dem ein Ende bereiteten. Und wir mussten nun durch die Straßen von Riga marschieren, singen und für das Nazi-Regime Propaganda machen – eine kuriose und gleichzeitig makabre Situation, weil unsere Kameraden nur einige Kilometer entfernt in Kurland ums Überleben kämpften.

Nach diesem ganzen Propaganda-Unsinn, den wir in Riga für ein untergehendes Regime hatten veranstalten müssen, wurden wir in einer Schmalspureisenbahn ins Hinterland gebracht, in die Weite Mittellettlands, einer ziemlich bewaldeten, unspektakulären, wenig besiedelten Landschaft. Unsere kleine Gruppe von rund 25 bis dreißig Mann landete letztendlich auf einem Bauernhof, irgendwo im Nirgendwo. Dass uns unser Weg vom Kurland-Kessel

entfernte, war das Positive, dafür aber ging es direkt in Richtung Ostfront. Das war wesentlich weniger positiv und verursachte bei uns allen ein mulmiges Gefühl. Würden wir das kommende Inferno überleben? Würden wir es schaffen, wieder in die Heimat zurückzukehren? Uns allen war längst klar, dass die Kräfte der deutschen Wehrmacht dahinschmolzen wie Butter in der Sonne, dass allen Endsieg-Parolen zum Trotz der Krieg längst und unwiderruflich verloren war.

Nach drei, vier ruhigen Tagen, in denen sich eine unheilvolle Spannung aufbaute, tuckerte ein Lastwagen auf unseren Bauernhof zu. Er brachte uns hinein in die Weite der Landschaft, immer Richtung Ostfront, wobei wir nicht ahnen konnten, was uns da erwartete. Unser Nachtquartier war die Ladefläche des Lastwagens – nicht gerade gemütlich, aber wir waren derart erschöpft, dass wir überall eingeschlafen wären, Mann neben Mann, dazwischen die Karabiner.

Beim Morgengrauen erreichten wir hinter der Front unser Ziel. Wir waren Ersatz für das Bataillon, das zur Sicherung der Rollbahn eines Flugplatzes eingesetzt war. Wir konnten aber nicht in Stellung gehen, weil die Russen bereits zu nahe waren und das Rollfeld einsehen konnten. Also hieß es warten. Am späten Nachmittag erschien ein Feldwebel und befahl: »Der ganze Haufen hört auf mein Kommando. Die Russen sind durchgebrochen. Wir beziehen Stellung!«

Er marschierte in Richtung Osten auf ein freies Feld, auf dem weit und breit nichts war.

»Im Abstand von dreißig Schritten graben je zwei Mann ein Loch, in dem ihr dann die Nacht verbringt und die Stellung gegen die Russen haltet.«

Wir lächerlich wenigen, noch dazu unerfahrenen Männer sollten also das Bollwerk Deutschlands gegen die rus-

sische Armee sein. Die Russen schossen unaufhörlich zu uns herüber, aber trotzdem haben wir eigentlich nicht richtig begriffen, dass das Feuer uns galt. In diesen Stunden haben wir nicht darüber nachgedacht, ob man eine derart unglaubliche Situation eigentlich überleben kann. Da wir außerdem kaum eine infanteristische Ausbildung erhalten hatten, strotzten wir nicht gerade vor Selbstsicherheit. Einen Karabiner konnte ich zwar bedienen, aber sonst hatte ich wirklich keine Ahnung von den Erfordernissen des Krieges. Also verteilten wir uns in Zweiergruppen in einer Reihe im Gelände und begannen, mit unseren Spaten zu graben. Da ich wie immer der Letzte war, musste ich mein Loch allein graben und war am Ende der Reihe, sozusagen der Schlussmann, der Anschluss an die nächste Gruppe, die ich aber nie gesehen habe. Schon dieses Loch zu schaufeln, war unheimlich anstrengend, und als ich endlich damit fertig war, ließ ich mich erschöpft auf dem Boden nieder. Plötzlich war ich allein, kein Mensch kam mehr, ich spürte eine unendliche Einsamkeit. Das war der Anfang von den drei Tagen, die mein Leben nachhaltig verändert haben.

Ich war also mutterseelenallein in diesem Loch, wusste, dass die Russen in der Nähe waren, weil immer wieder die gefürchteten Raketen der Stalinorgeln heulend über mich hinwegrauschten. Ich konnte nur hoffen, dass keines dieser Geschosse mein Schützenloch traf. Und trotz dieser fatalen Situation schlief ich in meinem Versteck einfach ein. Ich war durch die Anstrengungen der vorangegangenen Tage derart erschöpft, so unglaublich müde, dass ich tatsächlich einschlafen konnte.

Stundenlang lag ich regungslos in dem Erdloch, bis ich schließlich erwachte, weil mir die Sonne ins Gesicht schien. Zunächst wusste ich überhaupt nicht, was los war. Aber dann kam die Erinnerung zurück. Um Gottes Wil-

len, ich stecke ja in einem Schützenloch und soll die Russen aufhalten. Es war völlig ruhig, eine unheimliche Stille. Nur weit entfernt hörte ich Geschützdonner. Aber in meiner unmittelbaren Umgebung war Friede.

Langsam wurde ich wach und überlegte mir, was ich tun sollte. Vorsichtig drehte ich mich auf den Bauch und kroch so weit nach oben, dass ich über den Rand schauen konnte. Den Stahlhelm hatte ich natürlich auf dem Kopf. Gespannt sicherte ich nach allen Seiten. Aber da war nichts, kein Lebewesen, kein Geräusch, einfach gar nichts, nur ein unendlich großes, weites Feld. In diesem Moment war der Krieg weit weg. Ich verspürte keinerlei Angst, kroch aus meinem Loch, hängte meinen Karabiner um die Schultern und suchte meine Kameraden im nächsten Loch. Es war leer, alle Löcher waren leer. Die Kameraden mussten in der Nacht zurückgegangen sein und hatten mich vergessen. Ich war allein in der Weite Litauens und versuchte, meine Situation zu begreifen. Das einzige, was ich wusste, war der Weg zum Bataillonsgefechtsstand. Also weiter in westlicher Richtung zu einem kleinen Dorf, in dem wir tags zuvor gewesen waren. Und dort war der Bataillonsgefechtsstand.

Also wanderte ich am Bahndamm entlang zurück, ein einsamer Soldat in der Einsamkeit des Baltikums, mitten im Krieg. Eine Wanderung? Nein, ein Spaziergang auf freiem Feld. Dann erreichte ich eine kleine Hütte. Aber da war nichts, ich sah niemanden, nur zwei Pferde, zottige Gäule, die ruhig dastanden und von mir kaum Notiz nahmen. Ich marschierte auf der Dorfstraße weiter, bog um eine Ecke und sah den letzten Hof, der unser Bataillonsgefechtsstand war. Aber auch da war nichts, kein Mensch war zu sehen. Das gesamte Bataillon war weg, spurlos verschwunden.

Weiter entfernt in einem Waldstück hörte ich Gefechtslärm. Da waren bestimmt Russen, und da wo die Russen

schießen, müssen eigentlich auch meine Kameraden sein. Also entschloss ich mich, auf einer kleinen Straße in diese Richtung zu marschieren. Auf meinem Spaziergang kamen mir dann doch Bedenken, dass ich gehörig zusammengepfiffen werden würde, wenn mich ein Deutscher sehen würde. Schlimmstenfalls würde man mich sogar für einen Deserteur halten, und da wurde nicht lange gefackelt. Ein Schuss ins Genick, und der Fall war erledigt. Dass ich auf Russen stoßen könnte, habe ich mir in diesem Moment gar nicht überlegt. Sicherheitshalber wanderte ich deshalb neben der Straße über die Wiesen und gelangte nach einer Viertelstunde in ein größeres Waldstück und kämpfte mich durch dichtes Unterholz.

Als ich aus dem Wald herauskam, wurde mir klar, dass die Russen in der Nähe waren und dass ich hinter ihrer Linie sein musste. Um Gottes Willen, ich muss weg, nur noch weg, sonst bin ich verloren! Also machte ich sofort kehrt und rannte den Weg wieder zurück, dieses Mal beträchtlich schneller. Wo ist Westen, fragte ich mich verwirrt, in diese Richtung muss ich laufen, Westen, nach Westen. Ich kam wieder zu dem Haus, an dem ich vorher schon vorbeigewandert war, lief die Dorfstraße hinunter, am Bataillonsgefechtsstand vorbei.

Natürlich hatte ich mittlerweile gewaltigen Hunger und Durst. Ich hatte ja keinerlei Verpflegung dabei. Endlich dem dichten Wald entronnen, sah ich in einiger Entfernung ein Haus stehen. Mein erster Gedanke war, dass es dort vielleicht etwas zu Essen geben könnte. Man kann es ja versuchen, dachte ich mir, also wanderte ich auf das Haus zu. Als ich um die westliche Hausecke bog, fuhr mir schlagartig der Schreck in die Glieder. Hier stand eine Gruppe russischer Soldaten, die sich angeregt unterhielten und dabei ihre grausigen russischen Zigaretten rauchten. Ich bin noch heute stolz darauf, dass ich damals die Situa-

tion sofort erfasst und richtig reagiert habe. Langsam spazierte ich weiter an den Soldaten vorbei, hängte meinen Karabiner um die Schultern, sah die Russen an und lächelte. Ja, ich lächelte einfach nur und ging, nein, ich schlich vielmehr an den Russen vorbei, auf einem kleinen Weg, der direkt auf ein Waldstück zuführte. Die Russen schienen völlig perplex zu sein und starrten mich verblüfft an.

»Was ist denn das für einer? Das war doch ein Deutscher. Das gibt's doch nicht.«

Die Russen brauchten einige Zeit, bis sie verstanden, dass ich ja eigentlich ein Feind war. Bis ihnen dieser Umstand klar wurde, war ich bereits fast hundert Meter entfernt. Der Wald kam immer näher. Und als die ersten Kugeln um meine Ohren pfiffen, rannte ich die letzten Schritte und warf mich in die dichten Stauden, die am Waldrand standen. Das war gerade noch einmal gut gegangen, und wieder einmal dachte ich mir ganz kurz: Ich bin behütet, mir kann nichts geschehen.

Und dann liefen sie mir nach und schrien. Aber sie hatten mich aus den Augen verloren. Und ich rannte immer weiter nach Westen, bis zu einer Heckenreihe und zu einer Fichtenhecke. Ich musste hindurch, aber auf der anderen Seite sah ich auch Russen. Hinter mir Russen, die mir nachliefen und mich suchten, und vor mir Russen. Da fürchtete ich ernsthaft, mein Glück würde mich jetzt verlassen und sie würden mich fassen. In meiner Verzweiflung kroch ich in die Hecke und schaute weg. Ich wollte einfach nur warten, bis mich einer herausziehen würde.

Dann erreichten die Russen die Hecke, in der ich lag, und sprachen mit der anderen Gruppe russischer Soldaten. Aber sie entdeckten mich nicht. Dabei sind sie zweimal ganz nahe an mir vorbeigegangen, und eigentlich hätten sie mich sehen müssen. Im Nachhinein ist es mir unerklärlich, dass sie mich nicht gefangen nahmen. Also

hatte ich wieder einmal unglaubliches Glück gehabt. Es war eine Situation, die man kaum beschreiben kann, ein Schutzengel-Erlebnis, das ich nie vergessen werde. Ja, ich war behütet.

Den ganzen Tag lag ich versteckt in dieser Hecke, ganz in der Nähe der Bahnlinie. Nichts zu essen, nichts zu trinken, aber lebend. Dieser unglaubliche Tag ging zur Neige, es wurde langsam dunkel. Und ich spürte die Nähe der Russen, die immer wieder hin- und herpatrouillierten. Ich war ja hinter ihrer Frontlinie. Ich beschloss, über die Bahngleise zu gehen, weil ich dachte, dass die Bahn irgendwie eine Grenze darstellte. Meine Orientierung sagte mir, dass ich in westlicher Richtung, der Bahn entlang, auf einen größeren Ort würde stoßen müssen – etwa drei, vier Kilometer entfernt. Vermutlich führte die Bahn dorthin.

Und genau so war es. Ich erreichte tatsächlich den Ort, der nur noch aus Ruinen bestand. Es war kein Lebenszeichen wahrzunehmen, kein Hund bellte, keine Katze war zu sehen. Links von dem Ort war der Wald, aus dem blechern ein Lautsprecher schepperte und uns zum Überlaufen aufforderte: »Kommt zu uns, ergebt euch, wir tun euch nichts.«

Wir kannten diese Art der Propaganda, mit der uns der Feind zur Aufgabe bewegen wollte, aber darauf fiel ich natürlich nicht herein. Also rechts zum Ort, dahin musste ich gelangen. Zunächst traute ich mich nicht, aber dann nahm ich all meinen Mut zusammen, rannte einfach los und lief durch den Ort. Mein ängstlicher Blick wanderte nach rechts und links auf die Ruinen, wo ja irgendeiner sein konnte, der herausspringen oder auf mich schießen konnte. Aber es war niemand da, und ich kam unbehelligt durch den ganzen Ort.

Direkt nach der Ortschaft war wieder Bauernland. Doch all die Bauernhöfe standen in Flammen oder schwel-

ten noch – verbrannte Erde, eine schreckliche Szenerie, eine apokalyptische Situation. Auf ihrem Rückzug hatten die Deutschen alles angezündet. Es war einfach grauenvoll.

Ich lief weiter, immer weiter über das Feld. Ich fühlte mich wie ein gejagtes Tier, ganz hellhörig, alle Sinne aufs Äußerste gespannt. Es ging nur noch ums nackte Überleben. Einfach weiter. Immer habe ich auf die Lichter am Himmel geblickt, die mir sagten, dass die ganze Front in Bewegung war. Dass die Garben der Leuchtspurgeschosse von beiden Seiten kamen, zeigte mir, dass ich mich zwischen den Fronten befand. Wie spät es in der Nacht war, wusste ich nicht, ich hatte jegliches Zeitgefühl verloren.

Dann gelangte ich erneut in einen Wald, und in der Dunkelheit war ich vollends orientierungslos. Ich war völlig verzweifelt und unendlich müde. So kroch ich einfach in die Stauden und schlief sofort ein. Als ich nach einigen Stunden wieder erwachte, schien hell die Sonne. So konnte ich mich wieder orientieren. Also raus aus den Stauden und weiter Richtung Westen. Zwei Stunden lief ich durch diesen Wald, bis ich wieder aus ihm herauskam. Es waren Stunden der Verlorenheit und der Panik.

Und plötzlich sah ich von einer Anhöhe einen größeren Hof, den ich dann vorsichtig umschlich. Ich kroch hinein in die Kornfelder und lief vorsichtig geduckt weiter. Da ich etwas erhöht auf einem sanften Hügel war, konnte ich sehen, dass vor mir frische Gräben aufgeworfen worden waren. Aber von wem? Von den Russen oder den Deutschen? So bewegte ich mich leise weiter, ständig darauf bedacht, möglichst unsichtbar zu bleiben. Denn ganz egal, ob Russen oder die eigenen Kameraden, wenn man mich entdeckte, würde man ohne Vorwarnung auf mich schießen.

Aber wieder einmal hatte ich unglaubliches Glück. Denn ich lief einem freundlichen Leutnant in die Arme,

der die Situation sofort erfasste. Er war wirklich nett zu mir und hat sich meine Geschichte angehört.

»Gehen Sie den Hügel hinunter, da ist gerade eine Einheit beim Essen. Sie müssen ja unglaublich hungrig sein.«

Ich ging also den Hügel hinunter und traf, es war fast schon Schmierentheater, tatsächlich meine Kompanie, meine Einheit, beim Essen fassen. Doch von den dreißig Mann Nachersatz, die mit mir zur Kompanie gestoßen waren, fand ich nur noch zwei Mann vor. Die anderen waren weg. Vielleicht lagen sie irgendwo im Feld, aber vermutlich waren sie gefallen. Und die Leute, die da saßen, waren irgendwie in Panik und interessierten sich nicht im geringsten für mich. Ihnen war die Aussichtslosigkeit der Situation bewusst. Die Russen kamen mit Panzern, und wir hatten nur Karabiner. Und wenn Kameraden in Gräben versteckt waren, dann sind die Panzer einfach darübergefahren, haben sich gedreht und die Soldaten zermalmt. Diese Erlebnisse, diese drei Tage, meine ersten drei Tage an der Front, haben mich für mein ganzes Leben geprägt. Sie lassen mich nicht mehr los und kommen mir immer wieder in den Sinn. Mir wurde klar, dass ich eigentlich eine Art »braver Soldat Schwejk« gewesen bin. Ich hatte ja von Tuten und Blasen keine Ahnung. Gleichzeitig ist mir bewusst geworden, wie sehr wir angelogen und betrogen worden sind.

Es herrschte totale Konfusion, keiner wusste, wie es eigentlich weitergehen sollte. Wir waren fertig, total erledigt und mutlos. Wir waren von den Russen umzingelt und wussten alle, dass wir keine Chance hatten.

Irgendwann ist dann der Augenblick gekommen, den wir alle eigentlich fast herbeigesehnt haben, denn dieser verdammte Krieg hat uns zermürbt und ausgelaugt. Die Russen rückten heran, wir warfen im Gelände die Karabiner weg, mehr an Waffen hatten wir nicht, und hoben die Hände. Aus, vorbei, das war's. Ich war in diesem Moment

Deutsche Wehrmachtseinheiten auf der Straße nach Moskau – der Anfang vom Ende.

froh, auch wenn ich nicht wusste, was in naher Zukunft auf mich wartete.

Die Russen kassierten unsere Waffen ein und nahmen uns alles ab, was wir so hatten. Wir stolperten völlig entkräftet vorwärts in Richtung Leningrad. Mir war alles egal. Ich hatte keine Kraft mehr für irgendwelche Gedanken, nicht einmal an die Familie. Das Ziel war eine Kolchose in der Nähe von Leningrad, auf der wir arbeiten sollten. Feldarbeit, den ganzen langen Tag – und das in meinem körperlichen Zustand! Die Verpflegung war darüber hinaus grauenvoll. Eine Wassersuppe mit fast nichts drin und ein wenig Brot, das derart mit Sägemehl gestreckt war, dass wir nie und nimmer satt wurden. Hunger, Hunger und wieder Hunger. Oftmals sahen wir, wie wieder einer von uns starb und weggetragen wurde. Tod durch Erschöpfung, Entkräftung oder Ruhr. Kein Wunder, denn das Wasser war ja nicht sauber.

Dann erwischte es auch mich. Mittlerweile war ich völlig abgemagert und wog noch 93 Pfund. Zur Allgegenwär-

Und so sah es aus: ein russisches Dorf, Arbeitsplatz für deutsche Kriegsgefangene.

tigen Ruhr kam bei mir auch noch eine Rippenfellentzündung. In diesem entsetzlichen Zustand wurde ich ins Gefangenenlazarett geschickt. Da es ja kaum Medikamente gab, weiterhin nur schlechtes und unzureichendes Essen, kam ich kaum auf die Füße. Bei einer Untersuchung wollte mich die Abteilungsärztin wieder in die Kolchose zur Arbeit schicken. Dies wäre mein sicherer Tod gewesen. Den nächsten Winter hätte ich bestimmt nicht erlebt. Da aber kam ein rettender Engel in Gestalt einer jüdischen Chefärztin, die mich untersuchte und dann entschied: »Domoj« – nach Hause, in die Heimat. Dieses eine Wort war für mich entscheidend für mein ganzes Leben.

Mit dem Zug ging es nun im September 1945 über Berlin, Leipzig und Kronach nach München. Der Transport in den russischen Güterwaggons bis zur deutschen Grenze dauerte zwei Wochen. Das »Menu« bestand ausschließlich aus einer Bruchmaissuppe. Viele Kameraden überlebten das nicht und wurden einfach neben den Bahngleisen verscharrt.

Völlig ausgemergelt, gekleidet in einen schweren Militärmantel, der um meine magere Gestalt schlotterte, und natürlich immer noch geschwächt durch die Rippenfellentzündung erreichte ich schließlich deutschen Boden – allerdings in der sowjetisch besetzten Zone. Also musste noch die Zonengrenze, die West von Ost trennte, überwunden werden. Mit einem ortskundigen Helfer konnte ich nachts die Grenze überschreiten und lief nun nicht mehr Gefahr, wieder in den Osten geschickt zu werden.

In München schleppte ich mich mühsam vorbei an den Ruinen der Ungerer- und Leopoldstraße, zum Siegestor, zur Feldherrnhalle bis zum zerstörten Hauptbahnhof. Dann ging's mit der Bahn weiter nach Rosenheim und schließlich zu meinem Heimatdorf Frasdorf, wo ich von meiner Mutter am Abend leidenschaftlich in die Arme genommen wurde. Hauptsache wieder daheim, wenn auch in einem grauenvollen Zustand.

Am nächsten Morgen ging es zu unserem Dorfarzt, der wenig sprach, aber meinte, er könne nur hoffen, dass ich überleben würde. Die Ruhr kam zurück und wegen der Rippenfellentzündung drückte Wasser auf mein Herz. Die nächsten Wochen verbrachte ich in meinem Bett, in dem ich schon als Kind viele Jahre gelegen hatte. Ich erholte mich langsam und sinnierte vor mich hin. Warum liege ich da und nicht auf den Feldern Russlands? Wie konnte ich das überleben? Und in mir als gläubigem Menschen wuchs die Überzeugung, dass ich von einer höheren Macht, vielleicht von einem Schutzengel, behütet war. Ich bin mir ganz sicher: Ja, ich war behütet.

Meine dramatische Fahrt mit U-234

Zeitzeugenbericht von Erich Menzel

Mir wurde später berichtet, es sei bitterkalt gewesen an jenem 27. Januar 1921, an dem ich gegen 13 Uhr im Gärtnerhaus der Familie Jageman in Radebeul meinen ersten Atemzug tat, freudig begrüßt von meinen Eltern. Vater war damals Bankbeamter bei der ADCA, der Allgemeinen Deutschen Creditanstalt in Radebeul, und mächtig stolz auf den Stammhalter.

Er war selbst streng erzogen worden und gab dies an meine Geschwister weiter. Meine Mutter Liesbeth stammte aus Crimmitschau in Sachsen und war in unserer Familie der ausgleichende Teil, wie das bei Müttern häufig der Fall ist. Unsere kleine Familie wurde durch die Geburt meiner Schwester Margit komplett und danach die weitere Produktion von Nachkommen eingestellt.

Mein Geburtshaus gehörte zu einem Gärtnerei-Komplex mit Gewächshaus und großen Pflanzgärten, die bis zum Überflutungskanal der Elbe reichten. Dort spielte und »tobte« ich mit meinem Schulfreund Horst von Jagemann und meiner Schwester, handelte mir dabei auch manche Prügel meines Vaters ein, beispielsweise als ich

Horst in eine gefüllte Regentonne warf, aus der er sich gerade noch befreien konnte. Auf der anderen Seite lernte ich Pflanzen und Tiere kennen und hatte es nicht weit zu meinen Großeltern in Kaditz, einem Dorf in der Nähe von Radebeul an der Elbe, wo mein Großvater Schlossermeister, Bauer, Postmeister und auch Tanzlehrer im dortigen Gasthof war. Als ältester Enkel war ich dort persona grata, durfte statt der Pakete auf seinem Spezialfahrrad sitzen, seine Schlosserei in Unordnung bringen und wurde von der Großmutter mit einer Schale von Zucker und Kakaopulver »verwöhnt«, dem sogenannten Schokoladenteig, denn in jenen Zeiten war eine Tafel Schokolade viel zu teuer.

In unserer Familie liebte man das Kartenspiel. Mein Vater spielte leidenschaftlich Skat und lud dazu häufig seine Brüder und Schwäger ein. Danach stank unser Wohnzimmer wie eine Kaschemme nach Zigarren- und Zigarettenqualm, obwohl mein Vater selbst absoluter Nichtraucher war. Die Liebe zum Kartenspiel ist mir seit jener Zeit geblieben, auch die seltsamen Gepflogenheiten wie das Weitergeben eines Huts, um zu wissen, wer zu geben hatte, blieben im Gedächtnis. Die Atmosphäre war immer sehr lustig und gelöst, und wer einmal musste, der ging zum Plumpsklo auf der Zwischenetage.

Meine Schulzeit in Radebeul

Im Jahre 1927 wurde ich in die Pestalozzi-Grundschule in Radebeul eingeschult. Nach dem Ergebnis der schulärztlichen Untersuchung war ich unterernährt. So bekam ich Schulspeisung und bewegte mich leistungsmäßig im grauen Mittelfeld der Klasse. Eine willkommene Unterbrechung des Alltags waren 1927 und 1928 Reisen in den Sommerferien an die Ostsee nach Kölpinsee, damals ein

begehrtes Ferienziel für Sachsen. Teilweise war Vaters Schwester Ella mit Familie dabei, und wir genossen gemeinsam die schöne Umgebung. Vater war ein erstklassiger Strandburgenbauer, verzierte das Bauwerk mit Muscheln und Tannenzapfen und verdonnerte uns dazu, sie zu gießen, während er das Lob dafür einsteckte.

Um in das Realgymnasium aufgenommen zu werden, musste man damals eine relativ schwere Aufnahmeprüfung bestehen. Da ich nervös und körperlich schwächlich war, mein Vater aber darauf bestand, dass ich unbedingt einmal etwas »Besseres« werden sollte, musste ich mit meiner Mutter bei einem Schüler des französischen Autosuggestionslehrers Coué Kurse besuchen, die nach einem Art Rosenkranzsystem und dem Mantra »Mir geht es von Tag zu Tag immer besser und besser« diese Schwäche beheben sollten.

Jedenfalls habe ich die Prüfung gut bestanden, wurde Ostern 1931 mit etwa dreißig anderen Schülern in die Sexta A aufgenommen, trug zur Freude meines Vaters die grün-silberne Schülermütze des Gymnasiums und bekam sofort die »Hoo-Verspeisung«, also Kakaomilch oder Brei, um meine Unterernährung zu bekämpfen. Schmalhans war in jener Zeit bei uns Küchenmeister, und Fleischwaren eine absolute Rarität.

Kaum war ich im Gymnasium eingeschult, da empfahl ein Freund meines Vaters, dass ich mich mit zehneinhalb Jahren den sogenannten Ringpfadfindern anschließen sollte. Als Jüngster wurde ich aufgenommen und bekam ein Halstuch, eine Art Safarihut und das entsprechende Fahrtenhemd. Ich lernte Fährtenlesen, Sterne erkennen, Behelfsbrücken bauen, mich im Wald auch bei Finsternis ohne Kompass zurechtzufinden und genoss die gute Kameradschaft in dieser Gruppe, obwohl es für mich als Jüngster oftmals anstrengend war mitzuhalten.

Ab 1930 stieg die Zahl der Arbeitslosen in Deutschland auf etwa sechs Millionen bei einer Gesamtbevölkerung von rund 85 Millionen Bürgern. Die zahlreichen Parteien im Land versprachen zwar alle, die Arbeitslosenzahl zu senken, aber sie bekämpften sich nur gegenseitig mit Worten, und nichts geschah. In diesem Milieu war es für die NSDAP leicht, sich zu etablieren. Sie gewann bereits 1932 230 Sitze und verwies damit die SPD mit 140 Sitzen, die KPD mit achtzig Sitzen und das Zentrum mit 75 Sitzen auf die Plätze, während alle anderen Splitterparteien und auch alle bürgerlich-nationalen Gruppen verloren.

In der Schule ging es konservativ-liberal zu. Fast alle Lehrer hatten im Ersten Weltkrieg zumeist als Offiziere gedient, gehörten dem Stahlhelm-Bund an, wählten keinesfalls NSDAP und nahmen damit die rasante Entwicklung der »Nazis« nicht ernst. Und diese Haltung färbte auch auf uns Schüler ab.

Mein Vater als Bankbeamter bei der ADCA fürchtete 1931/32 um seine Weiterbeschäftigung, weil in allen Behörden und Betrieben Stellen abgebaut wurden. Er vertraute der Propaganda der NSDAP und trug offen das Parteiabzeichen. Aus diesem Grunde hatte er auch Schwierigkeiten in unserem Haus, denn er war der einzige Nazi. Weil er immer mehr um seine Weiterbeschäftigung fürchtete, gründete er neben seinem Beruf eine »Margarine-Verteilungs-Firma«, die wie folgt arbeitete: Aus Schleswig-Holstein kam einmal pro Woche per Eilgut frische Margarine in unsere Wohnung oder in unseren Keller, die mit zusätzlichem Frischhaltepapier namens Wappenkrone von meiner Mutter umgepackt und von meiner Schwester und mir an die verschiedensten Haushalte – Parteimitglieder der Umgebung, Verwandte und Bekannte – ausgeliefert wurde. Der Absatz war gut, die Margarine frisch, jedoch die Arbeit für uns treppauf, treppab anstrengend.

Ich bekam für jedes ausgelieferte Stück Margarine einen Reichspfennig. Es war mein erstes selbstverdientes Geld, und ich war sehr stolz darauf.

Nach der Machtergreifung durch die NSDAP im Jahre 1933 wurden alle anderen Parteien verboten. Dadurch musste mein Vater auch nicht mehr um seine Stellung fürchten und konnte die »Wappenkrone-Verteilungsfirma« auflösen. Nachdem aber auch viele anderen Gruppierungen, die von der NSDAP als »weltanschauliche Gegner« angesehen wurden, wie Rotary, Freimaurer oder Pfadfinder, nicht mehr bestehen durften, bat unsere Ringpfadfindergruppe geschlossen, ins »Jungvolk« der NSDAP übernommen zu werden. Dies wurde jedoch abgelehnt, und so kam ich als »Pimpf« mit schwarzem Käppi, Halstuch und braunem Hemd in eine Jungvolkgruppe in unserer Umgebung. Mit 15 Jahren wurden wir automatisch in die »Hitlerjugend« übernommen.

Aus Frust gegen die Auflösung unserer Pfadfindergruppe und wohl auch durch den Einfluss unserer Schule lehnte ich jede Führungsposition in der HJ ab, sondern meldete mich als Trommler im Spielmannszug der HJ. Da meine Eltern für die Kosten der HJ, vor allem für die Spielmannszug-Uniform, aufkommen mussten, trommelte ich ohne die obligatorische HJ-Mütze an den Sonntagmorgen frühzeitig die Leute aus dem Bett, eine Tatsache, die mir später mein Schwiegervater noch oftmals vorgehalten hat, weil er sich mit dem sonntäglichen Lärm nicht hatte anfreunden können.

Je älter ich wurde, desto besser wurden meine schulischen Leistungen, besonders in den naturwissenschaftlichen Fächern und im Sport, wobei besonderer Wert auf Schwimmen einschließlich des Lebensrettungsscheines, dazu Leichtathletik und Boxen gelegt wurde. Damals gab es schon ab der Sexta das Sitzordnungsprinzip. Den Zeug-

nisnoten entsprechend wurde ein leistungsorientierter Platz ermittelt, den man in dem jeweiligen Halbjahr einnehmen musste. Man saß also fast in jedem Halbjahr auf einem anderen Platz. Später habe ich es immer unter die ersten zehn geschafft. Dies lag besonders an unseren ausgezeichneten Lehrkräften, die sich allerdings oftmals auch als Einzelgänger erwiesen, zumal sie keine Anhänger der Nazis waren. Als Beispiel ist mir unser alter Lateinlehrer Dr. Tuisko Reibstein in Erinnerung geblieben. Nachdem der alte Morgengruß verboten und durch den Hitlergruß ersetzt worden war, begrüßte er uns wie folgt: »Heil Hitler, das walte Gott, der helfen kann, Fenster auf, es stinkt!«

Unsere neuen jungen Studienreferendare benahmen sich den älteren Lehrkräften gegenüber dem Zeitgeist entsprechend, trugen meist das Parteiabzeichen und waren mit der allgemeinen Entwicklung einverstanden. Sie begeisterten auch uns Schüler durch die politischen Erfolge der Nazis, die wir ja nur aus der Brille der deutschen Propaganda kannten: Kündigung des Versailler Vertrages von 1919, Austritt aus dem Völkerbund, Aufbau einer Wehrmacht unter Besetzung des Rheinlandes und Wiedereingliederung des Saarlandes, Olympische Spiele 1936 in Berlin, bei denen alle Nationen mit dem Hitlergruß ins Olympia-Stadion einmarschierten. Der Anschluss Österreichs an das Deutsche Reich, die Gründung Großdeutschlands, die Wiedereingliederung des Memelgebietes, des Sudetenlandes mit anschließender Besetzung der Tschechoslowakei, alles ohne kriegerische Handlungen, wurden gefeiert. Die Alliierten hätten mehrfach diese Entwicklung unterbinden können, aber sie waren bereit, unter dem Stichwort »appeasement«, also Beschwichtigung, die neuen Gegebenheiten hinzunehmen, während sie bei rechtzeitigem Eingreifen den Zweiten Weltkrieg hätten

verhindern können. So ließen sie Hitler bis zum Polenfeldzug gewähren.

Tatsächlich wurde die Lage im Inland zunächst immer besser. Die Arbeitslosen bauten Autobahnen. Durch die Wiederaufrüstung entwickelten sich die entsprechenden Industrien. Uns wurde dies alles als »nationalsozialistisch« verkauft, wir hatten ja keine Vergleichsmöglichkeiten. Das Radio brachte nur deutsche Sender. Ausländische Sender zu hören war verboten. Auslandsreisen waren für die breite Masse undenkbar – nur mittels der Organisation »Kraft durch Freude« konnte gereist werden. Von den negativen Seiten des Regimes wie den Konzentrationslagern, der Verhaftung und auch Ermordung unliebsamer Bürger erfuhren wir nichts.

Über die »Judenfrage« wurden wir durch den *Stürmer* informiert, das Hetzblatt Julius Streichers, das einen wüsten Antisemitismus propagierte, der die angebliche sexuelle Übergriffigkeit von Juden gegen »arische« Mädchen in den Mittelpunkt stellte. Wenn wieder ein Jude ein deutsches Mädchen angeblich »geschändet« haben sollte, wurde dies natürlich sofort in großen Lettern verkündet. Von allen anderen Fragen der Judenvernichtung hörten wir selbst dann im Krieg nichts.

Am 14. April 1935 wurde ich in der Martin-Luther-Kirche in Radebeul zusammen mit meiner Kusine Elsbeth konfirmiert. Die Konfirmationsfeier führte alle Paten und Familien aus Kaditz und Crimmitschau zusammen. Leider begann sich bereits zu diesem Zeitpunkt die evangelische Kirche zu spalten: in die bekennende Kirche und in die Deutschen Christen, die dem Nationalsozialismus besonders verbunden waren und der nahezu alle Parteigenossen, so auch mein Vater, angehörten. Die katholische Kirche hielt sich aus dieser Entwicklung heraus, unternahm aber auch nichts dagegen.

In den Jahren 1936 und 1937 konnten wir erstmals wieder einen Sommerurlaub an der Ostsee verbringen. Eine Bekannte besaß in der Nähe von Nest am Jamunder See ein kleines Ferienhaus direkt hinter den Dünen. Dort bewohnten wir in den Ferien gemeinsam ein Zimmer, leider ohne Bad und WC, doch das tat der Erholung keinen Abbruch. Hier lernte ich auch Elisabeth Goldmund aus Bad Polzin kennen, meine erste Jugendliebe, mit der mich bis in die Kriegsjahre ein regelmäßiger Briefwechsel verband.

Wieder daheim kam im Herbst 1937 ein wichtiges Ereignis auf uns zu. Die gesamte Klasse, allerdings ohne die Mädchen, besuchte einen Tanzkurs unter Leitung des Ballettmeisters Schade und seiner Frau, die in der »Grundschänke« in Radebeul stattfand. Dies warf natürlich etliche Probleme auf. Damals wurde noch großer Wert auf traditionelle Etikette gelegt, und so musste eine dem Anlass entsprechende Bekleidung angeschafft werden wie Lackschuhe. Sogar der Konfirmandenanzug musste noch herhalten. Mein Vater verdiente damals nur 300 Reichsmark im Monat, da wurden solche Extras schnell zu einer Überlastung des Budgets.

Die Tanzstunde endete um 22.15 Uhr, ich aber musste spätestens um 23 Uhr daheim sein. Darauf legte mein Vater sehr viel Wert. Da uns jedoch bereits in der ersten »Benimmstunde« beigebracht worden war, dass wir unsere Tanzstundendame nach Hause zu bringen hätten, war die Wahl der Dame dadurch bestimmt, dass sie in der Nähe unserer Wohnung wohnen musste. Ich wählte also ein langes, blondes und relativ dürres Mädchen namens Lilo Brink zu meiner Tanzstundendame. Mein Vater war davon nicht begeistert und meinte, ein Mann könne nie so ein Klappergestell heiraten. Ich war damals wohlgemerkt erst knapp 17 Jahre alt und verschwendete keinen Gedanken an Heirat.

Da in unserem Tanzkurs Mädchen fehlten, weil die gleichaltrigen Damen diese Prozedur meist bereits hinter sich hatten, suchte Ballettmeister Schade nach bürgerlichen tanzwilligen Töchtern aus der Umgebung. So kam auch ein Fräulein Ruth Meister aus Radebeul in unseren Tanzclub. Diese junge Dame bestach durch eine für ihr Alter durchaus passable Figur mit einem ausgeprägten »Hintersteven«. Das fiel uns trotz unseres fast noch kindlichen Alters auf. Sie war stets fröhlich, lustig und guter Dinge. Beim Abschlussball kamen wir uns näher, während unsere Eltern auf der »Drachenburg«, der Tribüne für die Älteren, saßen. Da wir laut Tanzkarte den Wiener Walzer zusammen absolvieren mussten, brachte der tiefe Schwerpunkt der Partnerin eindeutige Vorteile beim Drehen. Wir beschlossen also, zum Ärger unserer bisherigen Tanzpartner, den »Katerbummel«, der in der Meierei im Lößnitzgrund stattfand, gemeinsam zu verbringen und damit das Ende der Tanzstunde und den schönen langen Weg durch den Lößnitzgrund zu genießen.

Es war der Anfang einer langen Verbindung. Ruths Bruder brauchte Nachhilfestunden in Mathematik, und ich wurde von meinem Mathelehrer seinem Vater empfohlen. So kam ich öfter in das große Haus von Ruths Familie. Das hatte zwei Vorteile, denn zum einen gab mir Meister sen. pro Nachhilfestunde fünf Reichsmark, was viel Geld für mich armen Schlucker war, zum anderen konnte ich mich vor oder nach den Nachhilfestunden mit Ruth treffen und mit ihr im Garten spielen, wobei wir uns gegenseitig unsere Turnkünste an Barren und Reck vorführten. Ruth und ihrem Bruder standen viele Turngeräte zur Verfügung. Mutter Meister machte allerdings oft ein misstrauisches Gesicht, wenn Ruth ohne entsprechende Turnkleidung etwas freizügig mitmachte. Aber wir hatten viel Spaß daran, ich war schüchtern und zurückhaltend,

und von »Aufklärung« hatten wir damals keine Ahnung. Dass die kleinen Kinder nicht vom Klapperstorch gebracht werden, war uns aber durchaus bewusst.

Ein erster Höhepunkt in unserer Jugendbeziehung war die Einladung von Meister sen. zum Ball des Vereins Deutscher Ingenieure 1938 in Dresden als Partner von Ruth. Ich fuhr erstmals im Fond eines Mercedes, neben mir die liebe Ruth, »Schwitzehändchen haltend«. Das Festmahl war exzellent, für mich völlig ungewohnt. Dazu gab es noch Gastgeschenke wie eine Packung »Salem«-Zigaretten, hergestellt von der Firma Yenitze in Dresden, die ich als Nichtraucher sofort an meinen Gastgeber weitergab, der ein starker Raucher war.

Im Sommerurlaub fuhr ich mit meinem Vater auf einer KDF-Reise (»Kraft durch Freude«) in die fränkische Schweiz nach Gößweinstein. Unser Hotel lag direkt gegenüber der großartigen Klosterkirche mitten im Ort. Entsprechend den Gepflogenheiten des Nazisystems waren die schönsten Aussichtspunkte der Umgebung nach den Parteigrößen benannt, so der Göring-Felsen oder der Adolf-Hitler-Blick. Bei unseren Spaziergängen lernten wir eine Magdeburger Familie Namens Klein kennen, mit deren Tochter Margot ich mich gut verstand. Ein nettes Foto von Margot, das ich später in meinem Spind hatte, gab zu manchen Vermutungen Anlass. Doch es war nur eine Brieffreundschaft, die über einen Besuch in Magdeburg nicht hinauskam. Die Beziehung war vielleicht von ihrer Seite ernster gemeint, aber endete in Freundschaft, nachdem ich geheiratet hatte.

Der »Ernst des Lebens« beginnt

Ab Mitte des Jahres 1938 stellte sich die Frage, was ich beruflich einmal werden sollte, denn die Schulzeit neigte

sich ihrem Ende zu. Da mein Notendurchschnitt gut war, hielt mich mein Vater für besonders geeignet für einen technischen Beruf, und so kamen wir zu der Entscheidung, dass ich eine Offizierslaufbahn in einer hochtechnisierten Truppe, beispielsweise der Luftnachrichtenschule, anstreben sollte. Meine Mutter war davon nicht begeistert, denn sie ahnte vermutlich bereits den kommenden Krieg.

Ich war jedoch von dieser Idee sehr angetan und bewarb mich unter Vorlage des vorgeschriebenen Arier-Nachweises und der schriftlichen Bestätigung meiner Eltern, dass sie in der Lage seien, mich mit monatlich 25 Reichsmark zu unterstützen. Darüber hinaus benötigte ich drei glaubwürdige Bürgen für die Aufnahme bei der Luftnachrichtenschule in Halle/Saale. Mein Vater wollte vor allem durch die beiden Bürgen »glänzen« und überredete den Korvettenkapitän a. D. Burghagen, einen U-Boot-Kommandanten aus dem Ersten Weltkrieg, und den Oberstleutnant a. D. Krantz, die er beide aus seinen Ehrenämtern kannte, für mich zu bürgen. Ich ersuchte meinen Klassenlehrer Dr. Reibstein und den Rektor der Schule Dr. Zimmermann, ebenfalls zu bürgen.

Meine Bewerbung wurde angenommen, die Beurteilungen über mich und mein Elternhaus waren positiv, vor allem, weil mein Vater Parteimitglied und Kriegsteilnehmer von 1914/1918 mit Tapferkeitsauszeichnungen war. Es erfolgte eine erste Vorstellung in der Luftnachrichtenschule Halle mit Befragungen durch die dortigen Offiziere und einem gemeinsamen Mittagessen. Vermutlich wollte man damit prüfen, ob ich auch über die von einem Offizier erwarteten Tischmanieren verfügte. Danach hatte ich den Eindruck, dass meine Berufswahl richtig war. Vor der endgültigen Bestätigung aber stand noch eine zweitägige psychologische Prüfung durch ein Gremium in Breslau aus, das für seine eigenartigen Prüfungs- und Testmetho-

den bekannt war. Dabei ging es etwa um die persönliche Schmerzempfindlichkeit, die getestet wurde durch elektrische Schläge beim Spiel mit Metallkugeln. Dazu kam eine Beantwortung von 300 Fragen in 15 Minuten im Multiple-Choice-Verfahren ohne Bedenkzeit. Es folgten zahlreiche Interviews durch Spezialisten.

Bereits am Ende des ersten Tages hatte ich die Nase voll, schaltete auf stur und war überzeugt, diese Prüfung nicht bestanden zu haben. Nach dem Krieg konnte ich mir die entsprechenden Unterlagen beschaffen und musste feststellen, dass ich mit meiner damaligen Beurteilung gar nicht so weit daneben lag. Ich wurde als »schlafmützig, ohne Antrieb und als keine Bereicherung für das Offizierskorps« bezeichnet. Trotzdem erhielt ich noch eine Einladung zu einer zusätzlichen Abschlussveranstaltung mit Prüfung durch die Luftnachrichtenschule selbst. Diese Prüfung verlief viel angenehmer. Vor allem mit den naturwissenschaftlichen Fragen und den Sportprüfungen kam ich gut zurecht, wurde nach sehr guten Leistungen von der weiteren Sportprüfung freigestellt und musste als Aufsicht fungieren. Mit Schreiben vom 27. Februar 1939 traf dann zur großen Freude und zum Stolz meines Vaters die Aufnahmebestätigung als Fahnenjunker der Luftwaffe zum 1. Oktober 1939 ein. Auch manche meiner Klassenkameraden erhielten ihre Aufnahmebestätigungen als Offiziersanwärter.

Reichsarbeitsdienst am »Ende der Welt«

Fast gleichzeitig trafen die Einberufungsschreiben zum sechsmonatigen Dienst im »Reichsarbeitsdienst« (RAD) ein, zu dem alle 18-Jährigen verpflichtet waren. Auf diese Weise erhielt man billige Arbeitskräfte, denn die Arbeitsmänner und -frauen bekamen nur ein Taschengeld. Zum

anderen sollten sich die verschiedenen Schichten der Bevölkerung kennenlernen und alle, die bisher nicht körperlich gearbeitet hatten, sollten lernen, was es heißt, harte körperliche Arbeit zu verrichten. Meine gerade neu gegründete Reichsarbeitsdienstabteilung lag im Dorf Kotten, wo sich wirklich Füchse und Hasen Gutenacht sagten. Am 1. April musste ich dort eintreffen, und dies war alles andere als ein Aprilscherz.

Aber vorher waren die Vorbereitungen für unser Abitur wichtiger. Wir alle bereiteten uns sehr zielstrebig auf die vom »Ministerium für Wissenschaft, Erziehung und Volksbildung« überwachten schriftlichen und mündlichen Aufgaben vor. Beispielsweise lautete das Prüfungsthema der Deutscharbeit: »Wie sieht die Welt in 300 Jahren aus, wenn es keine Kohle mehr gibt«. Dies war eine Frage, die mich schon damals sehr interessierte.

Glücklicherweise fiel keiner von uns Primanern durch die Prüfungen, sodass die feierliche Entlassung aus dem Realgymnasium, das inzwischen den Namen »Hans-Schemm-Schule« erhalten hatte, im Beisein der gesamten Lehrerschaft, den Eltern und auch der jüngeren Klassen ein eindrucksvolles Erlebnis war.

Doch dann begann die harte Wirklichkeit. Es blieben uns noch drei Wochen, um allen Freunden Adieu zu sagen, zumal alle von meiner künftigen, technisch orientierten Offizierslaufbahn wussten. Natürlich fiel der Abschied von daheim mit 18 Jahren entsprechend schwer, ging es doch in eine ungewisse Zukunft. Am 1. April reiste ich also mit dem Einberufungsbescheid des RAD und meinen persönlichen Dingen, die in einem Pappkarton verpackt waren, voller Skepsis nach Kotten. Dort wurden wir eingekleidet, erhielten Ausgehanzug, Arbeitskleidung und einen Spaten. Dieser Spaten sollte unser treuer Begleiter werden.

Wir waren etwa 120 Arbeitsdienstler im Alter zwischen 18 und zwanzig Jahren, wobei wir Abiturienten in der Minderzahl waren. Unser Schlafraum lag in einer Baracke, enthielt 112 Doppelstock-Betten, die mit Strohsäcken ausgelegt waren. Es gab kariertes Bettzeug und einen rechteckigen Kopfkeil. Das Bettenmachen mussten wir erst lernen, denn das Bettzeug musste exakt rechtwinklig um den Keil ausgerichtet sein, der Bezug straff und ohne Falten. Die Spindordnung war ebenso akkurat festgelegt.

Gleich am ersten Tag verloren wir einen Teil unserer Individualität, denn die Kopfhaare wurden bis auf einen kurzen Stoppel oberhalb der Stirn abrasiert. Im Drilichanzug sah jeder Trupp absolut einheitlich aus. Beim sogenannten »Revierreinigen« wurden vor allem die Abiturienten herangezogen. Wir mussten die »Zwölfzylinder«, das waren zwölfsitzige Plumpsklos in der Mitte eines Waschraumes, meist mit unzulänglichen Mitteln säubern. Die Pissoirrinnen verliefen an der Längsseite des Raums. Ich hatte insofern Glück, als ich mich auf die Frage »Wer kann Klavierspielen?« gemeldet hatte und anstelle der Reinigungsarbeiten während der Mahlzeiten der Truppführer Lieder und Märsche spielen musste.

Nach dem Frühappell, dem Hissen der Flaggen und der Zimmerinspektion rückten wir truppweise zu den jeweiligen Arbeitsstätten aus. Wir hatten die »Schwarze Elster« zu »begradigen«, indem wir den nassen Sand aus dem Flussbett in darüberstehende Loren schippen mussten, und dies in relativ kurzen Zeiten. Nach wenigen Stunden waren die »Nichthandwerker« und vor allem wir Abiturienten erschöpft und konnten die Norm nicht schaffen, was entsprechend bestraft wurde.

Zum Glück arbeitete in unserer Gruppe ein LKW-Fahrer, ein wahres Kraftpaket, dem die Norm nichts ausmachte und der uns vor Bestrafungen bewahrte. Diese soge-

nannten »Bestrafungen« waren sehr unterschiedlich: Man musste beispielsweise mit dem Spaten in Vorhalte robben. Ich selbst bekam eines Tages den Befehl: »Lass dir vom nächsten Truppführer einen Böschungshobel geben!« Natürlich hatte ich keine Ahnung, dass es so ein Gerät gar nicht gab. So wurde ich auf meine Anfrage beim nächsten Truppführer angebrüllt: »Sie wollen mich wohl verarschen und machen dafür jetzt zehn Liegestütze mit voller Montur!«

Nach einigen Wochen waren unser eigener Wille und auch das Denken nahezu ausgeschaltet – das Ziel dieser »Erziehungsmethoden«. Als meine Eltern mich eines Sonntags nach zwei Monaten erstmalig besuchten, stand ich im Hof und musste strafweise »Bettenbauen«, wodurch der Besuch meiner Eltern flachfiel, weil sie mich nicht sprechen durften.

Als besondere Übung galt der »Spatengriff« und das Exerzieren mit dem »goose step«, dem deutschen Paradeschritt. Durch meine gute sportliche Ausbildung gehörte ich bald zu den besten »Marschierern«.

Nach rund drei Monaten erreichte den Kommandeur des Lagers der Befehl, die besten Paradeleute, möglichst Offiziersanwärter, zur Nürnberg-Abteilung nach Hoyerswerda abzustellen. Es waren etwa zwölf Mann, die alle froh waren, dieses erniedrigende Lager verlassen zudürfen. In Hoyerswerda wurde eine RAD-Abteilung für den »Reichsparteitag des Friedens« für Anfang September 1939 in Nürnberg zusammengestellt.

Die Führer dieser Truppe waren ehemalige Soldaten, die wesentlich besser geschult waren, als das in Kotten möglich gewesen wäre. Das Exerzieren war hart, aber wir fühlten uns wesentlich besser behandelt und geschult als in Kotten. Die Spaten wurden mit »Sidol« so lange poliert, bis man sich darin spiegeln konnte, und die mit Stahl-

nägeln versehenen »Knobelbecher« wurden ebenfalls auf Hochglanz gebracht. Die Kommandos »Den Spaten über« und der Präsentiergriff »Spaten fasst an« klappten bald vorzüglich.

Glücklicherweise waren die Außenarbeiten leichter als in Kotten. Wir mussten Bäume fällen, abholzen, schälen und vermessen. Nach einiger Zeit musste ich nur noch vermessen und habe dadurch manche Stunde im Wald »verpennt«. Auch gehörte ich als guter Sportler zur Feldhandballmannschaft des Lagers.

Im August wurden wir vom Gau-Arbeitsführer über die Einzelheiten des bevorstehenden Reichsparteitages informiert. Jedoch sollte alles ganz anders kommen. Gegen Mitte August 1939 erhielt unsere Abteilung plötzlich dreißig Karabiner, und unser Truppführer, ein ehemaliger Feldwebel, unterwies uns im Waffengebrauch. Jeder von uns durfte einmal auf dem Schießstand scharf schießen. Dann wurden wir auf einen Güterzug verladen, fuhren aber nicht nach Nürnberg, sondern nach Oberschlesien, genauer gesagt nach Bobrelk-Karl bei Gleiwitz. Dort wurden wir direkt an der Grenze zu Polen in einer Schule einquartiert. Wir schliefen auf Stroh mit einer Decke, genossen aber ein paar ungezwungene Tage im dortigen Freibad und freundeten uns mit der Bevölkerung an.

In der Nacht zum 1. September 1939 wurden wir gegen 4 Uhr morgens durch Flugzeuglärm und Gewehrfeuer geweckt. Die Kugeln schlugen in die Fenster unserer Schule ein. Alarm!

In der Morgendämmerung kam der Abmarschbefehl nach Polen. Man streifte uns gelbe Armbinden mit der Aufschrift »Deutsche Wehrmacht« über und machte uns damit zu Soldaten. Der erste Zug trug die dreißig Gewehre, alle anderen den Spaten. Wir marschierten auf Nebenstraßen Richtung Tschenstochau.

Der Zweite Weltkrieg hatte begonnen. Großbritannien und Frankreich erklärten Deutschland den Krieg. Ein deutsch-sowjetischer Nichtangriffspakt wurde geschlossen – ausgerechnet mit Hitlers »Erbfeind« Russland, das wiederum Finnland angriff. All diese Nachrichten haben wir aber erst später erfahren, denn wir marschierten und marschierten. Von deutschen Soldaten keine Spur, auch andere Menschen trafen wir nicht. Dafür lag am Weg ein zerschossenes polnisches Leichtflugzeug, aus dem ich mir ein Stück der weiß-roten Kokarde herausschnitt.

Am Abend machten wir erneut in einer Schule Quartier und wurden nachts von Gewehrschüssen geweckt. Unser Posten hatte auf einen kontrollierenden Truppführer geschossen, der die Frage nach der Parole angeblich zu spät beantwortet hatte. Der erste Verwundete! Das zweite Opfer war unser Koch, der neben seiner Gulaschkanone von Partisanen erschossen wurde.

Nach zehn Tagen war der Polenfeldzug beendet, ohne dass wir in irgendein Geschehen eingegriffen hätten. Unsere Kommandostelle erhielt per Fernschreiben die Anweisung, die aktiven Offiziersanwärter nach Hause zu schicken. So trabten wir sechs Mann allein ohne Waffen querbeet zur nächsten deutschen Bahnstation, wo wir wie »Helden« begrüßt wurden. Dabei hatten wir weder Feinde gesehen noch waren wir in Gefechte verwickelt worden.

In der Luftnachrichtenschule Halle an der Saale

Nach einem kurzen Urlaub daheim fuhr ich am 1. Oktober nach Halle an der Saale, um mich in der Luftnachrichtenschule zu melden. Uns wurden gute Quartiere in Neubauten zugewiesen, jeweils vier Mann auf einer Stube mit Doppelstockbetten und Parkettboden, den wir dreimal in

der Woche mit Spänen abschleifen und dann wachsen mussten. Gleich am ersten Tag wurden wir mit Ausgehanzug, Drillichzeug, Trainingsanzügen, Sportkleidung, Unterwäsche und den berühmten, schon vom RAD bekannten Knobelbechern ausgerüstet – das waren Stiefel mit Stahlnägeln auf der Sohle. Dann wurden wir der Größe nach eingeteilt. Unsere Kompanie des 7. Offiziers-Ergänzungsjahrgangs umfasste 192 Anwärter, die jeweils in vier Züge mit drei Korporalschaften aufgeteilt wurden. Durch meine Größe von 1,80 Meter kam ich in den 2. Zug, 4. Korporalschaft, eine Einheit von 16 Mann. Geführt wurde sie von einem Unteroffizier, den Zug befehligte ein Feldwebel oder ein Oberfeldwebel. Zwei Züge unterstanden jeweils einem Leutnant, die Kompanie einem Hauptmann. Natürlich hatten wir auch einen »Spieß« als rechte Hand des Kompanieführers. Er stand im Rang eines Hauptfeldwebels, war Chef der Verwaltung und teilte den Dienst ein.

Die Grundausbildung war sehr hart, aber im Gegensatz zum RAD durchaus fair. Wir lernten mit Gewehren (Karabiner 98 K), Pistolen (08/15) und Seitengewehren umzugehen und vor allem die Pflege der Waffen, die als »Braut der Soldaten« bezeichnet wurden. Mit laufenden täglichen Appellen wurde uns Disziplin, Ordnung, Gehorsam und Sauberkeit beigebracht. In den Grundunterrichtsfächern vermittelte man uns militärisches Fachwissen. Nach zwei Monaten wurden wir schließlich auf dem Fliegerhorst vor zwei Sturzkampfbombern Ju 87 auf den »Führer« Adolf Hitler feierlich vereidigt. Wir mussten dabei die Vereidigungsformel »Ich schwöre bei Gott … zu dienen und mein Leben dafür einzusetzen« laut nachsprechen.

Wer hätte damals gedacht, wie schnell uns das Opfer des Lebens abverlangt werden würde. Von uns 192 Soldaten

Erich Menzel zusammen mit seiner Mutter Lina

sind über die Hälfte am Ende des Krieges als gefallen oder vermisst gemeldet worden. Aber 1939 glaubten wir alle an ein baldiges Kriegsende. Auch mein Vater war vom »Endsieg« überzeugt und stellte Weihnachten, als wir für wenige Tage nach Hause geschickt wurden, ein in Silberpapier gepacktes Hakenkreuz als Spitze auf unseren Weihnachtsbaum. Das christliche Kreuz wurde also durch das Hakenkreuz ersetzt – im Nachhinein eine furchtbare Vorstellung.

Am 1. Februar 1940 wurden wir zu Fahnenjunker-Gefreiten befördert und bekamen einen silbernen Winkel auf den linken Oberarm unserer Uniform genäht. Gleichzeitig wurde die ganze Kompanie nach Potsdam-Eiche bei Berlin verlegt, um den »Feinschliff« der Ausbildung zu bekommen. Wir lernten »Morsen«, Funkverkehr, Telefonkabel verlegen, Vermittlungsschränke bedienen, Gefechtsübungen – auch nachts – zu absolvieren und Kommandos zu üben. Denn auch für uns galt das Prinzip der römischen Legionen: »Willst du befehlen, lerne erst zu gehorchen!«

Am 1. April 1940 wurden wir zu Fahnenjunker-Unteroffizieren befördert. Trotzdem gab uns die Zeit in Potsdam auch die Gelegenheit, Berlin und seine Sehenswürdigkeiten zu besuchen. Im April 1940 endete diese Zeit mit dem »Abschlussball«, einem feldmarschmäßigen Gewaltmarsch von 25 Kilometern rund um Potsdam mit vollem Gepäck. Einige von uns waren dieser Anstrengung nicht gewachsen. Mir selbst machte die Tortur nichts aus, weil ich sportlich durchtrainiert war. Nach den 25 Kilometern wurden wir von einer Militärkapelle abgeholt und mussten trotz schmerzender Füße mit »Gewehr über« singend durch die Stadt bis nach Potsdam-Eiche marschieren.

Völlig überrascht wurden wir am 8. April, als wir erfuhren, dass Dänemark und später auch Norwegen von unseren Streitkräften besetzt worden waren. Allerdings wurde gemeldet, dass auch die Engländer Norwegen besetzen wollten und polnische, französische und britische Verbände anlandeten. Es gab schwere Kämpfe und hohe Verluste, bis Norwegen am 20. April 1940 kapitulierte und König Haakon mit seiner Regierung nach England floh. Die alliierten Truppen standen kurz vor dem Sieg, als sie wegen der kritischen Lage in Frankreich abgezogen wurden.

Einsatz an der Westfront in Frankreich

Nach kurzem Heimaturlaub wurden wir an die Westfront geschickt und auf verschiedene Regimenter verteilt. Die Wehrmacht machte sich bereit für den Überfall auf die Niederlande und Belgien und den Frankreich-Feldzug. Vom 10. Mai an wurden die Planungen des Generals von Manstein umgesetzt. Im Auszug aus der »Kriegsstammrolle« der LN-Abteilung 34 steht für meine Person: »Mitgemachte Gefechte vom 10. Mai bis 4. Juni 1940, Durch-

Erich Menzel zusammen mit seinem Vater Willy am 26. April 1940

bruch zum Ärmelkanal und die Schlacht in Flandern und um Artois«.

Bereits am 15. Mai kapitulierten die Niederlande, am 28. Mai Belgien. Am 13. Mai erklärte Italien Frankreich und England den Krieg. Am 17. Juni bildete Marschall Petain eine neue französische Regierung und bat um Waffenstillstand. Dagegen bildete General Charles de Gaulle, der nach London geflüchtet war, das »Nationalkomitee freier Franzosen« zum Zweck der Fortsetzung des nationalen Widerstandes.

Am 22. Juni wurde schließlich in Compiègne der deutsch-französische Waffenstillstand unterzeichnet, ironischerweise in demselben Salonwagen, in dem 1918 die Deutschen hatten um Waffenstillstand bitten müssen. Hitler und seine Gefolgsleute verfielen nach diesem Erfolg in einen Siegesrausch und glaubten von da an, ganz Europa unterwerfen zu können.

Zur gleichen Zeit besetzte die Sowjetunion Litauen, Lettland, Estland und einen Teil Polens. Ich selbst saß zu

Erich Menzel (mit Schirmmütze) im Kreis einiger Kameraden

diesem Zeitpunkt in einem Funkwagen, der auf den besetzten Flughäfen den Boden-Bord-Verkehr erledigen musste. Die Straßen waren überfüllt mit Flüchtlingen, zerschossenen Panzern, Wagen und Toten. In Südbelgien nahmen wir unter anderem ein belgisches Konservatorium in Besitz, dessen Direktorin mir als begeistertem Klavierspieler erlaubte, auf dem dortigen Blüthner-Flügel zu spielen. Die Schülerinnen des Konservatoriums wurden langsam zutraulicher und wollten einen der verhassten Deutschen sehen. Schließlich gestatteten wir, dass das Konservatorium seine Arbeit wieder aufnahm, verabschiedeten uns in aller Form und hinterließen dadurch einen guten Eindruck, was in dieser Zeit nicht selbstverständlich war.

Bis Ende August befand ich mich mit meinem Funkwagen auf dem Flugplatz Orléans-Brisy, wohnte in den ehemaligen französischen Kasernen und vermittelte während der England-Einsätze der Luftwaffe den Funkverkehr zwischen Boden und Bord.

Als Fähnrich zurück nach Halle

Am 1. Juli wurde ich zum Fähnrich befördert und kehrte zur weiteren Ausbildung in die 16. LN-Kompanie nach Halle an der Saale zurück. Leider hatten wir schon die ersten Verluste zu beklagen. Diese drei Monate in Halle waren die angenehmste Ausbildungszeit. Wir wurden von hochdekorierten Offizieren des Ersten Weltkrieges (Träger des Pour le Mérite) in Strategie, Taktik und Führungstheorie unterrichtet, hatten dabei aber viel Freiheit. Sonntags besuchten wir immer wieder einmal »Grüns Weinstuben«, wo Graf Luckner mit kraftvollen Armbewegungen dicke Telefonbücher zerriss, oder die Cafés Zorn und Danneberg. Am 1. Dezember wurden wir schließlich zu Oberfähnrichen befördert. Wir sahen schon fast wie Offiziere aus mit Silberkordel an der Mütze, Offiziersdolch und Ledermantel. Stolz waren wir damals und erkannten nicht, dass der furchtbare Krieg zahllose Leben auslöschte und viele Familien in tiefe Trauer und Verzweiflung stürzte.

Am Ende der Offiziersausbildung musste man sich entscheiden, zu welcher Spezialeinheit der Luftnachrichtentruppe man abkommandiert werden wollte: zum fliegenden Personal oder zum Bodeneinsatz. Zum Ersteren gehörte die Bordfunker- und Beobachter-Ausbildung, für die Bodentruppen waren Funkeinsätze zu Flugzeugen oder zu Panzereinheiten vorgesehen.

Luftflotten-Nachrichtenschule 1 in Nordhausen

Ich meldete mich zum fliegenden Personal und wurde vom 1. Dezember 1940 bis zum 31. März 1941 zur Luftflotten-Nachrichtenschule 1 nach Nordhausen versetzt. Zusammen mit mir kamen meine Freunde Klaus Müller,

Hans Meurer und Martin Stambrau. Wir wurden in Baracken untergebracht und vom Kompaniechef mit einem überzogenen preußischen Drill traktiert. Zur praktischen Schulung gehörten Funkübungen am Boden, aber auch in der Luft an Bord einer Ju 52 oder einer alten Ju 86, die mit Dieselmotoren angetrieben wurde. Zum Bordfunken setzte man sich in eine Stahlwanne und wurde aus dem Flugzeug gekurbelt, um einen besseren Funkempfang zu erreichen. Das Gefühl, außerhalb des Flugzeuges zu hängen, war nicht immer angenehm.

Gleichzeitig wurden wir in die Etikette der vornehmen Gesellschaft eingeführt. Wir lernten den formvollendeten Handkuss und nahmen an einer Offizierstanzstunde und den entsprechenden Bällen teil. Mir wurde eine junge Dame zugeteilt, die zuvor schon unangenehme Erfahrungen mit anderen Kursteilnehmern gemacht hatte und die ich deshalb sehr zurückhaltend »betanzte«. Sie war jedoch sehr hübsch, intelligent und genoss diesen Abend, aus dem sich eine nette freundschaftliche Beziehung ergab. Später besuchte sie mich und meine Eltern in Radebeul, als sie zur weiteren Ausbildung in das »Institut der Englischen Fräulein« nach Dresden kam.

Mit der Aushändigung des Luftwaffen-Bordfunkerscheines ging diese Zeit zu Ende, eine Zeit ohne Krieg, ohne Schrecken, ohne Verwundete und Tote.

In der Kampffliegerschule Tutow

Es erfolgte nach kurzem Urlaub die Versetzung zur großen Kampffliegerschule in Tutow südlich von Stralsund in Mecklenburg-Vorpommern bis zum 15. Mai 1942. Mit mir wurde auch mein Freund Klaus Müller nach Tutow versetzt. Wir beide gehörten zu den besten Absolventen von Nordhausen, sollten weiter gefördert werden und ka-

Erich Menzel in Uniform

men dadurch als Erste zur Beobachter- und Navigator-Ausbildung. Nur noch zwei weitere aus unserer Crew nahmen an dieser Ausbildung teil. Sie bestand aus Unterricht über »Franzen« (Standortbestimmung nach Sicht), Blindflugverhalten, Peilen, Navigation besonders bei Nacht mit Sternenerkennung oder Anflugverfahren. Natürlich flogen wir sehr viel, um Praxis zu bekommen. Dazu dienten alte Flugzeuge wie die Focke-Wulf »Weihe«, ein zweimotoriger kleiner Flieger mit Stoffbespannung, und die Junkers W 34, ein einmotoriges mit Wellblech beplanktes Flugzeug. Da der neue Flugplatz Tutow – wir buchstabierten den Namen als »Tanzen und Toben ohne Weiber« – mitten in der vorpommerschen Landschaft gelegen war, gab es außer Offizierskasino, Sport und Kino keine Abwechslung. Mitte Mai waren wir zum Einsatz bereit. Uns wurde eingetrichtert, dass ein Offizier keine Angst zeigt, Vorbild sein müsse und als Held fürs Vaterland zu sterben habe!

Nach der Niederlage Frankreichs erfolgte der Abschluss des Dreimächtepaktes zwischen Deutschland, Italien und Japan, nachträglich traten Ungarn, Rumänien und die Slowakei diesem Bündnis bei. Die Möglichkeit eines Beitritts der USSR wurde »offen« gehalten. Auf der anderen Seite bildete Churchill die britische Koalitionsregierung und schwor die Bevölkerung mit seiner berühmten Parole »Blut, Schweiß und Tränen« auf die bevorstehenden Kriegsanstrengungen ein. Spanien lehnte trotz zweier Treffen zwischen Hitler und Franco eine Teilnahme am Krieg ab.

Das Unternehmen »Seelöwe«, die Landung der Wehrmacht in Großbritannien, wurde bald aufgegeben, da die deutsche Luftwaffe in der Schlacht um England nicht die notwendige Luftüberlegenheit erreichen konnte und im Gegenteil schwere Verluste erlitt. Dagegen konnte das deutsche Afrika-Korps unter General Erwin Rommel den Briten in Nordafrika schwere Niederlagen beibringen. Deutsche Truppen besetzten Bulgarien, Ungarn, Griechenland und landeten mit Fallschirmjägern unter hohen Verlusten auf Kreta.

Am 10. Mai 1941 flog der »Stellvertreter des Führers«, Rudolf Heß, mit einer Me 110 nach Schottland, sprang mit dem Fallschirm ab und wollte Friedensverhandlungen mit den Briten führen. Die deutsche Reichsregierung erklärte ihn für geisteskrank, die britische Regierung nahm ihn gefangen. Er kam nach Kriegsende und Verurteilung zu lebenslanger Haft in das Kriegsverbrechergefängnis nach Spandau und beging 1987 Selbstmord. Die Protokolle über diesen Vorgang wurden erst 2015 von den Briten freigegeben.

Bei der Kampfgruppe 100

Direkt von der »Großen Kampffliegerschule« wurden Klaus Müller und ich zur »Kampfgruppe 100« versetzt.

Dies war ein Spezialverband, hervorgegangen aus der technischen Versuchsanstalt der LN-Truppe in Köthen. Unsere Maschinen, Standardbomber vom Typ He 111, waren mit Geräten für das X- und Y-Verfahren ausgerüstet, die es gestatteten, Ziele mit einer Genauigkeit von 500 Metern im Umkreis zu markieren. Die bei Nacht nachfolgenden Bomberverbände luden ihre tödliche Last dann über den mit Brandbomben gekennzeichneten Zielen ab.

Das Verfahren war einfach: Auf einer bestimmten Frequenz wurde aus Nordfrankreich ein Leitstrahl auf den Zielort gerichtet, beispielsweise Sheffield oder Coventry, und von Norwegen aus kam ein sogenannter Querstrahl, ebenfalls auf das Ziel gepeilt, an. Die Pfadfinder, also die Maschinen des KG 100, konnten präzise danach ihre Brandbomben werfen.

Die Briten durchschauten das System sehr bald, störten mit Sendern die Frequenzen und setzten später einfach Nachtjäger mit Peilempfängern auf den Leitstrahl an und schossen die Pfadfinder ab. Die Verluste stiegen trotz mancher Gegenmaßnahmen wie Frequenzänderungen, zusätzlichen falschen Leitstrahlen oder dem Einbau von automatischen Abwehrwaffen im Leitwerk erheblich an.

Das KG 100 war in Vannes-Meucon (Bretagne) stationiert und wurde von Hauptmann, später von Major Aschenbrenner geführt. Wir meldeten uns bei ihm und hofften auf einen baldigen Einsatz, obwohl bei jedem Feindflug einige Maschinen nicht mehr zurückkehrten. Anscheinend hielt uns der Kommandeur für zu jung und unerfahren, denn er schickte Klaus Müller zur Ergänzungsstaffel nach Hannover-Langenhagen, und mir wurde die Leitung eines Unteroffiziersanwärter-Lehrgangs (LN-KP) des KG 100 befohlen. Wir waren beide ziemlich enttäuscht, aber nachträglich betrachtet hat uns dieser Befehl vielleicht das Leben gerettet.

Vannes war eine interessante kleine Stadt. Anfangs wohnten wir in einem großen Hotelzimmer im Zentrum und wurden in die Geheimnisse der Funknavigation eingeweiht. Am Hafen stand auf einem Berg ein großes Kruzifix, von dem aus man einen herrlichen Weitblick auf den Atlantik hatte. Eines Abends wurden wir durch den Besuch der berühmten Tanzkapelle von Barnabás von Géczy und seinem Pianisten Erich Kaschubec überrascht, der bis in die frühen Morgenstunden für uns musizierte – ein echter Lichtblick in einer dunklen Zeit.

Ich beendete den Lehrgang, zunächst in Vannes, später nach Verlegung der Gruppe in Chartres am 19. Juli 1941. Chartres mit seiner überwältigenden Kathedrale war eine imponierende Stadt, aber unsere Stimmung war durch den Verlust der einen oder anderen Besatzung recht getrübt. Ich war zu jener Zeit »Chef« des Bodenkommandos und fuhr einmal im offenen BMW über die Landstraßen von Vannes nach Chartres, während uns im Tiefflug drei Staffeln des KG 100 überflogen – ein einmaliger Anblick!

Am 22. Juni 1941 eröffneten deutsche Armeen von der Ostsee bis zu den Karpaten den Krieg gegen die Sowjetunion – völlig überraschend für uns alle. Wir konnten diese Entscheidung nicht verstehen; denn in seinem Buch *Mein Kampf* hatte Hitler selbst geschrieben, dass der Zweifrontenkrieg der Grund für die Niederlage im Ersten Weltkrieg gewesen sei. Wir waren entsetzt! Deutsche Soldaten wurden aus Italien, Rumänien, Slowakei, Ungarn und Finnland abgezogen und marschierten in die Weiten Russlands ein. Ende September 1941 verlief die Frontlinie vom Ladogasee über Smolensk-Poltawa ans Asowsche Meer. Leningrad wurde eingeschlossen. Im Oktober 1941 standen deutsche Panzerverbände in den Vorstädten von Moskau, Odessa fiel, die Krim außer Sewastopol wurde erobert. Aber dann kam ein schreckli-

cher, frühzeitiger Wintereinbruch, auf den man nicht vorbereitet war.

Außerdem traten neu formierte, ausgeruhte russisch-sibirische Regimenter zum Gegenangriff an. Obwohl Hitler schon getönt hatte, dass Weihnachten der Krieg im Osten beendet sein werde, war dieses Ziel absolut illusorisch. Daraufhin setzte er den Oberbefehlshaber des Heeres, von Brauchitsch, ab und übernahm selbst den Oberbefehl über das Heer, parallel zu Himmler mit seiner Waffen-SS, Görings Luftwaffe und Raeders Marine.

Mein Einsatz in Russland

Der größte Teil der deutschen fliegenden Verbände wurde nun aus Frankreich in den Osten verlegt und flog von den eroberten Flugplätzen Einsätze. Dabei waren Messerschmitt- und Focke-Wulf-Jäger, dazu Kampf- und Aufklärungsverbände mit He 111, Ju 88 und Ju 87 im Einsatz. Auch unser Spezialverband musste Frankreich verlassen und kam am 1. August nach Bobruisk.

Ich wurde der 2. Staffel des KG 100 zugeteilt, während Klaus Müller an die Front geschickt wurde. Die Unterbringung war denkbar primitiv, es gab weder Bad noch WC, gewaschen wurde in einer Kleinküche mit Waschschüsseln, Verpflegung gab es in einer benachbarten Kantine des ehemaligen russischen Fliegerhorstes Tes. Mein Chef war Oberleutnant Langer, mit dem ich auch meinen ersten Feindflug absolvierte. Er ließ seinen bisherigen »Chef-Beobachter« daheim und setzte mich auf den Kopiloten-Beobachterplatz direkt neben sich in die Kanzel der He 111. Rechts von mir befanden sich das wichtige Peilgerät PS V, und vor mir, von einem aufziehbaren Teppich verdeckt, das Lotfernrohr 7 oder »Lotfe-Bombenziel-Gerät« von Zeiss, dazu ganz vorn in der Kanzel zwei

Maschinengewehre. Nach der abendlichen Einsatzbesprechung war klar, dass wir Moskau, besonders die Fabriken und Bahnhöfe, angreifen sollten.

Oberleutnant Langer war ein schon in Norwegen und England erfahrener Flugzeugführer und mit dem EK I und dem Narvikschild ausgezeichnet. Die Besetzung bestand ferner aus einem Bordfunker, einem Bordmechaniker und dem Bordschützen. Beim Start saß der Mechaniker hinter uns im Durchgang zu den Bombenschächten, bediente später mit dem Bordschützen in der Wanne die MGs und beobachtete, was am Boden geschah. Im Rumpf wurden zwei Tonnen Sprengbomben mitgeführt.

Der Mond schien. Die Motoren wurden angelassen, »abgebremst«, und dann gab am Start der »äußerste Dienst« mit einer Taschenlampe grünes Licht. Beide Motoren liefen mit voller Leistung, und kurz vor Ende des Platzes hoben wir ab, Kurs siebzig Grad, also etwa Nord-Ost. Wir stiegen langsam auf 4000 Meter Höhe, legten dann die Atemmasken an und sahen bereits den feurigen Frontverlauf, auch die Artillerieabschüsse. Die Strecke Bobruisk-Moskau betrug etwa 800 Kilometer. Am Boden waren in Roslawl, Juchnow und später Kaluga Funkfeuer der LN-Truppe installiert, sodass ich stets den Standort relativ genau bestimmen konnte.

Die Morsetaste wurde nicht gedrückt. Wir flogen im Süden Moskaus an und wurden gleich mit gezieltem Flakfeuer empfangen, aber glücklicherweise nicht getroffen. Im Westen der Stadt waren große Scheinwerferbatterien aufgestellt, die mit ihren »Leichenfingern« nach deutschen Flugzeugen suchten. Wer in zwei oder drei solche Lichtkegel hineingeriet, wurde von Nachtjägern angegriffen. Bei ruhigem Wetter standen im Westen Moskaus bis in eine Höhe von 4000 Metern auch Sperrballons, die Tragflächen abreißen und so die Maschine zum Absturz bringen konnten.

Im Süden Moskaus kurvten wir ein, konnten bei Mondlicht die S-Kurve der Moskwa und den Kreml deutlich erkennen, obwohl wir inzwischen auf 6000 Meter Höhe gestiegen waren. Nun flogen wir das Ziel an und gingen tiefer. Ich öffnete die Abdeckung zum »Lotfe« und übernahm damit die Flugzeugsteuerung für Steuer- und Backbordänderungen. Im »Lotfe« sah ich deutlich das Ziel und musste das Fadenkreuz in Deckung halten. Bei »Zündung ein« fielen die Bomben entsprechend der berechneten Falllinie. So wurde das Flugzeug leichter, und die Bombenklappen wieder geschlossen. Beim Abdrehen beobachteten wir die Einschläge in den Fabriken und Verladebahnhöfen. Danach kurvten wir aus der Gefahrenzone, zunächst nach Süden und dann nach Westen, Kurs etwa 240 Grad. Die Sterne leuchteten und zeigten uns den Weg zum Fliegerhorst.

Wir unterhielten uns über das Kehlkopfmikrofon in der Fliegerhaube. Ich wurde für meine Ruhe beim Anflug und der Standortbestimmung gelobt, obwohl mir in der dickgefütterten, heizbaren Fliegerkombination ziemlich heiß geworden war. Wir hatten wie durch ein Wunder keine Feindberührung, keinen Flaktreffer erhalten, obwohl der Himmel voller explodierender Geschosse war.

Als wir die Frontlinie überflogen, waren wir alle fünf erleichtert, da uns nun die Bodentruppen bei einer Notlandung oder einem Absprung hätten helfen können. Die Landung selbst war kein Problem, da die Befeuerung bei anfliegenden eigenen Maschinen stets eingeschaltet wurde. An meinem Beobachtersitz war eine Pistole außen fest montiert, damit man Erkennungssignale schießen konnte.

Nachdem ich mehrere Male zur Zufriedenheit des Kommandeurs und des Staffelkapitäns Einsätze geflogen war, auch tagsüber im Erdkampf, erhielt ich eine eigene Besatzung mit Oberfeldwebel Otto Siebert, einem erfah-

renen, aber nicht zu draufgängerischen Piloten, Bordfunker Claes und Bordmechaniker Ehmke. Ich war Kommandant und für alles verantwortlich, was mit den Einsätzen zusammenhing. Schonungslos wurden wir eingesetzt, mehrfache Nachtflüge nach Moskau, dabei Kontakt mit Sperrballons. Dabei wurde ich Zeuge des Abschusses von meinem Freund Götz, der mit mir in Tutow gewesen war und ganz in unserer Nähe in die Scheinwerfer geriet. Es war grauenhaft, das mitansehen zu müssen. Der Tod war so schrecklich nah, jeden Moment konnte es auch uns treffen. Lange darüber nachdenken war ausgeschlossen, die Nerven waren bis aufs Äußerste gespannt.

Ich wurde dann auch Zeuge eines Nachtjägerangriffs auf die Maschine meines Freundes Klaus Müller, der hinter den deutschen Linien notlanden musste und erst nach drei Tagen mit seinem Flugzeugführer wieder bei uns auftauchte, während der Rest der Besatzung tot war. Sie waren von den Russen gefangen genommen worden, irgendwo im Niemandsland. Zunächst wollte man die beiden aufhängen. Aber irgendwie haben sie es geschafft, dass die Russen sie laufen ließen. Ein seltenes Glück!

Auch ich erhielt bei Gomel einen Flaktreffer in den Motor und musste den Rückflug mit nur einem Motor antreten. Dabei mussten wir sämtliche Waffen und Panzerplatten abwerfen, aber wir kamen zurück. In so einem Moment sind die Sinne bis aufs Äußerste angespannt, die Angst kommt erst später. Bei einem weiteren Flug bekam ich einen Flakvolltreffer in die Tragfläche, nur Zentimeter neben dem Querruder, während wir mehrfach am Tage Einsätze in die Kesselschlachten bei Tschernogow, Konotop, Briansk und Kursk flogen und die russischen Panzer- und Infanteriekolonnen mit Bordkanonen und Splitterbomben angriffen. Bei diesen Einsätzen kam es zu schweren Verlusten an Besatzungen und Material, weil man bei der

niedrigen Flughöhe von hundert bis 300 Metern von jedem MG getroffen werden konnte, aber wir mussten fahrende und stehende Gütertransporte der russischen Bahn, die alle bewaffnet waren, ausschalten.

Am 8. Oktober 1941 wurden wir weiter nach Osten verlegt, zum Flughafen Seschtschinskaja, und dort direkt im Fliegerhorst untergebracht. Alle Offiziere außer dem Kommandeur schliefen in einem großen Raum, alles superprimitiv, aber nobel, verglichen mit den armen Infanteristen. Sie winkten uns stets vom Boden aus dankbar zu, und ich hoffte, dass sie dieses Inferno überleben würden.

Gleichzeitig fand bei uns ein Kommandeurswechsel statt, anstelle von Major Aschenbrenner, der ungern Einsätze mitflog, kam Major Küster, bestens bekannt als der »letzte Preuße« und Lehrgangsteilnehmer mit uns in Tutow. Er war stets, auch bei den Einsätzen, korrekt gekleidet und setzte sich abwechselnd in eine der He 111 der Gruppe, um die Besatzungen »vor dem Feind« kennenzulernen. Er saß dabei zwischen Flugzeugführer und Beobachter auf einem Notsitz und wurde in die »Eigenverständigung« per Fliegerhaube zugeschaltet. Bald wurde bekannt: Wo der »Alte« mitfliegt, da passiert etwas. Vor dem Start ließ er die Besatzung friedensmäßig antreten, und der Kommandant musste melden: »Besatzung GN – GK mit fünf Mann vollständig zum Feindflug angetreten, Notausrüstung vollständig, Maschinen voll betankt, beladen mit so und so vielen Bomben«. Bei Tageseinsätzen wurde sogar die Sauberkeit der Hände und Fingernägel kontrolliert.

Als er eines Tages bei uns einstieg zu einem Nachtflug, ahnten wir Schlimmes. Und tatsächlich musste ich über dem Ziel in Gomel dreimal anfliegen, nur 3000 Meter hoch, eine andere He 111 schoss an unserer Kanzel vorbei und verursachte beinahe einen Zusammenstoß, und dann

erhielten wir auch noch einen Volltreffer in den Motor, glücklicherweise nach dem erfolgten Bombenabwurf. Nun wollte er uns Verhaltensregeln geben, aber ich koppelte seine »EIV« (Eigenverständigung) einfach ab, sodass er mit uns nicht mehr sprechen konnte.

Als wir leicht sinkend die Maschine noch über Feindgebiet wieder im Griff hatten, koppelte ich seinen Kopfhörer wieder ein und meldete: »Volltreffer rechter Motor, ausgeschaltet, Luftschrauben in Segelstellung, Maschine sinkt mit 1 m/sek, über kurzzeitige Volllast auf dem linken Motor steigen wir wieder kurz hoch, alles Beschwerende, Lösbare über Bord geworfen, Standort x, Landung in einer Stunde.«

Da klopfte er mir auf die Schulter und sagte: »Exzellente Leistung, Leutnant Menzel!« Seitdem hatte ich keine Probleme mehr mit ihm. Nach der Notlandung mussten wir antreten, er bedankte sich und gab jedem die Hand – wir hatten wieder einmal Glück gehabt.

Nach der Landung und dem Besuch der Toilette (an Bord gab es keine, außer einem vergrößerten »Kondom« mit Korkverschluss) mussten wir beim Einsatzoffizier unseren Bericht über den gesamten Flug, vor allem über das Zielgebiet, beobachtete Treffer und Abstürze, gegnerische Jäger, Flak und Scheinwerfer machen. Dieser wurde mit den anderen Nachrichten verglichen und ergab so ein gutes Lagebild, denn mit uns griffen auch noch andere Kampfgeschwader an. Damit wurde beispielsweise auch erkannt, ob nicht ein »feiger Krieger« seine Bomben anstatt ins Ziel in den Acker geworfen hatte.

Nach der Berichterstattung gab es in der Kantine noch einen Nach-Mitternachts-Imbiss, sozusagen ein verfrühtes Frühstück, und dann nichts wie ab unter das Moskitonetz und schlafen.

Bemerkenswert war ein weiterer Einsatz, an dem ich beteiligt war. Er erfolgte auf die Panzerfabrik bei Gorki

am Zusammenfluss von Oka und Wolga und war insofern außergewöhnlich, als dabei unser »Kapitän Thönssen«, so genannt, weil er von der Marine kam, mit den Bordkanonen im Tiefflug die Flakscheinwerfer ausschoss.

Nachdem der deutsche Vormarsch im Mittelabschnitt zum Stehen gekommen war und der Winter mit furchtbarer Kälte einbrach, wurden wir von General Guderian fast nur noch zur Infanterieunterstützung befohlen und erlitten so hohe Verluste, dass Mitte November das KG 100 mit den wenigen noch vorhandenen Maschinen einschließlich der Ju 52 nach Hannover-Langenhagen zur Auffrischung und Übernahme neuer Maschinen verlegt wurde. Mein Freund Klaus Müller und ich hatten inzwischen das EK II, das EK I und die bronzene und silberne Frontflugspange verliehen bekommen und waren mit noch nicht einmal 21 Jahren bereits erfahrene Frontflieger mit mehr als hundert Einsätzen. Durch die tägliche Konfrontation mit dem Tod litten wir aber alle unter einer schweren seelischen Belastung. Die Gedanken an diese grenzwertigen Lebenssituationen, die so vielen Menschen den Tod brachten, ließen uns auch im Schlaf nicht mehr los.

Zurück in die Heimat nach Hannover

Die Zeit in der Heimat war für Klaus und mich das »Paradies«. Wir wohnten friedensmäßig in Offiziersquartieren und erholten uns. Weihnachten 1941 mussten wir Dienst tun, teilweise als Adjutanten oder Nachrichtenoffiziere. Dabei erhielten wir aus London das Foto einer abgeschossenen Maschine meiner Staffel, davor die überlebende Besatzung. Ich hatte den Abschuss selbst miterlebt und zweimal versucht, sie zu retten. Nun waren wir sehr froh, dass die Kameraden am Leben waren. Leider sind sie alle

nach Kriegsende in russischer Gefangenschaft gestorben. Ein tragisches Schicksal, das mich sehr berührte.

An Weihnachten 1941 durften nur die Verheirateten nach Hause fahren, Klaus und ich hielten als Jüngste die Stellung. Am ersten Feiertag fuhren wir von Langenhagen nach Hannover, um in Karstens Hotel, damals dem besten der Stadt, einen schönen Abend zu verbringen. Wir waren hochdekoriert und erhielten deshalb einen entsprechend guten Platz. Die Stimmung war positiv, alles hoffte, dass der Krieg 1942 zu Ende gehen würde. Aber trotzdem waren wir etwas traurig, dass wir nicht heimfahren konnten.

Plötzlich stand ein älterer Herr an unserem Tisch und sagte: »Darf ich mich vorstellen. Unsere Söhne sind etwa in Ihrem Alter und in Russland im Einsatz. Meine Frau und ich sind allein. Würden Sie uns die Freude machen, als unsere Gäste an unseren Tisch zu kommen?«

Auf diese Weise erlebten wir einen herrlichen Feiertagsabend mit sinnvollen, zum Teil tiefgründigen Gesprächen. Die Zeit verging so schnell, dass wir den letzten Bus verpassten und um Mitternacht per pedes nach Langenhagen traben mussten. Auch am zweiten Feiertag erlebten wir etwas Ähnliches, als meine Eltern mich besuchten und wir beim Essen eine ältere Dame aus Ostpreußen kennenlernten, die auf der Durchreise war. Im Laufe der Gespräche kam meine Mutter auch auf die schwierige Versorgung mit Lebensmitteln zu sprechen. Kurze Zeit später erhielten meine Eltern ein Paket mit Schinken und Würsten, eine seltene Delikatesse in der damaligen Zeit. Die Verbindung hat noch bis 1944 gehalten.

An Silvester durften Klaus und ich nach Hause fahren. Bei dieser Gelegenheit traf ich auch meine Brieffreundin Margret aus Nordhausen wieder, die noch im Institut der Englischen Fräulein war. Allerdings eröffnete sie mir bei dieser Gelegenheit, dass sie auf Wunsch ihrer Eltern einen

älteren Heeres-Stabsarzt heiraten würde. Damit war die ausgesprochen harmonische Brieffreundschaft zu Ende, obwohl dabei nie von Liebe die Rede gewesen war. Aber ich war trotzdem irgendwie enttäuscht. Wer weiß, was aus dieser Beziehung vielleicht noch geworden wäre.

Nun ging es nach Rumänien

Zum Grübeln hatte ich allerdings wenig Zeit. Ein telefonischer Marschbefehl rief mich am 2. Januar 1942 nach Hannover-Langenhagen zurück. Meine Gruppe war mit nagelneuen He 111 bereits nach Focşani in Rumänien abgeflogen, ich sollte drei Ju 52 mit dem Gruppenstab ebenfalls dahin überführen. Die Wettermeldungen waren recht ordentlich, sodass ich am 5. Januar Richtung Krakau startete. Dort war leider wegen Nebels eine Landung nicht möglich, aber der Ausweichflughafen Dresden-Klotzsche war frei. Ich begriff dies als Wink des Schicksals, denn genau an diesem Tag beging mein Vater seinen fünfzigsten Geburtstag, und ich erschien plötzlich als besondere Überraschung, um ihm zu gratulieren.

Der Nebel in Krakau hielt glücklicherweise zwei Tage an, dann starteten wir dorthin, tankten auf und flogen in Richtung Focşani weiter. Plötzlich meldete der Platz dort Schneeverwehungen und Schneeschauer, keine Landungsmöglichkeit. Als uns auch noch der Sprit ausging, mussten wir in Jassie nahe der Ölfelder von Ploesti im tiefen Schnee notlanden. Aber alles ging gut, zwei Tage später kamen wir, lange erwartet, im rumänischen Focşani an. Unsere Besatzungen hatten bereits Einsätze gegen Sewastopol geflogen, das die Russen zäh verteidigten. Mein Freund Piotter bekam bei einem dieser Einsätze einen Flak-Volltreffer und musste im Meer notlanden. Er blieb als einziger am Leben, trieb mit Schwimmweste über zwölf Stun-

den halb bewusstlos im Meer, ehe er von einem Fischerboot aufgefischt wurde. Er berichtete später, dass diese Art zu »sterben« ungeheuer beruhigend gewesen sei. Er habe wenig gefühlt, sei auf sonderbare Weise willenlos gewesen und habe mit dem Leben abgeschlossen gehabt.

Nach unseren vielen Einsätzen bekamen wir die rumänische Tapferkeitsmedaille und das Kampfabzeichen »Krimschild«. Im Rückblick kann ich kaum das unheimliche Gefühl beschreiben, das ich empfand, wenn hinter mir eine Feindmaschine anflog, die uns abschießen wollte.

Focşani war noch recht »friedensmäßig«. Man konnte Lebensmittel und Pelze kaufen. Für meinen Ledermantel kaufte ich mir einen Bisamkragen und für mich und meine Schwester je eine Lederjacke. Natürlich handelte ich die Preise herunter, denn das war in Rumänien üblich. Unser Kommandeur Major Küster traf mich mit der neuen Errungenschaft und fragte, wie viel ich dafür bezahlt hätte.

»Ungefähr 600 Lei.«

Daraufhin schickte er seinen Adjutanten los, um einen ähnlichen Kragen zu kaufen. Nach seiner Rückkehr wurde ich zu Major Küster befohlen und dieser fragte erneut nach dem von mir bezahlten Preis. Er sagte, man hätte ihm 1200 Lei abverlangt, worauf ich erklärte: »Ich habe gehandelt und deshalb den niedrigeren Preis bezahlt.«

»Ein deutscher Offizier handelt nicht, merken Sie sich das, Menzel!«, war seine verärgerte Antwort. Er war halt noch nie auf dem Balkan.

Nach meinem 21. Geburtstag, den wir in Focşani mit den rumänischen Offizieren ausgelassen gefeiert haben, wurden Klaus Müller und ich direkt von General Martini, dem obersten Chef der LN-Truppen, aus dem Fronteinsatz zurückgezogen, um eine Generalstabsausbildung zu absolvieren. Einerseits waren wir uns der Ehre bewusst, andererseits traurig, die Kameraden in dem immer härter

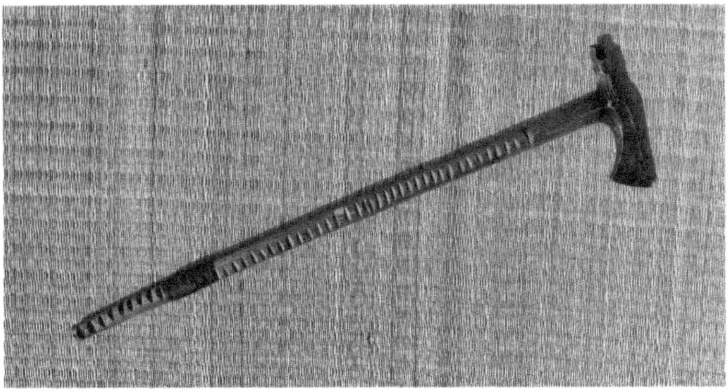

Jede Kerbe in Erich Menzels Holzbeil stand für einen erfolgreichen Einsatz mit der He 111

werdenden Einsatz verlassen zu müssen, denn fast alle Offiziere flogen bis zum Abschuss. Das bedeutete Tod oder Gefangenschaft. In dieser fatalen, fast ausweglosen Situation haben wir uns beim Frühstück vor den Einsätzen angewöhnt, von den Spiegeleiern das Eiweiß abzuschneiden und zu versuchen, das Eigelb auf die Gabel zu laden, um es dann »ohne Unfall« zum Mund zu führen. Wenn uns das gelang, wussten wir, dass wir an diesem Tag wieder heil zurückkommen würden. Diese Marotte habe ich bis über den Krieg hinaus beibehalten.

Klaus wurde zur Luftnachrichtenschule im bayerischen Pocking versetzt, ich zur LN-Schule 5 nach Erfurt. Die Gruppe selbst verlegte man nach Kinowograd. Klaus und ich packten nicht nur unsere Offizierskoffer, sondern auch ehemalige Bombenkisten mit Lebensmitteln, Schnaps, Eiern und Butter. Auch Major Küster gab mir zwei Extrakisten für seine Familie in Erfurt mit, kannten wir doch alle die Schwierigkeiten der damaligen Ernährungslage in Deutschland.

Der Fronturlauberzug aus Bukarest traf pünktlich in Focşani ein, und wir luden unser zahlreiches Gepäck in die erste Klasse. Als der rumänische Fahrdienstleiter das

Abfahrtssignal gab, stand die Hälfte unseres Gepäcks noch auf dem Bahnsteig. Ich sprang in den Zug, um die Notbremse zu ziehen. Klaus zog seine Pistole und schoss auf das Signal, direkt neben der Lokomotive vorbei. Der Zug stoppte wieder, wir luden den Rest ein.

Der deutsche Militärbegleiter des Zuges, ein älterer Hauptmann des Heeres, begann zu untersuchen, wer geschossen hatte. Er kam in unser Abteil und wollte unsere Meldung entgegennehmen. Wir hatten inzwischen unsere Mäntel ausgezogen, sodass er sah, dass wir hochdekorierte »alte Frontschweine« waren und ließ uns in Ruhe. Später begossen wir mit ihm, dass wir noch lebten – nach den vielen Einsätzen.

Im Fliegerhorst Erfurt

So kam ich mit meinem vielen Gepäck doch noch gut nach Erfurt, lieferte meine »Geschenke« brav bei Frau Küster ab und meldete mich bei der Luftnachrichtenschule, wo ich einer Ausbildungskompanie zugeteilt wurde. Ich war im Fliegerhorst Erfurt der jüngste, mit »Blech behangene« Leutnant und musste vor dem Offizierskorps Vorträge über die Einsätze und das Leben an der Front halten. Dann bekam ich wieder die Aufgabe, einen sechswöchigen Unteroffizierslehrgang durchzuführen. Die jungen Soldaten waren noch zu begeistern und bestanden alle Prüfungen. Auch wurden noch viele Bordfunkerflüge absolviert, um die entsprechenden Scheine zu erwerben.

In Erfurt traf ich auch meinen Jahrgangskameraden Jochen Stein wieder und freundete mich mit Ottheinrich Hertrich an, der in Inzell beheimatet war und bei dem wir den Erholungsurlaub nach dem Rumänieneinsatz in Oberbayern erlebten. Eine schöne und relativ sorglose Zeit! Auch erhielt ich im Juni 1942 die Einladung zu einer

Erich als Brautführer (2. v. l.) schaute grimmig drein, denn eigentlich wollte er ja der Bräutigam sein.

Hochzeit in Radebeul: Ruth Meister, inzwischen 19 Jahre jung, heiratete einen Artillerie-Hauptmann Siegismund Meinhold, Jahrgang 1914, und ich sollte der Brautführer sein. Als Freund des Hauses, ehemaliger Tanzstundenbegleiter und Nachhilfelehrer des Bruders erschien ich in Ausgehuniform, weißer Mütze und dem vielen Blech. Es wurde ein stilvolles Fest in der Meißnerstraße. Vater Meister, inzwischen Major der Reserve, empfing mich mit den Worten: »Na, was macht die Luftwaffe, Menzel?«

Ruth sah entzückend aus, vor allem aber schien sie viel zu jung, um als Ehefrau zu gelten. Wir haben uns trotzdem gut verstanden. Hauptmann Meinhold kam nach der Hochzeit nur noch einmal kurz auf Urlaub in die Heimat. Er starb im September 1943 im Kaukasus nach einem Bauchschuss. Für die wundervolle Ruth war es nur ein sehr kurzes Glück, ein Glück, das eigentlich nur wenige Wochen währte, denn ihr Mann musste ja bald wieder an die Front und kehrte von dort nicht mehr zurück. Kurze Zeit nach der Hochzeit klingelte ein hochdekorierter Sol-

dat an Ruths Haustüre und erklärte dieser in wohlgewählten Worten, dass ihr Mann für Volk und Führer gefallen sei. Sie könne stolz auf ihn sein. Benommen brach Ruth an der Haustüre zusammen und wurde ins Haus getragen und auf eine Couch gelegt. So wurde aus einem jugendlich wirkenden Mädchen eine trauernde Witwe, die ich sehr bedauert habe.

Im Winter 1942 wurde ich zur Erholung von der obersten Luftwaffenführung nach Gampabing bei Schruns in Tirol geschickt. Da Ottheinrich Hertrich auch dahin abkommandiert worden war, konnten wir unsere Erfurter Freundschaft gut vertiefen. Jochen Stein heiratete im Oktober 1942 nach seinen vielen Kampfeinsätzen im Mittelmeer ein niedliches Persönchen namens Inge Kloos. Mit der festlich geschmückten Straßenbahn fuhren wir durch Dresden zur Kirche und anschließend zur Feier in das »Italienische Dörfchen«, ein direkt an der Elbe gelegenes bekanntes Restaurant. Inges Schwester war meine »Tischdame«, der Abend war lustig, der Krieg noch weit entfernt. Alle anwesenden Offiziere trugen friedensmäßige Uniformen mit silbernen Fangschnüren, silbernem Leibriemen und bodenlangem Degen.

Als aber im Dezember 1942 die Japaner Pearl Harbour angegriffen hatten und die USA in den Krieg eingetreten waren – unsinnigerweise hatte Hitler den USA den Krieg erklärt, ohne je das Land der »unbegrenzten Möglichkeiten« besucht zu haben – und überdies im Januar 1943 die deutsche 6. Armee in Stalingrad kapituliert hatte, sprachen wir im Offizierskasino hinter vorgehaltener Hand bereits vom Beginn des Untergangs. Aber mit negativen Äußerungen musste man vorsichtig sein, denn Wehrkraftzersetzung wurde mit dem Tode bestraft.

Margot Klein aus Magdeburg besuchte mich in Erfurt. Vielleicht dachte sie an eine Heirat, aber ich hatte noch

keinerlei Lust auf eine feste Bindung. Einige Monate später erhielt ich ihre Heiratsanzeige mit einem SS-Offizier namens Werner Meyer.

Erprobungsstelle der Luftwaffe für Funkmessgeräte

Im Januar 1943 kam völlig überraschend für mich die Versetzung zur neu gegründeten »Erprobungsstelle der Luftwaffe für Funkmessgeräte« im Fliegerhorst Werneuchen. Wie ich später erfuhr, war für meine Anforderung der Chef der Erprobungsstelle Major i.G. August Hentz verantwortlich, der seinen Wunsch beim General der LN-Truppe Martini durchsetzen musste. Ein freudiges Wiedersehen gab es mit meinem Freund Klaus Müller, der mit mir zum Oberleutnant befördert worden war und als Adjutant des Kommandeurs Dienst tat. In Werneuchen, das zwischen Berlin und Frankfurt an der Oder liegt, herrschte eine fast friedensmäßige Atmosphäre. Vom Krieg war hier noch nichts zu spüren.

Unsere Aufgabe bestand in der Erprobung aller Boden- und Bord-Funkmessgeräte einschließlich der Erforschung erbeuteter feindlicher Geräte. Die eigenen Geräte sollten zur Frontreife gebracht werden. Dazu mussten wir auch mit den feindlichen Geräten fliegen und sogar Einsätze damit erproben, um entsprechende Abwehrgeräte dafür entwickeln zu können. Dabei gab es schwerwiegende, zum Teil kriegsentscheidende Probleme.

Die oberste Luftwaffenführung bestand überwiegend aus Teilnehmern des Ersten Weltkrieges und hatte mit der modernen Technik »wenig am Hut«. Es gab viel zu wenige Fachingenieure, die geeignet gewesen wären und abkömmlich waren. Manche Physiker wurden direkt von der Front zu uns versetzt. Die wissenschaftlichen Kapazitäten der Alliierten, vor allem der USA, waren den unse-

ren glatt überlegen, was sich im Verlauf des Krieges als immer störender herausstellte. Die verschiedenen deutschen Firmen wie AEG, Siemens, Telefunken, Lorenz oder Askania arbeiteten unkoordiniert, zum Teil sogar parallel, obwohl das »Technische Amt« im OKL in Berlin versuchte, eine straffere Konzentration zu erreichen.

Dem Kommandeur Major Hentz unterstanden der Stab der E-Stelle, wozu ich gehörte, das technische Erprobungskommando unter Oberstabsingenieur Hans Giesecke, der mir später ein guter Freund wurde, und das Flugkommando unter Oberstleutnant Helm, einem ehemaligen Lufthansapiloten, mit seiner Stabskompanie.

Weiterhin gehörte dazu die Fliegerhorstkommandantur unter Oberstleutnant Hill mit dem gesamten Fliegerhorstpersonal, also Wachen, Kantine, Kasino, Fernsprech- und Fernschreibvermittlung und die Bodendienste für den Flugbetrieb. Major Hentz war wiederum dem Oberst Petersen, dem Chef der gesamten Erprobungsstelle der Luftwaffe in Peenemünde, verantwortlich.

Mein Dienstzimmer lag im Haus der Kommandantur. Ich teilte es mit dem Oberleutnant und späteren Hauptmann Gose, einem sehr erfahrenen schwäbischen Piloten, der vom Flug-Funk-Forschungszentrum Oberpfaffenhofen kam. Er war nicht nur ein hervorragender Pilot, sondern auch ein hochbegabter »Tüftler«, mit dem ich die meisten Erprobungsflüge durchführte.

Wir stellten fest, dass aus einem feindlichen Flugzeug abgeworfene Stanniolstreifen mit einer bestimmten Länge die Bodenfunkgeräte, die zur Meldung feindlicher Verbände an die Flak- und Jägerleitstelle dienten, unbrauchbar machten. Die »Braunsche Röhre« wurde gestört, eine Ortung war damit unmöglich. Unsere diesbezüglichen »Gekados-Meldungen« (Geheime Kommandosachen) gelangten direkt zu Göring und seinem Stab. Die lapidare

Erich Menzel in seinem Dienstzimmer

Antwort lautete: »Verschließt eure Unterlagen im Panzerschrank, damit der Gegner nichts davon erfährt.«

Anstatt Gegenmaßnahmen zu treffen, geschah nichts – bis zum ersten vernichtenden Angriff auf Hamburg, wo schnelle Mosquito-Flugzeuge massenhaft diese Streifen abwarfen. Nichts ging mehr! Wir entwickelten Bordgeräte wie Hohentwiel, Lichtenstein oder SN 2, um nachts Schiffe und Geleitzüge feststellen zu können, und Nachtjagdgeräte, mit denen man in großer Höhe anfliegende feindliche Maschinen orten und abschießen konnte.

Viele ältere Kommandeure lehnten zunächst den Einbau der dazu benötigten Antennen ab, da diese die Geschwindigkeit der Maschinen verringerten. Ein großer Erfolg war Prof. Hinzpeter beschieden, der ein Hochfrequenzgerät gegen die »windows« nach dem Prinzip des Doppler-Effektes erfand. Er erhielt dafür das Ritterkreuz zum Verdienstkreuz.

Doch auch in dieser vermeintlich ruhigen Etappenposition war das Leben nicht frei von Gefahren. Als ich mit

einer FW 200 Condor zum Flugplatz Werneuchen zurückkam, ließ sich nur das rechte Rad des Fahrwerks ausfahren, das linke klemmte. Nach vielen guten Ratschlägen vom Boden aus – auch das Handkurbeln nützte nichts – wurden wir nach Berlin-Tempelhof befohlen, wo Feuerwehr, Saniwagen und viele Schaulustige bereit waren, uns zu empfangen. Aber mein Freund Oberleutnant Wrede, der später Flugkapitän bei der Lufthansa wurde, landete ganz »zart« auf einem Rad. Die Maschine hatte nur 15 Prozent Bruch – Grund genug zu einem Sektempfang.

Im August 1944 heiratete mein Freund Klaus Müller in Radebeul und ernannte mich zum Brautführer. Mein Kommandeur, mittlerweile war das Major Cerener, entband mich von einem kritischen Erprobungsflug mit der Condor. Am Steuer saß Hauptmann Gose. Am Abend während der Hochzeitsfeier in der Sektkellerei Bussard in Radebeul erhielt ich die telefonische Meldung, dass die FW 200 von einer Mosquito abgeschossen worden sei. Wäre ich nicht bei der Hochzeit gewesen, dann hätte ich auf einer Bahre gelegen. Unvorstellbar!

Mit Major Cerener fuhr ich am nächsten Tag nach Brannenburg am Inn, um Frau Gose die Todesnachricht zu überbringen. Diese Aufgaben gehörten zu meinen aufwühlendsten Erlebnissen, da für die jungen Frauen eine Welt zusammenbrach. Sie wollten ja eine Familie gründen, Kinder bekommen und träumten von einer heilen Welt in Frieden. Und dann mussten sie von mir erfahren, dass ihr Mann ums Leben gekommen war.

Natürlich ahnte Frau Gose Schlimmes, als wir vor ihrer Haustür standen. Sie nahm die Nachricht vom Tod ihres Mannes mit Fassung auf, schlug die Hände vor dem Gesicht zusammen, um ihren Schmerz zu verbergen, und hörte uns dann im Haus zu, als wir mit ihrem Mann gemeinsam erlebte Geschichten erzählten. Die große Leere

wird für sie später gekommen sein, als wir wieder weg waren. Krieg ist einfach grausam und menschenverachtend.

Während eines Aufenthaltes bei Freunden in Berlin gingen wir mit diesen in die Luftschutzkeller und löschten anschließend mit den Bewohnern die Brände. Unglaublich, was die Bevölkerung erleiden musste! Die Häuser waren nur noch Ruinen und brannten, viele Tote lagen herum und mussten geborgen werden.

In der teilweise zerstörten Berliner Oper erlebten wir den jungen Karajan, wie er mit geschlossenen Augen die Sinfonien von Beethoven dirigierte. Wir saßen im Wintermantel und ohne Heizung im Saal und stellten uns immer wieder die Frage: Wann wird es uns erwischen?

Wir hörten dank unserer Geräte alle wichtigen ausländischen Sender und wussten, dass der Krieg verloren war. Trotzdem mussten wir unbeirrt weiterarbeiten und -fliegen. Die Zusammenarbeit mit der Marine wurde ab 1944 immer enger, sodass ich mit der He 111 Erprobungen mit U-Booten flog und selbst an U-Boot-Fahrten in der Ostsee teilnahm. Einmal überflog ich nach vorheriger Anmeldung das Schlachtschiff »Gneisenau« mit Radar um Mitternacht und warf einen beleuchteten Übungstorpedo mittschiffs ab. Trotzdem schoss die Schiffsflak wie verrückt nach uns und wollte uns vom Himmel holen. Die Nachricht, dass wir kommen, hat sich offensichtlich nicht bis zur Flak herumgesprochen. Wir suchten so schnell es ging das Weite, während die Granaten in unserer Nähe explodierten.

Später stand ich einmal vor dem Kriegsgericht in Stettin wegen fahrlässiger Tötung. Bei einem bestimmten Erprobungsflug in einem vorher festgelegten Planquadrat vor Danzig mit einem U-Boot vom Typ VII C, das mit einer Gummihaube gegen Radarstrahlung getarnt war, erschien ohne Anmeldung bei der Flugsicherung ein zweites Boot

mit einem 300 Meter hohen Schleppdrachen. Wir waren etwa zehn Meter über dem Wasser, überflogen das falsche Boot und zerschnitten mit unserer Luftschraube das Seil des Schleppdrachens. Der darin sitzende Ausguck fiel senkrecht ins Wasser und war tot. Nach der Landung entdeckten wir einen zehn Zentimeter tiefen Einschnitt in einer Luftschraube. Bruchteile einer Sekunde entschieden über Tod und Leben. Wir wurden freigesprochen.

Versetzung zum Luftwaffenattaché nach Tokio

Wegen dieser Vorgeschichte war ich wirklich überrascht, dass ich im Herbst 1944 vom LN-Führer General Martini als »Radarspezialist« zum Luftwaffenattaché nach Tokio versetzt wurde. Es sollte so geheim wie möglich behandelt werden, aber bald hörten wir in Radiosendungen aus London und Moskau unsere Namen wie General der Flieger Kessler als Luftwaffenattaché, Oberst von Sandrart oder Oberstleutnant Stepp.

Der japanische Tenno und sein Generalstab waren mit ihren Truppen nur für den Angriffskrieg, aber nicht für die Verteidigung ausgebildet. Deshalb wandte sich der Tenno direkt an Hitler, Göring und Dönitz und bat um Übersendung von Spezialisten, die für folgende Aufgaben eingesetzt werden sollten:

Produktion von Abfangjägern gegen die Bombenverbände, Aufbau einer wirksamen Flugabwehr auf dem japanischen Festland, Installation eines Flugmeldesystems zur rechtzeitigen Erkennung anfliegender Verbände, also Bodenradar, Einsatz von Bord-Radar einschließlich der Übermittlung unserer Kenntnisse von Inhalt und Funktion der entsprechenden Geräte, die in einem abgeschossenen viermotorigen amerikanischen Bomber entdeckt worden waren, Überbringung unserer Erfahrungswerte in der

U-Boot-Bekämpfung und -abwehr, Überprüfung von Marineaktivitäten.

Zum Luftwaffenattaché zählten zwölf Offiziere, zum Marineattaché sechs einschließlich von Sonderführern für Marineradar. Geplant war ein Flug von Petsamo, einem Flugplatz im Norden Finnlands in der Nähe von Murmansk, über Russland direkt nach Japan. Eine FW 200 Condor wurde mit Zusatztanks ausgerüstet und mit einer Leica, weißen Tropenuniformen, Stoffen für Zivilanzüge, eleganter Wäsche und neuen Uniformen beladen. Alles war so »geheim«, dass bereits die Mädchen in der LVA mich ansprachen: »Ach, Sie gehen auch nach Japan?«

Als Adjutant von General Kessler war Oberleutnant Schumann vorgesehen. Mit ihm flog ich zu einer ersten Besprechung mit General Kessler nach Brandenburg. Dabei gerieten wir direkt am Flugplatz in einen Bombenteppich von Liberator-Bombern. Die Bombensplitter bescherten mir nur eine Fleischwunde, da ich mich in eine Ackerfurche gepresst hatte, während mein Kameramann, der die anfliegenden Bomber fotografieren wollte, tödlich getroffen wurde. Meine He 111 war nur noch ein Wrack.

Das Gespräch mit General Kessler war offen und fair. Er war als ehemaliger »Fliegerführer Atlantik« ein Gegner Görings, der ihn quasi nach Tokio abschob. Wir waren uns aber darüber klar, dass der Krieg verloren und die Entsendung nach Japan sinnlos war.

Im Herbst 1944 fiel Petsamo in russische Hand. Finnland schloss einen Waffenstillstand mit der Sowjetunion. Der Flug wurde damit hinfällig, zumal Japan sich noch nicht im Kriegszustand mit Russland befand und befürchtete, dass es im Falle einer Notlandung auf russischem Gebiet zu Komplikationen kommen könnte. Also sollten wir per U-Boot nach Japan fahren. Die Entscheidung wer und mit welchem Boot von Kiel aus starten

sollte, verzögerte die Abreise. Ich blieb daher in Werneuchen und konnte zur silbernen Hochzeit meiner Eltern nach Radebeul kommen.

Während dieses Aufenthaltes traf ich meine ehemalige Tanzstundendame Ruth wieder – in schwarzen Kleidern. Ihr Mann war ja 1943 gefallen. Mit ihren Eltern besuchte sie eine Flakstellung in der Nähe unseres Hauses, wo ihr Bruder, mit 17 Jahren ohne Notabitur eingezogen, Dienst tat. Wir fanden uns, nunmehr gereift – Ruth war 21, ich 23 Jahre alt – mehr als sympathisch und verliebten uns, musizierten zusammen und waren unzertrennlich.

Ruth war als Hilfsärztin ohne Abschluss im Krankenhaus Radebeul tätig, und wir genossen jede gemeinsame Stunde. Nach einem Besuch bei uns daheim fuhr ich Ruth auf dem Fahrrad nach Hause, blieb prompt wegen des vielen Schnees in den Straßenbahnschienen hängen, und wir landeten unverletzt auf dem Pflaster. Ruth besuchte mich im November 1944 in Werneuchen, und wir beschlossen, sofort zu heiraten, wenn wir beide heil aus dem Schlamassel herauskommen würden. Meine Eltern wussten nun, dass sie eine charmante, intelligente Medizinstudentin als Schwiegertochter bekommen könnten.

Im Dezember 1944 wurden wir in Kiel zu je drei Attaché-Mitgliedern mit allen Geheimunterlagen auf vier U-Boote verteilt. Kurz vor dem Auslaufen befahl Dönitz, dass diese Boote nicht nach Japan fahren würden. Der General musste seinen Stab auf sechs Mitglieder verringern, was zu großen Diskussionen führte. Aber er legte auf meine Anwesenheit großen Wert, einmal weil wir uns menschlich gut verstanden und offen miteinander sprechen konnten, zum anderen hatten die nunmehr vorgesehenen U-Boote das Luftwaffensuchgerät Hohentwiel an Bord, das ich gut beherrschte. Außerdem spielten wir mit Oberst von Sandrart einen gepflegten Skat.

Die Entscheidungen jedoch verzögerten sich. So konnte ich Weihnachten zu Hause verbringen, Silvester im Hause meines Freundes Hans Türcke in Berlin. Allerdings war ich um Mitternacht bereits nicht mehr ansprechbar, weil ich zu viel getrunken hatte. Jeder wusste um mein »Himmelfahrtskommando« und die damit verbundene seelische Belastung. Im März 1945 zerstörte ein Bombenvolltreffer dieses Haus. Die Eltern und die Schwester von Hans Türcke kamen dabei ums Leben.

Mitte Januar kam der Befehl für General Kessler und seinen auf fünf Offiziere verringerten Stab, Anfang Februar mit der Bahn von Berlin nach Kiel zu fahren, von dort mit dem Schiff nach Oslo überzusetzen und wieder per Bahn nach Bergen weiterzufahren, um ein größeres U-Boot, U-854 mit Kapitän Wolfram, zu besteigen, das wegen eines Schnorchelschadens hatte zurückkehren müssen. Ich bekam nochmals Heimaturlaub, konnte meinen 24. Geburtstag in Radebeul mit meinen Eltern, Margit und Ruth feiern und nahm am 20. Januar sehr traurig Abschied, denn es war bekannt, dass neunzig Prozent aller deutschen U-Boote versenkt wurden.

Ob wir uns also wiedersehen würden, stand in den Sternen, und ich wollte mir gar nicht vorstellen, wie es ist, wenn ein U-Boot von einem Torpedo getroffen wird, das Wasser eindringt und man keine Chance mehr hat, aus dieser tauchenden Zigarre zu entkommen. Diese Gedanken konnte ich nicht verdrängen, und, ich gebe es zu, ich hatte ganz einfach eine unglaubliche Angst. Bei den Fliegereinsätzen, bei denen es um Leben und Tod ging, genauso wie in diesem verdammten U-Boot, aus dem man nicht entrinnen kann, wenn man getroffen wird. Ich hatte gelernt, die Ängste zu verdrängen und hochkonzentriert, fast mechanisch zu handeln, aber dann waren sie wieder da, die Ängste, schlichen sich heimlich an. Sie begleiteten

mich mein ganzes Leben, und immer, wenn ich fliegen musste, glaubte ich, in einen Sarg zu steigen.

Als ich bei einem Heimaturlaub Ruth besuchen konnte, erregte ich ihr Unverständnis, weil ich in ihrem Zimmer als Erstes einen Fluchtweg auskundschaftete. Die Ängste hatten sich einfach tief in meine Psyche eingebrannt. Um sie zu verdrängen, spielte ich auf meiner Mundharmonika, sowohl bei der Luftwaffe als auch auf dem U-Boot. Volkslieder, Weihnachtslieder, alles, was mir so in den Sinn kam. Und die Kameraden sangen mit und verscheuchten damit die bösen »Kriegsgeister«.

Unsere Abreise nach Japan

Nach abenteuerlicher Fahrt von Berlin nach Kiel, dann nach Aarhus, weiter mit einem Vorpostenboot durchs Kattegat und an der schwedischen Küste entlang nach Oslo, erreichten wir das dortige Offiziersheim, wo wir verpflegt wurden. Dass wir die Schiffsreise unbeschadet überstanden, verdankten wir den vernichtenden alliierten Luftangriffen auf Dresden am 13. Februar 1945. Die feindlichen Luftstreitkräfte konzentrierten sich offensichtlich einzig und allein auf Dresden.

In Oslo konnte ich nachts Ruth in der Klinik telefonisch erreichen, um zu erfahren, dass sie und ihre Familie unbehelligt geblieben waren und dass die Brandbomben in unserem Haus rechtzeitig gelöscht werden konnten.

Nach einigen Tagen in Oslo reisten wir trotz der katastrophalen Wehrmachtsberichte mit der berühmten elektrischen Oslo-Bahn nach Bergen – eine unvergesslich schöne Fahrt. Als wir nach rund 15 Stunden im U-Boot-Stützpunkt eintrafen, standen die Marine-Offiziere tief deprimiert zusammen und teilten uns mit, dass das für uns bestimmte U-Boot kurz vor der Hafeneinfahrt von einer

Mosquito bombardiert und versenkt worden war. Die gesamte Besatzung und die Gäste auf dem Boot waren tot.

Nun war guter Rat teuer. Insgeheim hofften wir alle, dass die Reise sich damit erledigt hätte. Aber wir hätten keine Chance gehabt, keine Alternative. Angesichts der totalen Niederlage konnten wir weder nach Schweden fliehen noch uns in den norwegischen Bergen verstecken. Im ersteren Fall hätten uns die Schweden sofort an die Russen ausgeliefert, im letzteren Fall war uns nach Entdeckung durch deutsche Soldaten der Tod durch Erschießen wegen Fahnenflucht sicher, bei Gefangennahme durch norwegische Partisanen drohte das gleiche Schicksal.

In Berlin herrschte Unklarheit, ob überhaupt und mit welchem Boot nach Japan gefahren werden sollte. Für mich kam plötzlich vom OKL (Oberkommando der Luftwaffe) der Befehl, die fliegenden Verbände in Trondheim aufzusuchen und diese in der Radartechnik zum Angriff auf die alliierten Geleitzüge nach Murmansk zu unterweisen.

Erstaunlicherweise fuhren in Norwegen noch alle Bahnen, wenn auch mit starker militärischer Bewachung. So fuhr ich mit dem schönen »Holmenkollen-Express« von Bergen nach Oslo, meldete mich beim LN-Befehlshaber General Kühne in Oslo und fuhr fast schon gemütlich nach Trondheim. Dort fanden meine schlauen Vorschläge allerdings wenig Beachtung. Man bereitete sich vielmehr auf die Kapitulation vor und bedauerte mich wegen meiner immer noch möglichen Fahrt nach Japan. Ich war in Trondheim in einem Privatquartier untergebracht und ließ dort versehentlich meine Erkennungsmarke am Bettpfosten hängen. Eine Identifizierung im Todesfalle wäre also nicht mehr möglich gewesen, aber das war mir eigentlich ziemlich gleichgültig. General Kühne, dem ich von meinen Einsatzbemühungen berichtete, hatte daran auch we-

nig Interesse und war wegen der desolaten Kriegslage nervlich ziemlich am Ende.

Auf U-234

Wieder zurück in Bergen erfuhr ich, dass das große U-Boot U-234 vom Typ XB, ursprünglich als Minenleger konzipiert und dann zum Transport-U-Boot umgebaut, von Kiel aus über Norwegen nach Japan auslaufen soll. Es durfte aber aus Platzgründen nur drei Luftwaffengäste mitnehmen. General Kühne entschied sich für General Kessler, Oberst von Sandrart und mich. Beschwerden der restlichen drei Luftwaffenoffiziere waren zwecklos. Aber im Grunde genommen waren sie froh, in Norwegen bleiben und so das Ende des Krieges abwarten zu können. Denn insgeheim glaubte wohl niemand, dass dieses U-Boot jemals in Japan ankommen würde. Die Fahrt würde auf jeden Fall außerordentlich gefährlich werden, denn die Alliierten hatten zu diesem Zeitpunkt längst die vollständige militärische Kontrolle über die Gewässer.

Mit mulmigen Gefühlen fuhren wir mit unserem gesamten Gepäck wieder zurück nach Oslo und warteten im Hafen von Horgen auf das Einlaufen von U-234. Meine gesamte Radar-Dokumentation war auf Mikrofilmen in Eisenbehältern eingeschweißt. Als das Boot endlich kam, schickte mich der General mit dem Gepäck einschließlich seiner Angelausrüstung an Bord. Er selbst blieb mit Oberst von Sandrart in Oslo. Beim Verstauen der vielen dienstlichen und privaten Gepäckstücke half mir sogar der an Bord befindliche Kapitän Falcke, der mir zeigte, wie man auf engstem Raum Klamotten unterbrachte.

Danach erhielt ich mein »U-Boot-Päckchen«, also Lederanzug, Südwester, Schals, Unterwäsche einschließlich wärmender Bauchbinden und Socken. Bald liefen wir aus,

um das Boot zu testen. Während einer Taucherprobung rammten wir unter Wasser ein anderes Boot und mussten zur Reparatur nach Kristiansand fahren. Peinlich, peinlich! Da kam ganz zwangsweise der Gedanke auf, ob wir es mit diesem Kommandanten tatsächlich bis nach Japan schaffen würden. Der aufgerissene Tank musste geschweißt werden. Da kein Dock vorhanden war, wurde das Vorschiff geflutet, sodass das Heck aus dem Wasser ragte und repariert werden konnte.

Anfang April waren wir dann endlich bereit zum Auslaufen. Neben der Besatzung unter dem Kommando von Kapitänleutnant Hein Fehler waren für die Reise nach Japan folgende Gäste an Bord:

Zwei hohe japanische Offiziere, Ritter des Samurai, die offiziell ihr Schwert dem Kommandanten in Kiel übergeben hatten, was bedeutete: Wir geben unser Leben in deine Hand. Ihre Namen waren Hideo Tomonaga (Lt. Cdr. Marineoffizier und U-Boot-Ingenieur) und Genzo Shoji (Luftwaffenoffizier und Spezialist für Flugzeugbau).

Zwei Zivilingenieure von Messerschmitt mit allen Konstruktionsunterlagen zum Bau des allen alliierten Jagdflugzeugen weit überlegenen deutschen Turbinenstrahljägers Me 262 einschließlich Bauteilen. Sie hießen Bringewald und Ruf.

Marineattaché Kapitän zur See Gerhard Falcke, Geschwaderrichter Nieschling, Sonderführer Dr. Schlicke, ein Physiker und Radarspezialist, Oberleutnant Hellendorn, ein Experte für Flugabwehreinrichtungen auf Kriegsschiffen.

Drei Luftwaffenoffiziere: General Kessler, Oberst von Sandrart und Oberleutnant Menzel vom Luftwaffen-Attaché Tokio – alle mit Diplomatenpass und Visum, das allerdings von der japanischen Botschaft in Berlin nur für die Einreise ausgestellt worden war.

Außerdem wurden 560 Kilogramm Uranoxid geladen, das zur Unterstützung eines denkbaren japanischen Atomwaffenprogramms dienen sollte.

Kapitänleutnant Hein Fehler war 34 Jahre alt, ein ruhiger, besonnener, integrer Offizier, der auf dem legendären Hilfskreuzer »Atlantis« gefahren war. Nach 22 Versenkungen von Handelsschiffen im Indischen Ozean und Südatlantik wurde die »Atlantis« von einem englischen Kreuzer vor Devonshire versenkt. Ein Teil der Besatzung konnte aber von einem U-Boot gerettet werden und erreichte nach abenteuerlicher Überwasserfahrt einen französischen Hafen. 1942 wurde Fehler Ausbilder an der Marine-Kriegsschule in Mürwik und besuchte 1943 mehrere Ausbildungskurse zum U-Boot-Kommandanten in Pillaum, Flensburg und Travemünde. Anstatt auf ein Kampf-U-Boot versetzt zu werden, gab man ihm im März 1944 das Kommando über das Minenleger-U-Boot U-234 mit 1640 BRT, das für die geplante Japanreise zum Transportboot umgebaut und mit einem Schnorchel ausgestattet worden war, um Unterwasserfahrten mit Dieselmotoren zu ermöglichen.

Mit Hein Fehler konnte ich viele Gespräche führen. Wir verstanden uns sehr gut und vertrauten einander. Er war ein äußerst verantwortungsbewusster Kapitänleutnant, der sich natürlich der Tatsache bewusst war, dass unsere Chancen zu überleben nicht gerade gut waren. Der Krieg war fast vorbei, wir hatten wertvolle Fracht an Bord und mussten obendrein durch Gewässer fahren, in denen es von Feinden nur so wimmelte. Aber Hein Fehler behielt immer einen kühlen Kopf und hatte nur das Ziel, uns lebend aus der Situation herauszubringen.

Dönitz persönlich hatte sich vorbehalten, das Auslaufdatum festzulegen. Es wurde dreimal verschoben. Wir rechneten damit, dass sich möglicherweise hohe Mitglie-

der der Reichsregierung »absetzen« wollten und wir deshalb warten mussten. Schließlich wurde der 15. April 1945 zum Auslauftermin bestimmt. Dies war für uns alle eigentlich unfassbar, denn der Krieg war praktisch zu Ende. Aber Japan befand sich noch im Krieg und hatte außerdem den kostbaren Inhalt des Bootes in Devisen bezahlt, unter anderem für fünf Millionen US-Dollar Quecksilber, das im Kiel des Bootes gelagert wurde. Dazu kamen die gesamten Forschungs- und Konstruktionsunterlagen sowie die Spezialkisten der Japaner mit Uranoxid mit der Beschriftung U 235. Dies bezog sich auf das Uranisotop 235, wurde aber als Ablenkungsmanöver gedeutet, denn unser Boot hieß ja U-234, während U-235 am 10. April 1945 bereits versehentlich von einem deutschen Torpedoboot versenkt worden war.

Mit unseren Vorräten und dem Treibstoff hätten wir zehn Monate ohne Tanken und ohne Nachschub an Verpflegung auf See bleiben können. Damit wäre die Fahrt sowohl um Kap Hoorn als auch um das Kap der guten Hoffnung bei Kapstadt möglich gewesen. Unser Ziel war der von Japan besetzte Kriegshafen Penang (früher Georgetown) auf Malaysia. Von dort sollte es weiter nach Kobe in Japan gehen.

Die Stimmung war gedrückt – außer bei den japanischen Offizieren. Da die meisten U-Boote dank der ausgefeilten Spürtaktik der Alliierten vernichtet wurden, waren wir uns unseres »Himmelfahrtskommandos« bewusst. Aber der Kommandant versprach: »Ich will euch wieder gesund an Land bringen«, und befahl »Leinen los!«

Natürlich wussten die Briten und Amerikaner vom Datum unseres Auslaufens. Nachdem uns am Abend des 15. April das deutsche Minengeleitboot verlassen hatte, fuhr U-234 mit Schnorchel bis zur Dämmerung und legte sich für mehrere Stunden aufgrund. Dadurch geriet die

»Koppel-Navigation« der Suchflugzeuge und -schiffe zunächst durcheinander.

Da ich mehrfach auf U-Booten gefahren war, kamen die Manöver und Alarme für mich nicht überraschend. Meine Koje befand sich im U-Raum, den ich mit Oberleutnant Hellendorn teilte. Wir mussten genauso wie die anderen Wache schieben, da ja unseretwegen einige Besatzungsmitglieder ausgemustert worden waren. Jede Wache dauerte vier Stunden. Auf der Brücke fungierte ich als »Luftausguck«, im Boot als »Befehlsübermittler zur Zentrale«.

Mit dem Minen-U-Boot U-234 auf See

Wir legten also um 21.30 Uhr von Kristiansand ab und warteten im Morgengrauen aufgrund. Einige Stunden später fuhren wir mit einer Geschwindigkeit von ein bis zwei Seemeilen unter Wasser los. Aber das Schnorcheln bringt die Ordnung an Bord doch ziemlich durcheinander. Das Boot taucht auf rund 14 Meter Tiefe. Der Schnorchel, ein Luftmast, saugt ein bis drei Meter über der Meeresoberfläche Luft an. Die Dieselmotoren laufen dabei weiter und treiben sowohl das Boot als auch die Generatoren zum Aufladen der Batterien an. Bei starkem Seegang oder auch bei falscher Bootssteuerung unterschneidet der Ansaugkopf die Wasseroberfläche. Die Diesel nehmen daraufhin die Luft aus dem Boot, die Abgase der Motoren verqualmen alle Räume, das Atmen wird schwieriger, der Druck auf die Ohren nimmt zu und die Augen schmerzen. Abhilfe bringt nur ein »Höhersteuern« des Bootes. Dabei passierte es dreimal, dass das Boot an die Oberfläche gedrückt wurde. Beim Befehl »alle Mann voraus« mussten alle Insassen in den Bugraum rennen, um das Boot wieder in die Tiefe zu bringen. Bei falscher Handhabung des

Der japanische Marineoffizier Hideo Tomonaga

Steuers kann der Luftmast dabei wieder unterschneiden und das Spiel beginnt von vorn.

Am 21. April fuhren wir aufgetaucht, weil der Seegang sowohl zum Schnorcheln als auch für die Radarortung zu stark war. Unser Standort befand sich ungefähr neunzig Seemeilen NNO zu den Shetland-Inseln.

Am 22. April, dem ersten Sonntag an Bord, waren wir auf Unterwasserfahrt und hörten die ersten Wasserbomben, die auf uns abgeworfen wurden.

Am 24. April erfassten wir beim Sehrohrausfahren viermal Flugzeuge auf Patrouille. Das bedeutete sofortiges Alarmtauchen. Glücklicherweise blieben wir unentdeckt und wurden nicht bombardiert. Später erfassten wir Schraubengeräusche im Horchgerät und bewegten uns deshalb in Schleichfahrt, um nicht entdeckt zu werden.

Am 27. April tauchten wir bei Seegang 8 und Windstärke 10 wieder auf. Da ich die zweite Wache ging, musste ich wieder vier Stunden mit auf den Turm, angetan mit Ölzeug, Südwester, zwei Handtüchern um den

Hals, um den Bauch einen Gurt mit einer Eisenkette, die am Turm eingehakt wurde. Wir standen in der Islandpassage. Hier bot sich trotz der Dunkelheit ein faszinierender Anblick. Turmhohe Wellen mit weißen Schaumköpfen rollten heran, um sich am Turm zu brechen und uns unter kaltem Seewasser zu begraben. Dabei war Atmen nicht möglich. Dann wieder wurde das Boot mit einer unglaublichen Kraft gleich einem Spielzeug emporgehoben, um wenige Augenblicke später im nächsten Wellenberg zu versinken.

Tief jagten die Sturmwolken über das Wasser. Dabei war die Sicht so schlecht, dass ein Flugzeugangriff kaum zu erwarten war, auch nicht mit Radar. Doch plötzlich hörten wir das Geräusch eines ASDIC-Ortungsgeräts. Sofortiges Alarmtauchen! Völlig durchnässt ließ ich mich an der Turmleiter nach unten fallen. Dort zog man mich sofort weg, um Platz für den nächsten »Gleiter« zu machen. Meine Knochen waren angeschlagen, aber noch heil. Abtauchen in hundert Meter Tiefe. Dort wäre es ruhig gewesen, wenn nicht die verdammten Wasserbomben gewesen wären. Unter dem Kiel 4000 Meter Tiefe, darüber nur maximal 200 Meter Wasser und das nächste Land 100 Seemeilen entfernt – alles in allem kein beruhigendes Gefühl. Im Flugzeug kommt man in jedem Fall wieder auf die Erde, aber unter Wasser?

Am 28. April war unser Standort 120 Seemeilen im Norden der Faröer Inseln und 135 Seemeilen im Südosten von Island. Bei schwerem Seegang tauchten wir auf. Während meiner Wache an Deck war ich natürlich wieder angekettet. Hagel und eisiger Regen schlugen mir ins Gesicht. Recht viel schlimmer konnte es nicht kommen.

Am 29. April lauschten wir einem Dauerkonzert von Wasserbomben, das aber wohl anderen Zielen galt. Denn wir waren nicht geortet worden.

Am 30. April erfassten wir zwei Zerstörer im Horchgerät und sahen Rauchfahnen. Also schleunigst auf Tiefe, Schleichfahrt, alles dienstfreie Personal auf die Kojen, kein Wort sprechen, ruhig atmen. Nur denken, denken und fragen, ob wir diese Situation überleben, jemals die Heimat und unsere Familien wiedersehen würden oder urplötzlich von einer Wasserbombe getroffen jämmerlich ersaufen müssten.

Am 1. Mai hörten wir über Funk vom »Heldentod Hitlers«. Die Japaner sprachen zwar uns Offizieren ihr tiefes Mitgefühl aus, beharrten aber auf dem Ziel Japan. Ich persönlich war mir da nicht so sicher. Der Krieg war mit Sicherheit bald vorüber, und damit wäre auch unsere Weiterfahrt nach Japan in Frage gestellt. Wo würde es uns hintreiben? In unseren Köpfen erwogen wir die unterschiedlichsten Möglichkeiten.

Am 2. Mai befanden wir uns um Mitternacht am Standort 60.55 Nord und 15.45 West. Wieder fielen Wasserbomben, die unsere Nerven belasteten. Ich entdeckte, dass mein großer Koffer im Bugminenraum völlig verschimmelt war. Der General hatte seinen Koffer entleert und Kartoffeln eingefüllt. Ich überzog den meinen mit einer dicken Ölschicht. In der Freizeit spielte ich mit Tomonaga Schach, mit Hellendorn und Bringewald Mundharmonika. Beim Schachspielen sprachen wir wenig, konzentrierten uns auf unsere Züge, waren innerlich angespannt und wussten beide von der Brisanz, die in der Luft lag. Tomonaga war ein hochintelligenter Kamerad, eigentlich ein Freund, auf den man sich verlassen konnte.

In den Tagen zwischen dem 3. und 8. Mai hörten wir beim Auftauchen Nachrichten und erfuhren vom bevorstehenden Kriegsende. Unser Standort am 8. Mai war 55.25 Nord und 23.24 West.

Am 9. Mai gab der Kommandant die bedingungslose Kapitulation Deutschlands bekannt. Ein Funkspruch unseres neuen Reichskanzlers Dönitz befahl allen U-Booten aufzutauchen und den nächsten alliierten Hafen anzulaufen. Dadurch würden »Millionen Deutsche im Osten gerettet«. Aus Norwegen traf ein Funkspruch des Marinechefs Rösing aus Bergen ein, der besagte, dass wir nach Japan weiterfahren oder nach Norwegen zurückkehren sollen. Auch alliierte Sender funkten und riefen alle U-Boote auf, sich zu ergeben, sonst würden sie wie »Piraten« behandelt werden.

In den Folgetagen vom 10. bis 13. Mai begann an Bord eine große Diskussion in allen Räumen und mit allen Dienstgraden. Zunächst wurde festgestellt, dass wir angesichts der neuen Situation nicht mehr an unseren »Fahneneid« auf Adolf Hitler gebunden waren. Dann wurde einstimmig entschieden, dass Kapitänleutnant Fehler Kommandant bleiben und letztendlich die alleinige Verantwortung behalten solle.

Durch eine Meldung der Agentur Reuters erfuhren wir, dass Japan die Beziehungen zu Deutschland abgebrochen habe. Damit war klar, dass wir die Reise zum ursprünglichen Ziel Japan nicht mehr fortsetzen konnten.

Die japanischen Offiziere wurden von den Ereignissen unterrichtet und gleichzeitig bewacht, damit sie das Boot nicht versenken konnten. Durch ein offenes Gespräch mit ihnen gelang es unserem Kommandanten, sie von diesem Gedanken abzubringen. Sie waren ja U-Boot-Spezialisten, für die es ein leichtes gewesen wäre, das Boot zu versenken. Im Gegenzug hatte Kapitänleutnant Fehler den beiden zugesagt, dass man sie nicht hindern würde, wenn sie den Freitod wählen würden.

Gleichzeitig fuhren wir über Wasser mit voller Kraft nach Süden. Es bestand Funkkontakt mit Halifax in Kanada, aber wir gaben eine falsche Position an. Darauf herrschte wieder Funkstille.

Nun entbrannten heftige und lautstarke Diskussionen über das weitere Schicksal von uns allen und dem Boot. Es ergab sich folgendes Bild:

Die Verheirateten wollten nach Kiel zurück. Das war aber undurchführbar wegen der alliierten Befehle und hätte bedeutet, dass wir in Kriegsgefangenschaft gehen müssten.

Die Ledigen hingegen wollten in die Karibik oder nach Hawaii. Dies war ebenso utopisch und hätte ebenfalls Kriegsgefangenschaft bedeutet.

Der General und auch der Oberst besaßen neben der deutschen auch die argentinische Staatsangehörigkeit und machten den Vorschlag, das Boot nach Buenos Aires zu überführen und an Präsident Peron zu »verkaufen«, um uns allen damit einen Neuanfang in diesem Land zu ermöglichen. Dieser Vorschlag wurde von fast allen Offizieren abgelehnt. Auch der Vorschlag, mit dem Boot nach Kanada zu fahren, wurde abgelehnt.

Die Japaner baten darum, nach Irland zu fahren, eventuell auch nach Spanien, um die wertvolle, von Japan mit Gold bezahlte Fracht nicht an die Alliierten ausliefern zu müssen. Aber auch dieser Vorschlag wurde abgelehnt.

Somit blieb dem Kommandanten nur übrig, in das Hoheitsgebiet der USA zu steuern und sich den Amerikanern zu ergeben. Es gab für diese Idee wenig Widerspruch, außer natürlich von den Japanern, die sich keinesfalls den amerikanischen Feinden ergeben wollten.

Unsere beiden japanischen Freunde haben dann am 14. Mai in ihrer verschlossenen Kabine Luminaltabletten geschluckt. Was dort vor sich ging, haben wir eigentlich alle

schon zuvor gewusst. Keiner sprach es aus, aber uns war klar, dass für die beiden bewundernswerten Kameraden der Freitod die einzig verbliebene Lösung war. Aus der Kabine drang kein Geräusch. Nach ungefähr zwei Tagen öffneten wir die Tür und fanden die beiden reglos auf ihren Betten liegen. Sie röchelten noch leise, waren aber nicht mehr bei Bewusstsein. Wir ließen sie sterben, unser Arzt griff nicht ein. Alle waren sehr bedrückt, kaum einer sprach.

Luminal war ein starkes Schlafmittel, das sie für »Notfälle« dabei hatten. Das Bushido, der Ehrenkodex der Samurai, zieht den Tod der Gefangenschaft vor. Die USA und Japan befanden sich zu diesem Zeitpunkt noch im Kriegszustand. Sich dem Feind freiwillig auszuliefern, wäre für die beiden Japaner undenkbar gewesen.

Wir haben sie in Segeltuch eingenäht, mit Eisengewichten beschwert und mit ihren Samuraischwertern und schriftlichen Unterlagen mit militärischen Ehren beigesetzt. Ich erinnere mich noch an meine große Betroffenheit, hatte ich doch mit Tomonaga schöne Schachstunden verbracht, in denen er mir von seiner Heimat und seiner Familie erzählt hatte. Wochen oder Monate später hätte Tomonaga erkannt, dass dieser Freitod ebenso sinnlos war wie der Krieg. Aber die Entscheidung, sich das Leben zu nehmen, war nicht mehr rückgängig zu machen.

Am Mittag hatten wir eine Peilung im Hohentwiel-Gerät, und später tauchte ein Zerstörer auf. Er blinkte mit rotem Scheinwerfer: »Boot?«

»U-234. Nationality?«

»US. Speed?«

»8 sm.«

»Course 250«, war die Anweisung der Amerikaner.

»OK.«

»OK.«

Das war's, nicht mehr und nicht weniger. Das war die Fahrt in die Gefangenschaft, kurz und schmerzlos. Der US-Zerstörer DE-771 Sutton lief parallel, alle Geschützrohre waren auf uns gerichtet. Ein unbeschreibliches Gefühl der Ohnmacht, der Hilflosigkeit erfasste mich. Mir wurde regelrecht schwindelig.

In dieser Nacht herrschte reges Leben bei uns an Bord. Jeder packte seine wichtigsten persönlichen Dinge in einen zumeist selbst genähten Seesack oder eine Tasche. Geheimpapiere oder sonstige Dokumente wurden über Bord geworfen. Die wichtigsten Artikel waren allerdings in den Minenschächten verstaut: Uranoxid 235 sowie Teile der Me 262 und meine gesamte Radarforschung. Die Stimmung war sehr gedrückt, aber dann auch wieder positiv, weil wir erkannten, dass der Krieg nach sechs Jahren endlich zu Ende war und wir im Gegensatz zu Millionen anderen noch lebten. Doch wir mussten immer wieder an die beiden Japaner denken, deren Tod uns sehr ergriffen hatte. Ich packte meine Akten- und meine Fliegertasche und legte eine Flasche Cognac mit hinein. Zwischen meinen doppelten langen Beinkleidern verbarg ich mein Flieger-Kappmesser.

Am Dienstag, den 15. Mai 1945, forderte uns der Zerstörer um 8 Uhr auf, zu stoppen, um ein Prisenkommando an Bord zu bringen. Ich begann gerade meine Wache auf der Brücke. Schon nach dreißig Minuten kletterte ein amerikanischer Offizier mit einigen bis an die Zähne bewaffneten Marines die Turmleiter herunter und ging zum Kommandanten in dessen Kabine. Die Soldaten legten eine Telefonleitung vom Turm durch das Boot. Wir gaben unsere Waffen ab und versammelten uns in der Offiziersmesse. Dort verlas der Prisenoffizier eine Erklärung Admiral King's mit dem Inhalt, dass wir gemäß der alliier-

ten Bestimmungen Kriegsgefangene der amerikanischen Marine seien und uns deren Anordnungen zu fügen hätten. Alles geschah in korrekter, höflicher Form.

Da wir Gäste und zwei Drittel der Besatzung das Boot verlassen mussten, packten wir das Nötigste in kleine Seesäcke oder Aktentaschen. Uns wurde versprochen, dass wir unser verbleibendes, größtenteils privates Gepäck im Hafen in Empfang nehmen könnten. Ich begab mich auf die Brücke und sah, dass der Zerstörer sehr nahe an unser U-Boot herangekommen war. Alle Schiffsgeschütze waren noch immer auf uns gerichtet. Als alle Offiziere auf der Brücke versammelt waren, wurde die deutsche Kriegsflagge durch unsere Besatzung eingeholt. Wir legten zum letzten Mal grüßend die Hand an die Offiziersmütze. Die Amerikaner grüßten ebenfalls die Flagge – eine beeindruckende Geste. Die Flagge versteckte ein Maat unter seiner Jacke und warf sie während der Überfahrt zum Zerstörer in die See – sehr zum Leidwesen der Amerikaner, die sich geradezu auf »Souvenirs« stürzten. Später wurde die US-Flagge auf unserem Boot gehisst.

Das Verlassen unseres Bootes gestaltete sich schwierig, da das kleine Motorboot des Zerstörers wegen des Seegangs wie wild auf den Wellen tanzte. Wenn es von einer Woge nach oben getragen wurde, konnte man hineinspringen und hoffen, dass man im Boot landete. Das gleiche Schauspiel wiederholte sich an der Bordwand des Zerstörers, wo wir über die Jakobsleiter, eine Art Strickleiter, an Bord kletterten. Der General, der Oberst und ich trugen unsere Luftwaffen-Offiziersmützen. Kaum waren wir an Bord, richteten sich mehrere Maschinenpistolen auf uns und jemand schrie: »Hands up!« Filmkameras ratterten und Fotoapparate klickten.

Doch unser General akzeptierte das nicht und antwortete: »No, we don't do that – I wish to meet the captain.«

Unter den Augen von Besatzungsmitgliedern der USS Sutton wurde die Reichskriegsflagge auf U-234 eingeholt.

Das geschah, und wir wurden in recht komfortable Aufenthalts- und Schlafräume geführt, natürlich bewacht von bewaffneten US-Sailors. Drei Offiziere begrüßten uns sehr höflich, baten um Übergabe des Handgepäcks, der Pässe und aller Gelder. Mein Diplomatenpass, 1500 Schweizer Franken, diverse norwegische und dänische Kronen und Reichsmark wechselten den Besitzer.

Als nächste Handlung durften wir heiß duschen, erhielten dazu Toilettenseife in einer Qualität, wie sie uns seit Jahren nicht mehr bekannt war, und weiße Frotteehandtücher. Die Verpflegung war hervorragend, und mit dem mitgebrachten Cognac waren die ersten Stunden der Gefangenschaft erträglich. Zum Glück erhielten wir unser Gepäck bald zurück, wenn auch ohne Pässe und Geld.

Nun ging es weiter in Richtung USA. Unser U-Boot fuhr parallel zur USS Sutton, deren Kommandant First Lieutenant Nazro war. Nach den Aufregungen des Tages schliefen wir gut, denn wir lebten noch – nach fast

sechs Jahren Krieg! Das war alles andere als selbstverständlich.

Vom 16. bis zum 19. Mai 1945 waren wir an Bord des Zerstörers DE-771. Ein weiterer Zerstörer, DE-770 Muir, kam hinzu. Allmählich spielte sich ein vernünftiges »Miteinander« ein. Die U-Boot-Gefangenen erhielten »Schweizer Rote-Kreuz-Päckchen« mit einfacher Kleidung und Waschzeug. Ohne unsere wilden Bärte und gewaschen sahen wir dann doch etwas zivilisierter aus. Wir durften sogar an Bord spazieren gehen, obwohl es keinerlei Bewachung mehr gab. Die ersten Gespräche mit den US-Offizieren oder -Matrosen waren für uns sehr aufschlussreich. Aufgrund der amerikanischen Presse-Berichterstattung hatten sie uns zunächst als »Untermenschen« angesehen. Wir erhielten US-Zeitschriften, hörten unsere Namen im Radio und lasen sie später auch in der *New York Times.*

Wir »Untermenschen« erhielten aber eine ausgezeichnete Bord-Verpflegung: die ersten Südfrüchte seit vielen Jahren, goldgelbe Butter, Weizenbrot und Fleischgerichte, aber keinen Alkohol, denn der war auf allen US-Schiffen verboten. Sehr angeregt unterhielt ich mich mit einem jungen Offizier namens Ensign T. I. Jones aus Dallas in Texas. Wir versprachen uns einen gegenseitigen Besuch, wenn sich später einmal die Gelegenheit ergeben würde. Einstweilen tauschten wir Souvenirs aus. Er erhielt mein Sporthemd mit dem großen Luftwaffenadler, ich bekam seine Offiziersknöpfe. General Kessler plauderte mit dem Kommandanten, und wir spielten Skat. Die Seeoffiziere empfahlen uns, wertvolle Sachen wie Uhren, Ringe, Auszeichnungen und Andenken an sie zu übergeben und versprachen, alles zu gegebener Zeit an unsere Heimatadresse zu schicken. An Land würden wir »anders« behandelt werden als an Bord. Die Warnung traf zu.

Die ersten Tage unserer Gefangenschaft vergingen wie im Flug. Die Behandlung blieb sehr fair. Man spürte, dass es auch nur Soldaten waren, die wie wir ihre Pflicht erfüllen mussten. Natürlich war die Besatzung der Sutton stolz, diese wertvolle, international gesuchte Kriegsbeute in die USA zu bringen. Die Kanadier aus Halifax waren hingegen frustriert, weil die USS Sutton den Funkverkehr zwischen ihnen und unserem Schiff blockiert hatte.

Der 20. Mai 1945 wurde ein Tag bleibender Erinnerungen. Inzwischen umgaben unser U-Boot vier Schiffe, und über uns kreiste ein US-Luftschiff, kurz bevor wir in den Hafen von Portsmouth in New Hampshire einliefen. Es ging aber nicht direkt an die Pier, sondern man verlud uns auf den Tender Argo. Zuvor hatten wir uns vom Kommandanten der Sutton und seinen Offizieren, aber auch von unseren U-Boot-Kameraden verabschiedet, von denen wir als Gäste getrennt wurden.

Alle neun »Gäste« mussten sich auf eine lange Bank an Bord des Tenders setzen und die Hände auf den Tisch legen. Wir durften nicht sprechen und wurden gefilmt, wobei bewaffnete Soldaten ihre MP auf uns richteten. Später kamen Zeichner dazu, die recht fragwürdige »Gangsterbilder« von uns erstellten. General Kessler saß mitten unter uns und hielt ein Buch mit dem Titel *After the war what?* in den Händen. Später mussten wir einzeln das Boot verlassen und wurden wieder gefilmt, während wir durch ein Spalier von Militärpolizei und vielen Zuschauern zu einem Bus geführt wurden, dessen Fahrt in einem Gefängnishof endete.

Vor einer Offizierskommission fanden die ersten Befragungen statt. Auf die Frage »Haben Sie eine Waffe?« zog ich aus den dreifachen Unterhosen mein Fliegerkappmes-

ser am Lederriemen heraus. Da die scharfe Klinge im Griff versteckt war, fragte mich ein Oberst mit dem Decknamen »Alvarez«, was für eine Waffe das sei. Er stand circa einen Meter vor mir. Ich drückte auf den Sperrknopf, die Klinge sprang heraus – und der Oberst erschrak.

»Damit haben Sie wohl Juden umgebracht?«, fragte er ungnädig. Ich erklärte den Herren den Zweck des Messers, das dazu diente, nach einem Fallschirmabsprung und der Landung bei starkem Wind die Gurte des Fallschirms zu durchschneiden, um nicht mit dem Schirm über den Boden geschleift zu werden. Mit dieser Erklärung gab man sich zufrieden, und ab in eine Zelle mit mir.

Nach einigen Stunden wurden alle Gäste per Bus zum Flughafen gefahren und mit einem zweimotorigen Transportflugzeug, einer C-47 Skytrain, Richtung Süden ausgeflogen. Das Ziel war Washington D.C., eine Zwischenlandung sollte am La Guardia Field, New York, erfolgen. Dieser Flug blieb für mich unvergesslich: einmal wieder grünes Land zu sehen, zum anderen riesige Fabrikanlagen, Autobahnen, Wolkenkratzer und wiederum Weite und Raum. Wie hatte man jemals daran denken können, gegen ein solches Land Krieg zu führen? Weder Hitler noch einer seiner »Paladine« hatten jemals die USA besucht. Diese Verbrecher hatten uns sinnlos ihrem Machtwahn geopfert, und nun musste das Volk alles ausbaden. Diese Gedanken gingen mir durch den Kopf, bevor wir in Washington D.C. landeten.

In einem vollkommen verschlossenen Bus, der von Soldaten bewacht war, fuhren wir durch die Stadt, hörten den Lärm des Straßenverkehrs, ohne ihn sehen zu können. Schließlich kamen wir an einer Lagerbaracke an und wurden einzeln von einem Hauptmann Koda mit Münchner Dialekt mit den Worten »Willkommen im Hotel« begrüßt. Nach einigen Formalitäten und Angaben zur Person

mussten wir uns nackt ausziehen und alle unsere Sachen abgeben, auch die Toilettenartikel. Offenbar befürchtete man, wir könnten mit unseren Rasierklingen Selbstmord begehen. Wir bekamen Sommerbekleidung der US-Army. Dann wurde ich in eine Einzelzelle gebracht, die mit einem Feldbett, einem Holzstuhl und einem Klapptisch ausgestattet war. Inzwischen war ich körperlich und seelisch so kaputt, dass ich sofort einschlief, froh aber, am Leben geblieben zu sein.

Erst am nächsten Morgen wurde mir wirklich bewusst, dass ich in einem Gefängnis steckte. Es war das berühmt-berüchtigte Lager 1142, zuvor als Port Hunt bekannt und zwischen Alexandria und Mount Vernon am Potomac gelegen. Hier wurden für die Alliierten wichtige Personen in Gewahrsam gehalten. Der japanische Botschafter in Berlin, Oshima, deutsche Wissenschaftler oder hohe Militärs hatten hier eingesessen.

Die Zellen waren spartanisch eingerichtet, durch dicke Milchglasscheiben drang diffuses Licht in die Räume, die untersten Glasbausteine waren drehbar, damit der Raum gelüftet werden konnte. Selbst vom Boden aus war kein Himmel zu sehen, nur eine Bretterwand. Der Zellenboden war mit großen roten und blauen quadratischen Linoleumplatten ausgelegt, Wände und Decken mit bräunlichem Pappmaché verkleidet. Der Blick fand keinen Fixpunkt – eine triste Umgebung.

Nach dem Wecken um 6 Uhr führte mich ein Wachposten zum Waschen, Duschen und zur Toilette. Eine Rasur war nicht möglich, denn die Rasierapparate waren uns natürlich auch abgenommen worden. Danach rumpelte der Frühstückswagen an die Zellentür, in die eine nur von außen zu öffnende Klappe eingebaut war. Auf dem »Tray«, das war ein Blechtablett mit Vertiefungen, lagen weiches Weißbrot, Cornflakes mit Milch, Butter, Marmelade, ein

Apfel oder eine Orange und ein Becher mit Kaffee. Nach dreißig Minuten wurde das Tablett wieder abgeholt. Musste man zur Toilette, war ein Klingelknopf zu betätigen. Ob allerdings ein Wachmann kam, um einen zur Toilette zu führen, blieb immer ein Glücksspiel.

Gegen Mittag öffnete sich die Zellentür. Ein Offizier und ein Pfarrer fragten auf Deutsch: »Wie geht es Ihnen?«

Natürlich ging es mir gut, denn ich lebte ja noch. Doch nach einigen Stunden war ich depressiv, weil ich mir wie ein gefangener Tiger vorkam.

Am nächsten Morgen wurde ich zum ersten Verhör geführt. Später habe ich mir die Protokolle über diese Vernehmungen besorgt, in denen ein gewisser Oberleutnant Kelly den »POW WG-1262«, das war meine Kriegsgefangenennummer, beurteilte: »He lost the ground under his feet.«

Das war in diesem Moment genau mein Zustand: einerseits froh, am Leben geblieben zu sein, auf der anderen Seite verzweifelt und voller Gleichgültigkeit.

Dreißig Minuten am Tag durfte man allein auf dem Gefängnishof spazieren gehen, bewacht von bewaffneten Soldaten auf den Wachtürmen. Vor dem Einschlafen betete ich laut. Das Licht wurde von außen ausgeschaltet.

Am nächsten Morgen erhielt ich zu meiner Überraschung das Rasierzeug wieder zurück. Später erfuhr ich dann, dass jede Zelle durch Mikrofone abgehört worden war und man durch mein Gebet den Eindruck gewonnen hatte, dass ich nicht suizidgefährdet wäre.

Die Vernehmungen häuften sich. Ich teilte Kelly mit, dass ich kooperationsbereit sei und alle Fragen beantworten würde. Ich erklärte, dass jeder Krieg sinnlos sei und dass ich hoffte, auch Japan würde bald aufgeben.

Wieder allein in meiner Zelle kreisten meine Gedanken stets um die Fragen: Leben meine Lieben in Deutschland

noch? Was soll aus mir beruflich werden? Ich war erst 24 Jahre alt und wollte arbeiten. Aber eingesperrt zu sein, ohne jede Betätigungsmöglichkeit, allein mit meinen Gedanken, mit meinen Zweifeln, das war ganz einfach grausam.

Einige Tage später wurde das morgendliche Ritual durch die Frage ergänzt: »Haben Sie einen Wunsch?«

»Bitte, ich möchte mit einem anderen Menschen zusammen sein.«

Am Nachmittag wurde ich von meiner Zelle 18 samt meinem Feldbett in die Zelle 15 verlegt. Dort traf ich Dr. Ing. Heinz Schlicke wieder, der mit mir auf dem U-Boot gefahren war. Kaum hatte sich die Zellentür hinter mir geschlossen, begann Schlicke laut und deutlich über die Amerikaner zu schimpfen. Der Gefängniskoller machte sich Luft.

»Diese Heinis glauben, sie sind der liebe Gott, behandeln uns wie Verbrecher, haben keine Ahnung, was in Deutschland vorgegangen ist, wissen nichts von einer Diktatur«, polterte er drauflos.

Wie wir später erfuhren, wurde alles auf Band aufgenommen und ausgewertet. So wurden viele Leute zusammengeführt, um über die Abhörmikrofone Dinge zu erfahren, die bei den offiziellen Vernehmungen nicht ausgesagt wurden. Aber zu zweit ließ sich der Tag jedenfalls schon besser ertragen. Man hatte uns auch zusammengeführt, weil Schlicke Physiker und Radarspezialist bei der Marine war, während ich als Radarfachmann der Luftwaffe galt.

Erstmals erhielten wir spezielles Briefpapier für POW (Prisoner of War), um unseren Angehörigen von unserem Schicksal zu berichten. Das Briefpapier war präpariert, um zu verhindern, dass man geheime Nachrichten verschickte, indem man mit Zitronensaft oder Urin Nach-

richten in die Briefe einfügte, die dann später durch Wärme zu entziffern gewesen wären. Unsere alten Pfadfindertricks waren also auch den Amerikanern bekannt. Wir waren allerdings überzeugt, dass diese Briefe nicht versendet wurden, sondern nur dazu dienten, unsere Einstellung zu erfahren.

Auch erhielten wir erstmals amerikanische Zeitungen und erfuhren, dass Deutschland von den Siegern in sogenannte Besatzungszonen aufgeteilt wurde. Das größte Gebiet hatten die Russen besetzt, also auch meine Heimat. Inzwischen wurden wir fotografiert, vermutlich für ein »Verbrecheralbum«. Dann wurden auch noch unsere Fingerabdrücke abgenommen. Wir hätten ja einen Bankraub planen können ...

Inzwischen hatten Schlicke und ich uns bereit erklärt, mit den US-Spezialisten zusammenzuarbeiten und auch Vorträge, sogar im Pentagon, zu halten. Daraufhin wurden wir in einem geschlossenen Wagen in ein großes Haus gebracht und erhielten dort mit Apartment 9 ein geräumiges, gut ausgestattetes Zimmer mit normal verglastem, aber stabil vergittertem Fenster. Immerhin konnten wir nun auf grüne Bäume, Büsche und Rasen blicken. Es war ein wundervolles Gefühl, zu sehen, wie sich die Äste im Wind bogen, die Blätter leise raschelten. Man konnte sie sogar durch die Fensterscheibe hören. Da man uns die Uhren abgenommen hatte, erahnten wir die Tageszeiten, weil um 6 Uhr und abends um 17 Uhr jeweils ein Kanonenschuss erfolgte. Mittags um Punkt 12 Uhr war der schrille Ton einer Art Luftschutzsirene zu hören, die uns an schreckliche Zeiten erinnerte.

Überraschenderweise durften wir einmal mit Oberleutnant Kelly einen Spaziergang außerhalb des Lagers machen und erstmals Häuser, Autos und Menschen sehen. Am Abend erhielten wir eine Flasche »Senate-Beer« aus

Washington. Auch ließ man uns das Lagerkino besuchen, wo wir den Film *Tarzan und die Amazonen* sahen.

Mit der Zeit wurde auch die Verständigung in englischer Sprache immer besser. Nun konnte ich viele POW-Briefe schreiben, nach Milwaukee an Cousine Gladys, an die Familie Malchow nach München, an meine Eltern und natürlich auch an Ruth. Aber ich musste später enttäuscht zur Kenntnis nehmen, dass diese Briefe nie abgeschickt worden waren.

Nach und nach verbreiteten sich in den USA Einzelheiten und Fotos über die deutschen Konzentrationslager. Wir bekamen jeweils ein Exemplar der Zeitungen, in denen über diese verbrecherischen Gräueltaten berichtet wurde, und mussten unterschreiben, dass wir die Artikel gelesen hatten. Mir selbst glaubte man nicht, dass ich davon nichts gewusst hatte. So ging es ja auch vielen anderen Deutschen. Diese schrecklichen Verbrechen hatte man so weit wie möglich geheim gehalten, und wir Frontsoldaten waren ohnehin von allen Informationsmöglichkeiten abgeschnitten.

Nach einiger Zeit wurden wir wieder einmal verlegt und zogen auf Stube 1, wo wir den verzweifelten Oberst von Sandrart trafen, der sich freute, genauso wie ich kurz zuvor, mit anderen Menschen sprechen zu können. Jetzt durften wir an jedem Freitag das Kino besuchen, wurden aber von anderen Insassen abgeschirmt. Auch aus der Lagerbücherei konnten wir mittlerweile Literatur beziehen.

Draußen herrschte tropische Hitze, circa dreißig Grad Celsius bei einer Luftfeuchtigkeit von neunzig Prozent, was uns sehr zusetzte. In guter Erinnerung blieb mir eine Fahrt durch Alexandria, einen Vorort von Washington, wo wir wie Amerikaner durch die Stadt kutschiert wurden und das Gefühl hatten, einmal wieder »Mensch« zu sein. Auch gab man uns täglich die *Washington Post* zu

lesen, durch die wir über alle Neuigkeiten in der Welt informiert wurden, vor allem auch über den Krieg zwischen den USA und Japan. Wir diskutierten über unsere Zukunft und die Frage, ob wir in Amerika bleiben könnten. Unsere Wut auf die ehemalige Führung Deutschlands, auf dieses Verbrecherregime, wuchs von Tag zu Tag. Man hatte uns belogen, betrogen und schamlos ausgenutzt.

Ohne Oberst von Sandrart verfrachtete man uns am 9. Juli in eine im dichten Urwald gelegene Hütte mit Dusche und Waschgelegenheit. Wir mussten unser Ehrenwort geben, nicht zu fliehen und keine Verbindung mit anderen Gefangenen aufzunehmen. Die Mahlzeiten, die aus Eiern, Steaks, Erdnussbutter oder Obst bestanden, wurden mit einem kleinen Lieferwagen gebracht und waren für uns nach den kargen Kriegsjahren wie eine Erholungskur. Aber es kamen keine Nachrichten von daheim, und das zermürbte uns und brachte uns aus dem Gleichgewicht. Immer wieder wanderten unsere Gedanken zu unseren Familien, und wir hofften, dass alle noch lebten und gesund waren.

Schlicke und ich schrieben inzwischen Berichte über die uns zugedachten Aufgaben in Japan und unsere Erfahrungen auf dem Radar- und Hochfrequenzsektor. Parallel dazu arbeitete ich als Schlickes Assistent an den vorgesehenen Vorträgen im Pentagon. Am 19. Juli erhielten wir aus unserem Gepäck Zivilanzüge, Schuhe und Wäsche zurück, um uns als Zivilisten in einem offenen Wagen nach Washington zum ersten Vortrag zu begeben. Wir passierten das Jefferson-Monument, das White House, die Memorial Hall sowie die University und »landeten« schließlich im Navy Department des Pentagon in einem »air conditioned« Raum, was völlig neu für uns war. Hier fanden die Vorträge und Diskussionen statt. Wir sollten helfen, mit unserem Know-how den Krieg mit Japan zu beenden.

Die ersten Vorträge hielten wir auf Deutsch mit einem Übersetzer, die späteren dann bereits auf Englisch, weil wir uns besser vorbereiten konnten. Es war ein eigenartiges Gefühl, plötzlich wieder ein brauchbarer und wertgeschätzter Mensch zu sein. Nach Beendigung der Veranstaltung besuchten wir mit zwei Offizieren das Restaurant »La Salle du Bois« und wandelten fast wie im Traum, nachdem man uns einen »Manhattan« – das ist ein Bourbon Whisky mit Kirsche – eingeschenkt hat. Wir sahen in diesen »eisgekühlten« Räumen zum ersten Mal wieder sehr gut gekleidete Leute. Danach durften wir noch durch die Straßen bummeln, ehe uns der Wagen wieder zurückbrachte ins Lager 1142 und aus Mr. Menzel wieder ein POW wurde.

Bis zum 31. Juli dauerten die Vorträge und Debatten. Jeden Tag ging es nach Washington. Wir wurden in unserer Hütte von einem perfekt Deutsch sprechenden Offizier betreut, der anscheinend mehr über unsere innere Einstellung und unsere Charaktere in Erfahrung bringen sollte. Die Gespräche waren sehr tiefgehend, endeten aber oft mit der Bemerkung »But you lost the war, and Germany has to be punished!«

Inzwischen hatte ich auch meine Mundharmonika wiederbekommen und spielte am Abend vor der Hütte oder auf einem der riesigen Bäume, die ich gut erklettern konnte. Plötzlich wurden meine deutschen Melodien im Urwald nachgepfiffen. In der Dämmerung schlich ich mich durch den Urwald, während Schlicke die Einfahrt observierte und in Richtung der Töne zurückpfiff. Plötzlich stand ich vor meinem Freund Robert Schumann und vor General Kessler. Robert als Adjutant unserer verfehlten Mission hatte man aus Deutschland ausgeflogen.

Der Erfahrungsaustausch war interessant, leider wusste Robert nichts von meiner Familie und Ruth und ob sie

noch alle am Leben waren. Wir ließen die Urwald-Verbindung nicht abreißen, mussten uns jedoch vor Entdeckung hüten. Aber wir fanden heraus, dass in der Nähe noch weitere Bewohner in ähnlichen Hütten wohnten, so beispielsweise zwei Professoren aus Straßburg, die als deportierte Gastarbeiter auch für die Amerikaner arbeiten durften.

An diesem Tag, dem 6. August 1945, explodierte über der japanischen Stadt Hiroshima die erste Atombombe und riss in wenigen Sekunden fast 100000 Menschen in den Tod. Zwei Tage später erklärte die Sowjetunion trotz des 1941 abgeschlossenen Nichtangriffspaktes Japan den Krieg, besetzte die Mandschurei, die Insel Sachalin und landete in Nordkorea. Eine weitere B-29 Superfortress warf die zweite Atombombe über Nagasaki ab. Es gab 40000 Tote und über 60000 Verletzte. Außerdem wurden alle japanischen Städte pausenlos bombardiert.

Seit dem 11. August besaßen wir wieder ein Radio und erfuhren so direkt alle wichtigen Ereignisse. Trotz dieser entsetzlichen Nachrichten hörten wir zu unserer Entspannung das Londoner Symphonieorchester unter Arturo Toscanini, und das richtete uns seelisch wieder etwas auf. Denn uns quälte die bange Sorge, was die Alliierten mit dem aufgeteilten Deutschland vorhatten.

Am 14. August verkündete Präsident Harry Truman, dass die Japaner kapituliert und die Potsdamer Beschlüsse akzeptiert hätten. In den USA wurde entsprechend gefeiert. Wir selbst waren froh, dass das Gemetzel ein Ende hatte, denn über sechzig Millionen Menschen waren als Opfer weltweit zu beklagen.

Allmählich erfuhren wir Einzelheiten aus der Heimat. Deutschland wurde in vier Besatzungszonen aufgeteilt: Ostdeutschland wurde russisch, Süddeutschland amerikanisch, Westdeutschland französisch und Norddeutschland

britisch verwaltet. Alle Einzelheiten waren auf der Potsdamer Konferenz zwischen Truman, Churchill – später Atlee – und Stalin geregelt worden. In San Francisco wurde die UN gegründet. Im Radio hörten wir eine Reportage über die formelle Unterzeichnung der japanischen Kapitulation mit den Stimmen von General Mc Arthur und Admiral Nimitz sowie die Rechtfertigung des Abwurfs der Atombomben durch Präsident Truman. Dadurch hätte man nicht Zehntausende von amerikanischen Soldaten für die geplante Besetzung Japans opfern müssen.

In diesen Tagen sah es so aus, als zeichne sich nach all den Gräueln jetzt der Weltfrieden ab. Wir allerdings wagten das zu bezweifeln. Schon gab es erste Anzeichen für den kommenden Ost-West-Konflikt. Die Amerikaner begingen am 2. September den sogenannten Victory Day. Im Anschluss an die feierlichen Reden erklang die *Eroica*, Beethovens 5. Symphonie. Ich kletterte nachts auf unseren höchsten Baum und suchte im Beobachten der verschiedensten Sternbilder anhand einer kleinen Sternkarte aus meinem Gepäck Trost.

Am 20. August wurden Schlicke und ich zu einem Abendessen nach Washington eingeladen. Wir besuchten das Hotel Willard, und zur Musik von Trade Winds fühlten wir uns endlich einmal wieder sorgenfrei, wenn auch nur für einen kurzen Moment. Nach der Mitternachtsshow und einem ungewohnten Manhattan schlief ich nach langer Zeit wieder einmal fest und traumlos. Aber am Morgen kehrten die Erinnerungen an die Silberhochzeit meiner Eltern im letzten Jahr und an meine Ruth wieder. Nach wie vor hatte ich kein Lebenszeichen von ihnen erhalten.

Im Oktober erhielten wir Winterbekleidung aus den Beständen der US-Army und konnten viele Bücher aus der Lagerbibliothek lesen. Dabei fanden wir auch Bücher

mit dem Stempel eines deutschen U-Bootes, das seinerzeit in Argentinien eingelaufen und mit der gesamten Besatzung an die USA ausgeliefert worden war.

Im November wurden wir in einer Wohnung mit getrenntem Wohn- und Schlafzimmer untergebracht. Dort lebte auch bereits Rudi Bree, der im Krieg für die Entwicklung der V 1 und V 2 zuständig gewesen war, dem Reichsluftfahrtministerium unterstanden und zum Stab des Generals Milch, des Reichsluftzeugmeisters, gehört hatte. Aufgrund seines großen menschlichen Einfühlungsvermögens gelang es ihm, mich teilweise von meinen Depressionen zu befreien. Die langen Gespräche mit ihm richteten mich auf, und ich fasste wieder Hoffnung.

Port Washington auf Long Island

Ende Oktober erfuhren wir, dass wir zu dritt das Lager verlassen und mit den deutschen Wissenschaftlern, die für die Amerikaner arbeiteten, zusammengeführt werden sollten. Vom Navy-Flughafen in Washington D.C. wurden wir über Baltimore und Philadelphia nach New York geflogen und mit einem Wagen der Navy von dort nach Port Washington auf Long Island gebracht. Colonel Hilbert war auch dabei.

Uns empfing ein im altenglischen Stil erbautes Tudor-Schloss mit dicken Mauern und Zinnen. Es war das beeindruckende Guggenheim-Palais mit einem riesigen Park, Stallgebäuden und eigenem Strand von drei Kilometern Länge. Die Navy hatte das Schloss requiriert und mit einem luxuriösen Eingang mit Springbrunnen und Bibliothek umgebaut. Uns wurde ein großes, luftiges Zimmer zugewiesen mit einem Bad, das mit vergoldeten Wasserhähnen ausgestattet war. Wir speisten zusammen mit Reserveoffizieren der Navy, die sich als ausgesucht höfliche

Zeitgenossen erwiesen. Kommandeur war der äußerst sympathische Captain Larry Hess, der von Beruf Architekt war. Außerdem wurden wir mit Prof. Wagner und seinen Assistenten Lahde und Hell bekannt gemacht, die man aus Österreich in die USA »entführt« hatte. Dieser hatte die funkferngesteuerte Bombe Henschel Hs 293 entworfen, an deren Entwicklung ich in Deutschland mitgearbeitet hatte. Diese Bombe konnte vom Flugzeug aus durch Funk bis ins Ziel gesteuert werden und sollte vor allem gegen Kriegsschiffe eingesetzt werden. Schlicke, Bree und ich waren die einzigen Kriegsgefangenen der Navy, die sonst keine eigenen Gefangenen machte, sondern diese immer der Armee überstellte.

Wir waren rein äußerlich plötzlich in ein Paradies versetzt worden, allerdings war es durch den Abbruch der Verbindungen nach Deutschland und auch zu den Verwandten in den USA ein goldener Käfig. Wir erhielten pro Arbeitstag einen Lohn von 80 Cent, am Sonntag 60 Cent. Im Laufe der nächsten Zeit trafen drei neue Ingenieure ein: Die beiden Wiener Dr. Ing. Schedling und Dr. Walker sowie Dr. Ing. Schaper aus Berlin. Wir alle arbeiteten an ehemaligen Projekten weiter, zum Beispiel über die »guided missiles« und deren Abwehr, über die Prof. Wagner bereits geforscht hatte. Dabei wurden wir von einem tschechischen Ingenieur beaufsichtigt, der allerdings nicht viel von den Dingen verstand, sich aber als Boss aufspielte.

Als Verbindung zu den nicht Deutsch sprechenden Marineoffizieren fungierte ein gewisser Max Coreth, der aus Österreich stammte und mit seiner Frau zu den Amerikanern übergelaufen war. Nach anfänglicher Eingewöhnungszeit klappte die Zusammenarbeit mit ihm recht gut, und er vertrat auch ab und zu unsere Interessen. Zur Abhärtung gingen wir jeden Morgen im Meer schwimmen, bis die Temperaturen unter zehn Grad fielen. Nach dem

Frühstück hatten wir eine Stunde Zeit, in der wir Musik oder Nachrichten hören konnten. Dies geschah über einen von Henry Ford gesponserten Radiosender. Dann arbeiteten wir in einer überdachten Veranda mit Blick aufs Meer unter denkbar günstigen Verhältnissen. Das Haus bot uns jede Bequemlichkeit und wurde mit Warmluft beheizt, die vom Keller über die Wände nach oben geleitet wurde.

Kurz vor Weihnachten gestattete man uns, in Begleitung Coreths die evangelische Kirche von Port Washington zu besuchen, die von Pastor Henry von Schlichten geleitet wurde. Dabei lernten wir auch einige Mitglieder des Kirchenvorstandes kennen, die von unserem Dasein als POW im Guggenheim-Palais erfahren hatten. Sie halfen uns nicht nur materiell mit Zivilanzügen oder Wintermänteln, sondern auch mental. Besonders Pastor von Schlichten stand mir in meiner seelischen Not bei, da ich noch immer keine Nachrichten von meinen Angehörigen erhalten hatte.

In bestimmten Zeitabständen durften wir in Zivilkleidung mit Coreth New York besichtigen, eine faszinierende Stadt, von der ich gewünscht hätte, dass sie früher von deutschen Regierungsmitgliedern besucht worden wäre. Aber jetzt saß ich als POW hier, und für mich war die Weihnachtszeit ziemlich bedeutungslos. Am 25. Dezember fand eine Party mit hochrangigen US-Offizieren und deren Frauen statt, die die »verrückten« Deutschen »besichtigen« wollten, zumal sie unsere Namen aus den U-Boot-Nachrichten kannten. Auch einige Mädchen vom WACS, dem Women Auxiliary Corps, besuchten uns, und wir durften sogar einen Cocktail mit ihnen trinken. Aber »No fraternization!« Die Gespräche waren daher auch sehr oberflächlich. Am Ende erschien ein Weihnachtsmann, der kleine Geschenke von den Offizieren und der

Kirchengemeinde verteilte. Lediglich der Alkohol, an den wir noch immer nicht gewöhnt waren, ließ uns die Traurigkeit vergessen.

Am Silvesterabend waren wir unter uns, nur Max und Charlotte Coreth und Mr. und Mrs. Dull von der Kirchengemeinde waren bei uns. Wir sangen deutsche und amerikanische Lieder, und meine Mundharmonika ließ keine traurige Stimmung aufkommen.

Anfang Januar trafen Herr Sturm von Radiobau Staßfurt, einer Licht- und Kraftwerke AG, und Hans Widmann aus Eching bei München überraschend bei uns ein. Beide sprachen kein Wort Englisch und wussten nicht, warum sie in die USA gebracht worden waren. Deshalb erteilte uns Frau Coreth von jetzt an Unterricht in englischer Sprache.

Am 21. Januar durfte ich an meine Freunde Malchow in München schreiben. Viel später erfuhr ich, dass dies mein erster Brief war, der in Deutschland ankam.

Sechs Tage später war mein 25. Geburtstag. Als Jüngster im deutschen Club wurde ich bereits um 0.15 Uhr mit Weckerrasseln munter gemacht. Über meinem Bett stand in Leuchtschrift »Happy Birthday«, dazu zehn Tafeln Schokolade. Alle übrigen Deutschen waren auch aufgestanden. Wir lasen Gedichte vor, tranken Whisky aus Wassergläsern und waren bester Stimmung. Die US-Offiziere, die im gleichen Stockwerk schliefen, verbarrikadierten sich, weil sie an einen Aufstand dachten. Nachdem die Zimmerschlacht beendet war, schleiften wir einige noch in ihre Betten, was auch nicht ohne Lärm abging, sodass erst zwischen 4 und 5 Uhr Ruhe einkehrte.

Zum Frühstück erschien nur Rudi Bree, der weniger »geschluckt« hatte und nunmehr den US-Offizieren den Grund des nächtlichen Lärms erklären musste. Der erreichte, dass dieser zu einem »Feiertag« erklärt wurde.

Nachmittags kamen noch einige Mitglieder der Kirchengemeinde aus Port Washington mit einer großen Torte mit 25 Kerzen und vielen kleinen Geschenken.

Als Ausgleich zur Schreibtischarbeit organisierte ich ein Faustballturnier, was mit großer Begeisterung aufgenommen wurde. Dabei verlor die Mannschaft von Dr. Schlicke fast immer, weil dieser derart unkontrolliert auf den Ball drosch, dass er nahezu immer im »Aus« landete. Aber das tat dem Spaß keinen Abbruch. Am Abend brachte Bridge mit Prof. Wagner, Rudi Bree und Dr. Walter Entspannung, wobei oftmals auch unser Kommandeur Hess mitspielte. Die uns häufig zugemuteten amerikanischen Filme sagten uns hingegen weniger zu, da die Deutschen darin meist als verbrecherische Tölpel dargestellt wurden.

Zweimal besuchte ich auch das Navy Hospital in St. Albans. Dort erhielt ich eine gute Brille gegen meinen bis dahin nicht erkannten und deshalb unbehandelten Astigmatismus im linken Auge, die mir sehr weiterhalf. Zum anderen wurden mir zwei Weisheitszähne gezogen und andere saniert. Eine Blinddarmreizung erwies sich hingegen als unbedeutend. Ich hatte bald keine Beschwerden mehr, sondern schwamm nach wie vor, wenn es die Witterung zuließ, im Meer. Aber noch immer hatte ich keinerlei Nachricht von daheim. Ruths 23. Geburtstag am 6. April begingen wir mit einem Umtrunk mit Prof. Wagner, Theo Sturm, Peter Schaper, Dr. Knausenberger und Hans Wiedemann, und alle verewigten sich in meinem Tagebuch. Meine Gedanken waren allerdings traurig und befassten sich mit dem englischen Gedicht *Should you first go …*

An Ostern 1946 mussten wir überraschend das Schloss räumen, da es die Navy für andere Zwecke brauchte. Deshalb wurden wir in »Quanset Huts« im Park untergebracht – natürlich wesentlich primitiver als bisher: ein »Hut« als Aufenthaltsraum, eines als Schlafraum, zwei

Arbeitsbaracken und ein »Hut« als Waschraum. Wir alten Frontsoldaten kamen mit der Unterbringung auf engem Raum gut zurecht, unsere Zivilisten hatten da schon erheblich mehr Schwierigkeiten.

Der 30. April 1946 wurde zu einem der glücklichsten Tage in meinem bisherigen Leben: Ich bekam endlich die erste Post von meiner Ruth und erfuhr, dass meine und ihre Eltern, die Geschwister und auch die Freunde am Leben waren. Ich konnte die Nachricht kaum glauben, und die Kameraden freuten sich mit mir. Das Leben hatte wieder einen Sinn. In den kommenden Tagen trafen weitere Briefe von Ruth, aber auch von meinen Eltern und von Thea aus Remscheid ein. Zwei amerikanische Offiziere hatten sie alle besucht, sie verhört und aufgrund ihrer Aussagen die Postsperre aufgehoben.

Im Mai und Juni kursierten plötzlich die Gerüchte, dass wir nach Deutschland zurückgebracht werden sollten. Es wurde uns freigestellt, anschließend wieder mit einem Arbeitsvertrag nach Amerika zurückzukehren. Schlicke wollte dieses Angebot auf jeden Fall annehmen und seine Familie mit nach Amerika holen. Rudi Bree und ich hingegen zogen es vor, in Deutschland zu bleiben.

Inzwischen waren in unserem Park auch junge Mädchen zwischen 21 und 25 Jahren vom Women Auxiliary Corps untergebracht, die wir kennenlernen konnten. Eine davon, Joan Alloway Fox aus Princetown, Mississippi, verliebte sich in mich, ohne dass ich es richtig bemerkt hätte. Rudi Bree war da schon sensibler. Sie gab mir Bücher und schenkte mir Gedichte und eigene Exponate. Sie war wirklich ein sehr hübsches, gebildetes Mädchen und meinte, wir seien ihren US-Boys geistig und in der Lebenseinstellung über zehn Jahre voraus. Schließlich machte sie mir den Vorschlag, in Amerika zu bleiben, sie zu heiraten und zu studieren. Wir diskutierten viel, denn

ich versuchte, ihr immer wieder zu erklären, dass ich meine Ruth liebte und wir uns versprochen hatten, sofort nach dem Kriege zu heiraten, sofern wir überlebten. Die Versuchung war wirklich groß, weil sie eine außerordentlich liebenswerte, intelligente und noch dazu schöne junge Frau war. Darüber hinaus war sie ziemlich hartnäckig, wie sich später noch zeigen sollte.

Die Heimreise nach Deutschland

Am 24. Juni traf der Befehl zur Abreise ein. Es gab eine grandiose Abschiedsfeier mit den Kameraden und auch mit den amerikanischen Freunden und Bekannten. Zwei große Seesäcke standen parat. Meinen Diplomatenpass und alle Auszeichnungen mit den entsprechenden Papieren übergab ich zu treuen Händen Commander Larry Hess, der versprochen hatte, sie bei passender Gelegenheit nach Deutschland zu schicken. Er hat Wort gehalten.

Nach einem letzten Abschiedsschwimmen im Meer und dem Empfang von POW-Kleidung – einem schwarz gefärbten US-Hemd und schwarzer Hose mit der Rückenaufschrift PW – im Halloran Hospital, wurden wir nach Camp Shanks gebracht, dem Verschiffungslager, in dem Tausende von Gefangenen auf die Überfahrt warteten. Dort traf ich meinen Freund Robert Schumann wieder und auch die Messerschmitt-Ingenieure Bringewald und Ruff, die mit mir auf dem U-Boot waren. Damit wir sechs Mann sicher nach Deutschland kommen konnten, wurde uns als Begleitung ein Captain der US-Navy mit entsprechenden Vollmachten mitgegeben.

Am 28. Juni wurden wir zu einer Fähre gebracht, die uns zu einem Liberty-Schiff mit dem sinnigen Namen »Sea-Devil« übersetzen sollte. Um 10 Uhr setzte sich das Schiff in Bewegung, wir fuhren letztmalig an der Frei-

heitsstatue vorbei und hegten viele Gedanken über die Gefangenschaft und die kommende Freiheit. Was würde sie wohl bringen? Auf jeden Fall stellten wir fest, dass es uns in der amerikanischen Kriegsgefangenschaft wesentlich schlechter hätte ergehen können. So haben wir Menschen getroffen, die sich um uns kümmerten, und jetzt mussten wir lernen, in der uns unbekannten, chaotischen Welt zu leben.

Der Meeresgott war uns gnädig. Das heißt, die See war nicht allzu rau, und wir blieben während der gesamten Überfahrt von Seekrankheit verschont. Abgesehen von kleineren Zwischenfällen verlief die Heimreise gut, und auch die Verpflegung war in Ordnung. Die österreichischen Gefangenen hatten alle ein Schild mit der Aufschrift »Austria« auf das schwarze Hemd geklebt, damit sie von den Deutschen unterschieden werden konnten.

Frühmorgens liefen wir in Le Havre ein und verließen als Letzte das Schiff, um per LKW in das Massenlager Bolbec gebracht zu werden. Uns wurde mitgeteilt, dass wir am nächsten Morgen mit vier LKWs bis Frankfurt am Main gebracht würden, ganz im Gegensatz zu Tausenden anderer POWs, die den Franzosen überstellt wurden und entgegen der Genfer Konvention noch jahrelang in französischen Bergwerken arbeiten mussten.

Oberursel – it was a mistake

An einem warmen Sommertag im August 1946 ging es um 4.15 Uhr in offenen LKWs über Rouen, Soissons, Reims nach Luxemburg. Viele Häuser waren zerstört, lediglich Luxemburg machte einen friedlichen Eindruck. Gegen 17 Uhr passierten wir völlig verdreckt die deutsche Grenze. Ein Schild »no fraternization« begrüßte uns. Aha, das war den Amerikanern also besonders wichtig.

Vorbei an Trier erklommen wir die Höhen des Hunsrück. Eine anstrengende Nachtfahrt über Bingen und Kreuznach brachte uns gegen 5 Uhr an den Rhein und in die US-Zone. Um 6 Uhr morgens trafen wir im Lager Oberursel ein, kamen in Zwei-Mann-Zellen und schliefen sofort erschöpft ein.

Die vier Wochen vom 9. Juli bis 8. August 1946 werden wir wohl kaum vergessen. Wir wurden im ehemaligen Lager für gefangene alliierte Luftwaffenoffiziere in Einzelzellen, die jeweils mit zwei Mann belegt waren, untergebracht, allerdings auch mit unserem gesamten Gepäck. Glücklicherweise kam ich mit meinem Freund Rudi Bree in eine Zelle. D

ie Verpflegung war mehr als dürftig: Am Morgen Wassersuppe, ein Stück Brot, Kaffee-Ersatz-Brühe. Mittags und abends Wassersuppe, Brot oder einige Kartoffeln. Zweimal pro Woche Spuren von Fleisch, insgesamt also reine Hungerrationen. Ich nahm in dieser kurzen Zeit zwanzig Pfund ab.

Ein Sergeant der Bewachungsmannschaft schenkte uns ab und zu etwas von seiner Ration, denn er gestand, dass wir ihm so leidtäten. Bald schon wurden tagsüber die Zellentüren offengelassen, und wir konnten die Kameraden aus den USA treffen, die wie wir täglich auf ihre Entlassung warteten. Zweimal erschien unser US-Navy Captain aus den USA und erklärte uns die Schwierigkeiten, die er hatte, um unsere Entlassung durchzusetzen. Es schien wie ein Kampf zwischen Army, Navy und den US-Streitkräften in Deutschland zu sein. Alle Verbindungen nach außen waren total abgeschnitten. Abends wurden wir eineinhalb Stunden ins Freie geführt, als wären wir Schwerverbrecher. Die Stimmung war deshalb entsprechend gereizt.

Am 8. August erschien am Morgen unser Begleitoffizier zusammen mit dem Lagerkommandanten und erklärte uns: »Everything was a mistake, take all your belongings, you are free. We will bring you home to Eislingen.«

Eine unglaubliche Nachricht. Unser Herz schlug höher, wir waren schlagartig extrem nervös. Zunächst duschten wir, erhielten neue US-Kleidung, diesmal ohne Abzeichen, und packten dann unsere Klamotten. So schnell hatte ich noch nie meine Schätze zusammengerafft, unter anderem meinen Offiziersledermantel, Stiefel, mehrere Stangen US-Zigaretten, Schokolade, Zivilkleidung als Geschenk der Kirchengemeinde in Port Washington und natürlich die Entlassungspapiere neben Bescheinigungen der US-Regierung, dass ich studieren dürfe, kein Nazi sei und für die US-Navy gearbeitet hätte. Allerdings musste ich unterschreiben, dass ich nicht in die russische Zone fahren würde, wo meine Eltern wohnten, und mich regelmäßig beim CIC zu melden hätte.

Nach dem Abschied von den Freunden, vor allem von Bree, Schumann und Hertz, sowie dem Austausch der Anschriften bestieg ich tatsächlich einen US-Jeep mit einem jungen Fahrer, der mein Gepäck verstaute. Fassungslos vor Glück saß ich neben ihm bei herrlichem Sonnenschein.

Die Autobahnbrücken nach Stuttgart waren zerstört, deshalb fuhren wir über Landstraßen. Aber ich war frei und auf dem Wege zu meiner Ruth. Am frühen Nachmittag fuhren wir in den Fabrikhof in Eislingen, Ulmerstr. 87 ein und wurden von den anwesenden Bewohnern bestaunt. Herrn Mäusnest, den Schlossermeister der Fabrik, fragte ich nach der Wohnung von Familie Meister und schenkte ihm eine Schachtel US-Zigaretten. Damit hatte

ich sein Vertrauen gewonnen. Er benachrichtigte Hannsjochen Meister, der mich zu seinen Eltern brachte. Diese bewohnten zusammen mit ihm und Ruth Teile der großen Werkswohnung, die aus einem Wohnzimmer mit anschließendem Schlafzimmer, einem Zimmer für Ruth, einer Dachkammer für Hannsjochen und einem dampfbetriebenen Behelfsbad bestand. Darüber hinaus durfte die ehemalige Werksküche benutzt werden. Der andere Teil der Wohnung gehörte Lucie Lemppenau, der Witwe des ehemaligen Eigners der Spinnerei Eislingen.

Als ich eintraf, war Ruth nicht anwesend, weil sie eine Stelle als Sekretärin bei der Glas- und Porzellangroßhandlung Tausch in Göppingen angenommen hatte. An ihrer Stelle empfingen mich ihre Eltern liebevoll und unvoreingenommen. Sie hatten auf der Flucht aus Radebeul große Probleme überwinden müssen. Hannsjochen fuhr sofort mit dem Auto nach Göppingen und holte meine langersehnte Frau. Das Wiedersehen war unbeschreiblich schön, Worte können dies nicht beschreiben.

Aber die ganze Familie Meister hielt eine Überraschung für mich bereit: Ruth hatte veranlasst, dass ich am Ende des Korridors, gegenüber ihrer kleinen Stube, ein Schlafzimmer mit Bett, Schrank, Tisch und Stuhl erhielt. Das Fenster öffnete sich auf ein schräges Dach. Ich schockierte Ruth nach der ersten Freude mit dem Satz »Von hier aus kann man gut über das Dach flüchten«.

Dies war Ausdruck meiner Angst, als Radarspezialist entführt zu werden. Aber das Glück überstrahlte alles, und bis um 5 Uhr morgens haben wir diskutiert, bis alle total erschöpft in die Betten fielen. Vater Meister bot mir, auch im Namen seiner Frau Camilla, das »Du« an, ich war in die Familie aufgenommen und revanchierte mich mit US-Zigaretten an die notorischen Raucher.

Deutschland 1946

Nun war ich also zurück in Deutschland – aber das alte Deutschland gab es nicht mehr. Nach Gründung der UNO im Juni 1945 und nach der Potsdamer Konferenz zwischen dem 17. Juli und dem 2. August 1945 mit Stalin, Truman, de Gaulle und Churchill war Restdeutschland in vier Besatzungszonen aufgeteilt worden. Zum Überqueren der Zonengrenzen brauchte man Passierscheine. Ostpreußen wurde zwischen Russland und Polen aufgeteilt, Schlesien ging vollständig an Polen (Oder-Neiße-Grenze), Elsass-Lothringen zurück an Frankreich. Alle Deutschen in diesen Gebieten wurden vertrieben. Millionen von Flüchtlingen verschärften das Elend in den schon hungernden Besatzungszonen.

Ab 1946 gab es bereits wieder eine gewisse Ordnung mit deutschen Regierungsstellen unter alliierter Hoheit. Aber es herrschte bittere Not. Lebensmittel gab es nur auf Marken, die monatlich zugeteilt wurden. Der Schwarzmarkt blühte, und Zigaretten wurden zur neuen Währung. Hungernde Städter fuhren zum »Hamstern« aufs Land und versuchten, ihre Wertgegenstände bei den Bauern gegen Lebensmittel einzutauschen. Die Reichsmark war zwar noch offizielles Zahlungsmittel, aber dafür gab es nichts zu kaufen. Enteignungen, Verstaatlichungen ganzer Firmen, Banken, Versicherungen, dazu Bodenreformen ließen zunächst kein geordnetes Wirtschaftsleben aufkommen. Dazu wurden deutsche Wissenschaftler zur Arbeit nach Russland, Frankreich oder in die USA zwangsverpflichtet. Uns war zwar in der Gefangenschaft bereits bewusst geworden, dass uns die Rache der Siegermächte treffen würde. Aber das Vorgefundene, vor allem in den total zerbombten Städten, übertraf meine schlimmsten Vorstellungen.

Doch der Weg in eine unsichere Zukunft im zerstörten Deutschland begann, voller Hoffnung, voller Zuversicht. Irgendwie würden wir es schon schaffen – wir zwei, die wir hofften, bald zu dritt zu sein. In ruhigen Augenblicken allerdings wanderten meine Gedanken immer wieder zurück zu den vergangenen Jahren, die so viel Schrecken, Leid und Tod über die Menschheit gebracht hatten. Mir wurde immer klarer, wie dieses Regime, dem wir ausgeliefert gewesen waren, funktioniert, mit welcher Grausamkeit es agiert hatte. Ruth und ich aber wollten jetzt nur noch positiv nach vorne blicken, wir dachten an Familie und mein Studium – und hofften auf eine sonnige Zukunft in Frieden.

Ruth und Erich Menzel als Hochzeitspaar 1946

Schöne, bescheidene, aber traurige Jugendzeit

Zeitzeugenbericht von Rosa Aßböck

Eigentlich wären die Voraussetzungen für eine schöne Kindheit von mir und meinen zwei Brüdern geradezu ideal gewesen. Wer in einem kleinen bäuerlichen Haus am Rande eines Dorfes im Chiemgau aufwachsen darf, kann sich wirklich glücklich schätzen. Mein Vater konnte in den Zwanzigerjahren das Schäferhaus in Höslwang erwerben, das idyllisch gelegen war. Es stand einsam inmitten einer großen Wiese. Im Sommer wogten die Getreideähren rhythmisch im Wind, die hügelige Landschaft war aber auch von Waldstücken geprägt. Holz war wichtig für die Bauern, zum Hausbau und als Heizmaterial im Winter, wenn draußen der Schnee glitzerte und nur die Stube durch den grünen Sesselkachelofen wohlig warm war. Um die Kälte besser abzuhalten, pflegte der Vater dann eine Pferdedecke vor die Haustüre zu hängen.

Im Frühjahr war es bei uns besonders schön. In den Wiesen blühten die Schlüsselblumen, es folgte ein gelbes Meer von Löwenzahnblüten, und kleine Schusternagerl blühten leuchtend blau fast wie der Enzian in den Bergen. Eine wahre Pracht waren auch die weißen Blüten der

Obstbäume. Denn Äpfel und Birnen waren für uns wichtig und wurden auf vielerlei Weisen verarbeitet, nicht nur als Schnaps, von dem sich die Bauern gern ein Gläschen oder mehr gönnten. Ein Schwarzbrenner hat mir mal ein Fläschchen Obstler geschenkt und mich eindringlich darauf hingewiesen, dass der Alkohol nur zum Einreiben, auf gar keinen Fall zum Trinken sei. Da musste ich schon ein wenig schmunzeln.

Der moorige Pelhamer See, der in völliger Ruhe in der Landschaft lag, war nicht weit. Wir konnten im Sommer barfuß zum Schwimmen laufen. Schuhe trugen wir Kinder eigentlich nur in den kalten Monaten. An unserem Haus lief ein Bach vorbei, der sein klares Wasser in den See ergoss. Der Ruf des Kuckucks, das Zirpen der Grillen, der herbe Geruch der Birken, die am Abend vorbeihuschenden Fledermäuse, das Quaken der Frösche. Das wunderbare Leben in der Natur gab mir Ruhe.

In diesem Paradies hätten wir relativ sorglos aufwachsen können, wenn, ja wenn nur dieses furchtbare Nazi-Regime und der Krieg nicht gewesen wären – der Krieg, der so grausame Kerben in meine Familie geschlagen hat. Mein Vater kam aus der Gefangenschaft in Russland nicht mehr zurück, mein älterer Bruder Schorschl wurde erschossen, drei Brüder meiner Mutter sind gefallen, ebenfalls zwei Brüder meines Vaters in Stalingrad.

Im Jahre 1930 kam mein jüngerer Bruder Bartl auf die Welt, an dessen erste Lebensjahre ich mich nicht erinnern kann. Drei Jahre später kam Hitler an die Macht, und Vater war arbeitslos. Also arbeitete er für die Bauern: Torf stechen, Heu machen, Getreide ernten oder Holz machen im Winter. Es war eine schwere Arbeit, die noch dazu schlecht bezahlt wurde. 50 Pfennige Lohn gab es für einen ganzen Tag Arbeit. Aber wir brauchten ja schließlich etwas zu essen. Zumeist wurde mein Vater in Naturalien

Das Elternhaus meiner Mutter Rosina Wagner

bezahlt. Ich kann mich nicht erinnern, dass wir hätten hungern müssen. Vor Weihnachten wurde ein Schwein geschlachtet, Fleisch geräuchert, viel Obst gedörrt, und außerdem legten unsere Hühner viele Eier. Im Torf baute Vater Kartoffeln an, und Mutter buk Brot in einem Backofen, der im Obstgarten gebaut worden war. Also ging es uns allen trotz der schlechten Wirtschaftslage gut. Natürlich waren wir sehr genügsam, aber zum Glücklichsein braucht es nicht viel Geld.

Eines Tages bekamen wir neue Nachbarn. Eine Schulfreundin meiner Mutter hatte sich mit ihrem Mann, dem Mittermaier Schorsch aus Niederbayern, ein Haus in der Nähe gekauft. Die Halser-Anni war immer nett und lustig, während ihr Mann recht ruhig war und traurige Augen hatte. Irgendwann hat mir meine Mutter anvertraut, dass sein Vater in Straubing im Zuchthaus sitze, weil er seine Frau getötet habe, indem er absichtlich ein Pferdegespann mit einem Wagerl in einen Abhang gelenkt habe, bis der Wagen umstürzte und die Frau unter sich begrub. Motiv für diese Mordtat war eine junge Geliebte, die er

nicht heiraten konnte, weil er eingesperrt wurde. In der Zeit des Hitler-Regimes fand er im Zuge der Euthanasiemorde den Tod. Sein Sohn verließ seinen großen Bauernhof in Niederbayern und zog in unsere Gegend, weil er nicht mehr mit dem Kainsmal des »Mördersohn« leben wollte. Auch er musste Kriegsdienst leisten und kam einigermaßen heil wieder nach Hause.

Zehn Minuten entfernt und nur auf Feldwegen erreichbar befanden sich drei bäuerliche Anwesen. Die Bauersleute auf dem größten dieser Höfe hatten zwölf Kinder, einfache Kinder, ehrliche und gute Freunde. Die Mutter musste unglaublich viel arbeiten, im Stall, im Haushalt, und dann noch diese ganze »Fußballmannschaft« versorgen. Die größeren Geschwister mussten natürlich mit anpacken, sonst wäre das nicht zu schaffen gewesen. Der Vater war eigentlich kein unrechter Mann, aber begeisterter Anhänger Adolf Hitlers. Als Ortsgruppenleiter war er auch beauftragt, in der Schule Propagandareden zu halten. Über deren Inhalt weiß ich nicht mehr allzu viel, weil sie mich damals auch nicht besonders interessiert haben. Es waren Lobeshymnen auf die Partei, auf Hitler, und wüste Hetze gegen die Juden, die angeblich an allem Unheil Schuld hatten.

Meine Mutter hatte für diese Politik nicht viel übrig. Auch die Torfstecher, die bei uns ein- und ausgingen, waren vom Nationalsozialismus nicht begeistert. Plötzlich sollte man sich mit »Heil Hitler« grüßen, außerdem spürten wir, dass diese Ideologie im strikten Gegensatz zu unserem katholischen Glauben stand, und das war uns suspekt, denn wir alle waren eigentlich sehr gläubig und gingen regelmäßig in die Kirche.

Einer unserer Nachbarn war bei der SA, trug eine braune Uniform, einen Schulterriemen, ein Armband mit einem Hakenkreuz und eine Reithose. Er wollte meinen

Vater dazu überreden, Hitlers Buch *Mein Kampf* zu lesen. Allerdings hat mein Vater nie Bücher gelesen, und so liefen diese Bemühungen ins Leere.

Meine beiden Brüder waren freche und vorlaute kleine Kerle. Schorschl, der zwei Jahre älter war als ich, sagte eines Tages, als wir morgens auf dem Weg zur Schule am Haus des Nachbarn vorbeigingen, zu ihm »Heil Grattler!« Als mein Vater das erfuhr, stellte er ihn zur Rede und stauchte ihn gehörig zusammen. Schorschl entschuldigte sich mit den Worten »Ich wollte ›Heil Hitler‹ sagen, aber mir ist es nicht mehr eingefallen.« Puh, gerade noch mal gutgegangen.

Die Familie unseres Ortsgruppenleiters schien vom Unglück verfolgt. Die Mutter starb früh. Kurz vor ihrem Tod hatte sie noch einen langen Brief an die Kinder geschrieben, der dann am Grab vorgelesen wurde. So erübrigte sich die Grabpredigt. Von den zwölf Kindern ist eines sehr bald an Krebs gestorben, die meisten anderen erlagen auch relativ früh dieser heimtückischen Krankheit.

Mitte der Dreißigerjahre des vergangenen Jahrhunderts verschlechterte sich unsere wirtschaftliche Lage noch weiter. Wir hatten wirklich wenig zu essen, von anderen Dingen des Lebens ganz zu schweigen. Das Brot war rar, und wir Kinder hatten immer Appetit. Also hat unser Vater mehrere Torf-Bauern gefragt, ob er bei ihnen arbeiten könne. Aber alle schüttelten den Kopf. Auch das Schwein im Stall hatte Hunger und wollte Getreide. Deshalb ging mein Vater »fechten«, also betteln. Oft war er eine Woche aus, und wir warteten sehnsüchtig auf ihn. Aber immer war es das Gleiche: Er brachte ein paar alte Brotstücke und einige Pfennige mit nach Hause. Zum Leben zu wenig und zum Sterben zu viel.

Es war mein Onkel Sepp, der schon länger versucht hatte, auf diesem Weg durch die Wirtschaftskrise zu kom-

men, und Vater immer wieder bedrängte, mit ihm auf Betteltour zu gehen. Schließlich gab Vater nach. Der Mutter war's nicht recht. Sie schämte sich ebenso wie Vater. Niemand sollte ihn erkennen, weil sein Vater einmal der Bürgermeister von Bachmehring gewesen war. Deshalb musste Mutter einen alten schwarzen Umhang bringen und einen großen Hut mit breiter Krempe. Außerdem hat sich Vater das Gesicht geschwärzt.

»In die Wasserburger Gegend gehen wir nicht, damit mich keiner sieht und erkennt.«

Bei starkem Regenwetter zogen die beiden zu Fuß los. Denn Sepp konnte nicht Radfahren, außerdem hatte er auch keines. Als sie nach einer Woche immer noch nicht zurück waren, meinte unsere Mutter: »Hoffentlich haben die wilden Hunde der Bauern die beiden nicht angefallen, wenn sie in einem Heustadel übernachtet haben.«

Mein Bruder Schorschl beruhigte die Mutter: »Sepp hat das große Spitzmesser dabei und einen Hakelstecken, mit dem er jeden Hund erstechen oder auch einmal Fische fangen kann.«

»Sie sind immer noch nicht zurück«, sagte Mutter jeden Tag beim Blick aus dem Stubenfenster. Endlich, nach acht Tagen, schlurften die beiden wieder unserem Haus entgegen, voller Dreck und ungewaschen. Bis nach Ebersberg waren sie gekommen. Manche Bäuerin hatte ihnen heiße Milch und Brot gegeben, eine sogar »Ochsenaugen«, ein süßes Gebäck mit Marmelade in der Mitte. Oft aber hatte man den Hofhund auf sie gehetzt. Da waren dann das Messer wichtig und der Hakelstecken, um unbeschadet davonzukommen. Und immer haben sie sich das Gesicht an einem Backofen geschwärzt, damit man sie nicht erkennen konnte.

Meine Brüder und ich hörten den beiden aufmerksam zu, machten große Augen und lauschten den Geschich-

ten aus der »großen, weiten Welt«. Wir hatten ja noch nichts außerhalb unserer direkten Umgebung gesehen. Nach der Erzählung der aufregenden Erlebnisse schlief Vater sofort auf dem Kanapee ein, Sepp legte sich im Heu schlafen.

Und immer, wenn er wieder mühsam einen Hakelstecken formte, antwortete Mutter auf die Frage, warum er diesen denn benötige: »Den braucht er zum Marschieren, zum ›Fechten‹, zum Zuschlagen im Wirtshaus, zum Fischen und zum Hunde Abwehren.«

Das Ergebnis der »Weltreise« der beiden Bettler waren jedenfalls wieder nur einige Stücke trockenes Brot und etwas Kleingeld. Das steinharte Brot wurde dann abends in einen großen Tiegel warme Milch eingebrockt.

Es waren zu dieser Zeit einfach zu viele Bettler unterwegs. Ja, es war eine bittere Zeit für meinen Vater und all die anderen arbeitslosen Männer.

Onkel Sepp, der »Aberger Sepp«, war ledig. Er konnte nicht schreiben, auch nicht richtig lesen, denn er war fast nie zur Schule gegangen. Meistens hat er geschwänzt, er war halt schon immer ein richtiger Striezi. In seinen jüngeren Jahren hatte er sich immer wieder einmal bei einem Bauern als Knecht verdingt, aber nur für kurze Zeit, dann hatte er wieder keine Lust mehr. Ab und zu fing er bei einem Bauern ein Huhn, das er dann gebraten hat. Wenn Hunger und Durst ihn trieben, ging er von Haus zu Haus. Er hatte keine Heimat, und heute würde man ihn als Penner bezeichnen. Wenn er zu uns kam, hat Vater ihn immer aufgenommen. Er brauchte ja kein Bett und schlief im Heu. Auf dem Schädel hatte er tiefe Löcher, aus denen lange Haare wuchsen. Die Löcher kamen von Schlägen mit dem Maßkrug bei Wirtshausraufereien. Dass er auch keine Zähne mehr hatte, rundete das Bild der vollkommenen Verwahrlosung ab.

Meinem Vater hat Onkel Sepp oft beim Holzschneiden geholfen, beim Scheite spalten oder Mist ausbreiten. Wenn das Wetter ganz schlecht war, haben die beiden in der Stube Karten gespielt oder das Futter für die Kühe hergerichtet. Sepp war recht bescheiden und wollte uns nie Kosten machen. Allerdings hielt er wenig von Hygiene und Körperpflege. Zum Waschen der Füße ging er an den Bach und die Haare wurden ihm von meinem Bruder geschnitten. Zum Kürzen der Zehennägel benutzte mein Bruder eine Beißzange aus der Werkstatt, weil die Nägel derart hart waren, dass man sie mit einer normalen Nagelzange nicht bearbeiten konnte.

Eigentlich haben wir Kinder uns immer gefreut, wenn der Onkel Sepp gekommen ist. Auf dem Kanapee durfte er nicht schlafen, weil er es manchmal »eingenässt« hat, wenn er zu viel getrunken hatte. Weil er keine Zähne mehr besaß, bekam er abends von meiner Mutter immer heiße Milch, in die er hartes Brot einbrockte, das er von irgendeinem Bauern erbettelt hatte. So hat er sich mehr schlecht als recht durchgeschlagen.

Hin und wieder durften meine Brüder mit ihm zum Schwarzfischen gehen. Manchmal hat der Sepp auch ein Reh mit einer Schlinge gefangen und dann in unserer Werkstatt gebraten. Dort stand nämlich ein alter Herd mit einem Backrohr.

»Sepp, das tut man doch nicht!«, meinte meine Mutter immer und schüttelte den Kopf. Aber mitgegessen hat sie dann doch. Wenn Onkel Sepp keinen Erfolg beim Wildern hatte, versuchte er, eine Katze zu fangen. Das gelang ihm natürlich ziemlich häufig. Sie wurde dann geschlachtet und gebraten. Einmal gab er mir ein Stück Fleisch ab, das mir aber zu sauer war, weil er so viel Essig in die Sauce gegossen hatte. Außerdem wollte meine Mutter nicht, dass ich bei einer solchen Mahlzeit mitaß. Die Wilderei

war zwar ein Verbrechen, galt aber bei der armen Landbevölkerung nicht als ehrenrührig, und Onkel Sepp hat sich nie dabei erwischen lassen.

Wer so lebt wie Onkel Sepp, der nimmt oft ein trauriges Ende. Irgendwann einmal kam er nicht mehr zu uns. Wir hörten, dass er sich den Oberschenkel gebrochen hätte und dass das nicht mehr heilen würde. Er wurde in Schönbrunn bei Dachau im dortigen Franziskuswerk untergebracht. Einmal sandte er einen Brief zu uns, den ein Pfleger für ihn geschrieben hatte.

»Ich habe wirklich furchtbares Heimweh nach Höslwang, nach euch, eurem Hof, den Kindern. Wie geht's euch denn, vor allem den drei Kindern?«

Eines Tages kam er dann doch noch einmal zu uns, gestützt auf zwei Krücken. Er stand vor dem Stubenfenster und humpelte herein.

»Sepp, kommst du jetzt wieder? Bleibst du bei uns?«

»Ich kann nicht mehr«, stöhnte er, und dabei rannen ihm die Tränen herunter. Tagelang war ich danach ganz wehmütig, mir tat er unendlich leid. Nach ein paar Stunden musste er wieder zurück in sein Heim, das die Gemeinde bezahlte. Gesehen haben wir ihn nie mehr, aber oft an ihn gedacht.

Mit den Jahren wurde immer offensichtlicher, dass unsere Mutter krank wurde. Von Woche zu Woche wurde sie schwermütiger, depressiver. Der Arzt kam dreimal in der Woche zu uns, aber er konnte nicht helfen. Im Schrank befanden sich eine Menge Tabletten, die Mutter nehmen sollte. Einmal wollte mein kleiner Bruder Bartl diese Tabletten ausprobieren und lutschte einige. Daraufhin fiel er in einen langen Schlaf. Passiert ist ihm glücklicherweise nichts.

Unsere Nachbarin, die im Haus aushalf, schimpfte oft über unsere Mutter, weil sie glaubte, dass ihr nichts fehle.

Dann aber kam Mutter in eine Nervenklinik. Wir Kinder bekamen Angst, weil wir gehört hatten, dass Kinder von Nervenkranken, Erbkranken, Geisteskranken und Juden »lebensunwert« seien und möglicherweise umgebracht würden.

Mutter war erst 33 Jahre alt, als sie einen Nervenzusammenbruch erlitt und sehr viel Gewicht verlor. Zum Glück ging es mit ihr bald wieder bergauf. Sie kam zurück nach Hause, bekam rote Backen und sang wieder so wie früher. Und im Winter waren wir alle wieder in unserer kleinen Heimat, nachdem wir drei Kinder wegen Mutters Krankheit auf Verwandte aufgeteilt worden waren und verschiedene Schulwege hatten. Mein Schulweg hatte überwiegend durch den Wald geführt. Einmal hatte da ein älterer Mann in den Büschen gestanden und mir zugerufen: »Geh' her Dirndl, da sind viele Beeren.«

Schnell bin ich davongelaufen, und heute weiß ich, dass ich ganz schön Glück gehabt habe.

Einmal im Jahr kam ein Fotograf in die Schule, um ein Klassenfoto zu machen. Zu dieser Zeit waren gerade Wandersleute, die wir als »Grattler« bezeichneten, im Dorf. Sie lagerten unter der Linde am Dorfplatz. Die Gemeinde wies ihnen einen Platz an, wo sie ihren Blachenwagen abstellen konnten. Ihr Pferd kam in die Fremdenstallung beim Wirt, und die Kinder gingen eine Woche in unsere Schule. Jedes dieser Kinder hatte ein kleines Buch, in das der Lehrer eintrug, wie lange sie am Unterricht teilgenommen hatten.

Der Fotograf stellte dann die Kinder auf, und ein Mädchen dieses fahrenden Volkes stand direkt neben meinem Bruder. Dieses Mädel hatte viele Läuse, was aber auch bei uns durchaus vorkam. Als mein Bruder später das Foto sah, wollte er es verbrennen, weil das Mädchen neben ihm stand. Doch Mutter meinte nur: »Stell dich nicht so an. Die ist auch nicht anders als wir.«

Nach Mutters Genesung hat sich unser Familienleben wieder normalisiert. Vater war mittlerweile recht streng, mitunter sogar jähzornig. Wenn wir irgendetwas ausgefressen hatten, mussten wir in der Stube »Scheitelknien«. Dazu wurde ein kantiges Scheit Holz auf den Boden gelegt, und wir mussten darauf knien und oft sogar dabei beten. Wir drehten aber die glatte Seite des Holzes nach oben, damit es nicht so wehtat.

Gebete gehörten bei uns zum üblichen Tagesablauf. Vor jedem Essen wurde im Knien auf dem Fußboden gebetet. Am Wochenende wurde der Rosenkranz gebetet und ein langes Familiengebet gesprochen. Fast jeden Tag mussten wir vor der Schule auch in die Kirche gehen. Da man dorthin fast eine Stunde brauchte, war das für uns eine gewaltige Strapaze, vor allem im Winter. Einige Male haben wir die Kirche geschwänzt, aber wir wussten nicht, wo wir dann hingehen sollten. Und man hätte uns keinesfalls dabei erwischen dürfen. Scheitelknien wäre die Mindeststrafe gewesen.

Im Jahre 1937 gewann die NSDAP mit ihrer Ideologie zunehmend an Einfluss – auch in unserer abgelegenen Gegend. Es wurde gegen die Kirche und die Religion gehetzt, der »Hitler-Gruß« mit dem ausgestreckten rechten Arm setzte sich gegen das traditionelle »Grüß Gott« durch, und häufig musste das Deutschlandlied gesungen werden. Wenn wir beim Singen aller Strophen den Arm zum Gruß ausstrecken mussten, schmerzte das ziemlich. In der Turnstunde wurde marschiert und es wurden Marschlieder gesungen. Uns Kindern wurde dringend nahegelegt, uns der Hitlerjugend (HJ) oder dem Bund Deutscher Mädchen (BDM) anzuschließen. Wenn die Eltern das ablehnten, mussten es die Kinder in der Schule büßen. Ständig wurden Gedichte über die Fahne vorgetragen. Mutter meinte, dass das ein Unsinn sei. In der Kirche wurde der Pfarrer

ausgehorcht. Keiner durfte sich kritisch über die Partei oder den »Führer« äußern. Als unser Pfarrer Greimel einmal in einer Predigt das neue Regime anprangerte, wurde er wenige Tage später verhaftet und ins Gefängnis nach Rosenheim verbracht. Die Bauern des Ortes haben ihn dann wieder freigekauft.

Im August 1939 verdichteten sich die schlechten Nachrichten, und wir mussten erkennen, dass es mit den Friedenszeiten vorbei war. Der Stüblvater von Ratting, unser dicker und zuckerkranker Nachbar, kam aufgeregt in die Stube gelaufen und rief: »Rosl, heute Nacht war Mobilmachung. Der Krieg ist ausgebrochen! Unser Sohn Bertl ist seit heute Nacht fort, er hat einrücken müssen.«

Ich verstand zunächst gar nicht, was los war, und meinte anfangs, dass das etwas mit einem Bierkrug zu tun haben könnte.

»Gut, dass unser Vater schon 39 Jahre alt ist. Dann braucht er nicht mehr einzurücken. Und die Buben gehen ja noch zur Schule«, meinte unsere Mutter sorgenvoll.

Der alte Stübl, der den Ersten Weltkrieg mitgemacht hatte, erklärte, dass entweder alles schnell vorbei sein, oder dass es ganz lange dauern werde.

Bei Kriegsanfang wurden auch in unserer Gegend Manöver mit scharfen Waffen abgehalten. Danach fanden wir Kinder immer wieder Patronen, die auf den Feldern herumlagen. Ein Freund meiner Brüder, der Bauer-Alfons aus Stacherting, fand so eine Patrone und zeigte sie seinem Schulfreund. Wir kannten ihn gut, weil er oft im Torfmoos war und zu uns in die Stube kam.

»Mit dem Denglhammer musst du draufschlagen, dann knallt's«, erklärte er fachmännisch. Als seine Eltern bei der Getreideernte auf dem Feld waren, machte er dann den verhängnisvollen Schlag. Es gab eine Explosion, und aus seinen beiden Augen rann Blut. Wegen dieses Unfalles

Meine Mutter mit mir und meinen Brüdern Bartl und Schorsch im Jahre 1939

musste er in einer Klinik operiert werden. Aber danach konnte er trotzdem fast nichts mehr sehen, nur hell und dunkel unterscheiden.

Im Frühjahr kam er wie alle Jahre mit einem Nachbarbuben wieder ins Torfmoos, aber seine Pupillen waren ganz zerronnen. Ohne Begleitung konnte er nicht mehr kommen, was uns sehr bedrückte.

»Alfons, magst du auf der Ziehharmonika etwas spielen?«, fragten wir ihn, wenn er sich wieder einmal den weiten Weg zu uns hatte führen lassen. Er hatte ein sehr gutes Musikgehör und verlangte immer gleich nach der »Ziach«. Wir hatten ihn wirklich gern, aber sein Augenlicht war verloren.

»Ich muss nach München zur Blindenschule«, erklärte er uns wehmütig.

Dort hatte er zwar Heimweh, aber er konnte Musik studieren und wurde später ein bekannter Musiker, der im Rundfunk und im Fernsehen zu hören war und immer mit Sonnenbrille auftrat.

Im Herbst 1940 musste unser Vater dann doch noch einrücken. Er kam zum Bodenpersonal der Luftwaffe nach Neubiberg bei München. Mittlerweile waren bereits viele junge Männer gefallen, und die Sorgen in den Familien wurden größer und größer. Mit unserem Vater wurde auch der Wirt von Sonnering einberufen. Natürlich war Vater sehr unglücklich, dass er unsere Mutter mit uns drei Kindern allein zurücklassen musste.

In der Schule wurde jeden Tag der Wehrmachtsbericht verlesen und der Unterricht dementsprechend gekürzt. Die Lehrerschaft zeigte sich von der Situation begeistert, vermutlich wegen des Druckes der Nazis. Unser Lehrer Nickl jedenfalls konnte seine Nervosität nicht verbergen.

Der Erste, der aus unserer Gegend gefallen ist, war der Kober-Nickl aus Almertsham, ein recht netter Kerl, um den es mir wirklich leidtat. Vater schrieb uns jeden Tag. Von Monat zu Monat nahm die Zahl der »Heldengottesdienste« in der Kirche zu. In der Schule mussten wir im-

merzu den Worten des »Führers« lauschen, der im Rundfunk laut gebrüllt hat. Um zuzuhören, gingen wir stets in das Wohnzimmer des Hauptlehrers Nickl. Bei diesen Hitlerreden mussten wir oftmals zwei Stunden stillstehen. Da war der Lehrer ganz aufgeregt. Wer unruhig war oder geschwätzt hat, bekam eine saftige Ohrfeige. Einmal erwischte es auch mich, wobei der Lehrer so fest zuschlug, dass ich eine Woche lang auf einem Ohr nichts mehr hören konnte.

Beim Appell nach der Schule trugen die Buben nunmehr HJ-Uniform. Aber meine Eltern mussten sparen, und so bekamen meine Brüder keine. Wir Mädchen sollten einen dunklen Rock, vorne mit Springfalte, und eine weiße Bluse tragen. Das hatte ich zufällig. Dazu kamen ein brauner Lederknoten und ein schwarzes Schultertuch. Am Arm der Bluse wurde ein Emblem befestigt mit der Aufschrift »BDM – Bund Deutscher Mädchen«.

Zusammen mit zwei anderen Mädchen wurde ich beauftragt, kleine Kurse zu besuchen, damit wir einen Appell führen konnten. Sogar einen Ausweis mit Foto bekam ich, wofür wir eigens nach Endorf fahren mussten. Bei diesen Appellen machten wir Spiele, sangen Lieder oder strickten Sachen für die Soldaten. Die Religion ließen wir uns aber nicht ausreden und gingen nach wie vor regelmäßig in die Kirche. Unser Leben wurde noch sparsamer nach dem Motto »Sparen für den Sieg«.

Die Hitlerjungen, die als »Pimpfe« bezeichnet wurden, sollten »zäh wie Leder, hart wie Kruppstahl und flink wie die Windhunde« sein, um nur eine der vielen Parolen zu nennen. Müttern mit mehr als vier Kindern wurde das »Mutterkreuz« in Bronze verliehen. Für sechs oder sieben Kinder gab es das gleiche Ding in Silber, und für Mütter mit mehr als acht Kindern gar in Gold. Dem »Führer« Soldaten zu schenken, wurde zum obersten Daseinszweck

der deutschen Frau erklärt, aber die despektierliche Bezeichnung »Karnickelkreuz« bewies, dass keineswegs alle so dachten.

Alles wurde von »oben« diktiert. Einerseits ließen sich zwar viele Menschen für das Regime begeistern, andererseits aber standen auch viele dem Nationalsozialismus kritisch gegenüber oder interessierten sich überhaupt nicht für Politik. Wir Kinder kamen wegen dieser »Erziehungsmaßnahmen«, die uns dem Einfluss unserer Eltern möglichst entziehen sollten, immer sehr spät nach Hause. Mutter schimpfte darüber, weil wir ihr eigentlich bei der Arbeit hätten helfen sollen. Auch viele unserer Nachbarn waren große Gegner des Nationalsozialismus, durften es aber nicht laut sagen, weil das Damoklesschwert »Dachau« über allen schwebte. Man durfte nicht Jude sein oder von Juden abstammen, keine Erbkrankheit haben, nicht nervenkrank, behindert oder schwul sein, sonst lief man Gefahr, ermordet zu werden. Mutter verbot uns, über solche Themen zu reden. Und als dann eine Wahl stattfand, wussten alle, dass sie manipuliert worden war.

Schon in den ersten Kriegsjahren konnte man nur noch mit Lebensmittel- und Kleiderkarten einkaufen. Auch Schuhe bekam man nur noch mit einem Bezugsschein. Und überall arbeiteten die Frauen auf den Feldern, da ja die Männer ab 17 Jahren in den Krieg ziehen mussten – ein hartes Los für die Frauen auf dem Land. Für die Landarbeit wurden ihnen zur Unterstützung kriegsgefangene Franzosen und Serben zugewiesen. Auch in den Fabriken wurden Kriegsgefangene eingesetzt. Die Gefangenen mussten jeden Tag pünktlich wieder zurück in ihr Lager gehen. Sie waren beim Wirt in Höslwang untergebracht und wurden von einigen deutschen Soldaten bewacht. Mit diesen Kriegsgefangenen war uns jeder nähere Kontakt verboten, von Feiern und Musikveranstaltungen waren sie

ausgeschlossen. Das heißt, dass sie natürlich auch nicht die verschiedenen Tanzveranstaltungen in Tennen und Hausgängen besuchen durften, die damals üblich waren.

Dann kamen vereinzelte Zwangsarbeiter aus Polen, der Ukraine und Russland, Männer und Frauen. Sie mussten auf ihrer Kleidung ein »P« oder »Ost« tragen. Eigentlich waren es nette und fleißige Leute, für die es sehr hart war, so weit von ihrer Heimat entfernt zu sein. Bei unseren Nachbarn lebte eine Ukrainerin, die sehr gut Stricken und Wolle spinnen konnte. Sie hieß Hela. Deutsch konnte sie natürlich nicht, aber so nach und nach eignete sie sich unsere Sprache an.

Im Jahre 1941 war Vater immer noch in der Ausbildung und trug eine dunkelgraue Uniform. Wenn er für ein paar Tage Urlaub bekam, ging er immer in Zivil. Nach der Grundausbildung kam er nach Landau an der Isar. Danach war er eine Zeit lang in Straßburg stationiert und schickte uns Ansichtskarten vom Dom. Wir kamen aus dem Staunen nicht heraus, denn wir wussten ja nichts von der großen weiten Welt. Eines Tages schickte er aus dem Elsass ein Päckchen mit Gesichtscreme, mehreren Tuben Zahnpasta und einen Kleiderstoff. Sorgfältig legte ich alles in meine Schublade und erfreute mich daran, denn man konnte ja nicht mehr viel kaufen.

Als mein älterer Bruder einrücken musste, schenkte ich ihm eine Tube Zahnpasta. Außerdem habe ich ihm öfters etwas gestrickt, einen Pullover oder ein Stirnband. Ich war sehr froh darüber, denn es war das Letzte, was ich ihm schenken konnte. Als er einrücken musste, hat er geweint und mir sehr leidgetan.

Der Bruder meiner Mutter, der ebenfalls Onkel Sepp hieß, war in Polen eingesetzt worden. Bei jedem Heimaturlaub kam er zu uns auf den Hof. Er war ein lieber und sehr musikalischer Mensch. Oft hat er mir einen Brief ge-

schrieben, und ich schrieb immer zurück. Einmal erzählte er mir, dass er in Polen ein Küchenbrett gespalten und dabei eine Armbanduhr gefunden hätte, die er mir schenken wollte. Aber bevor er mir die Uhr bringen konnte, ist er gefallen.

Weil die Städte bereits seit 1941 bombardiert wurden, kamen ins nahe gelegene Amerang immer wieder Sommergäste, die aus der Stadt aufs Land wollten, um wenigstens ein paar Wochen keinen Luftangriff mitmachen zu müssen und um Ruhe und Einsamkeit zu erleben. Wenn dann in Amerang kein Zimmer mehr frei war, ergab es sich, dass diese Sommergäste auch einmal bei uns auf dem Hof landeten.

Eines Tages spazierte ein älteres Ehepaar an unserem Haus vorbei und kam mit meiner Mutter ins Gespräch. Die beiden kamen aus Königswinter bei Bonn und fragten, ob sie nicht ein paar Tage bei uns bleiben könnten. Mutter war nicht abgeneigt, betonte aber, dass wir keine richtigen Matratzen, sondern nur Strohsäcke in den Betten hätten. Das war für die beiden kein Problem, denn sie hätten ja in ihrer Kindheit auch auf Strohsäcken geschlafen. Nur das Überleben zähle.

Mutter überzog also die Betten und gab ihnen zum Frühstück einen Krug mit Magermilch. So saßen sie am Morgen draußen bei der Waschbank und aßen ihr bescheidenes Mahl. Mittags gingen sie dann zum Wirt in Amerang zum Essen. Die Magermilch schmeckte ihnen, und normalerweise hätte man mit Lebensmittelkarten nur einen Viertelliter pro Person und Tag bekommen.

»Endlich können wir wieder in der Natur sein und nicht immer nur im Luftschutzkeller«, meinten sie dankbar.

Am liebsten wären sie ganz dageblieben, aber nach zwei Wochen mussten sie wieder zurück nach Hause. Einige Zeit später schrieben sie uns, dass sie das Grab vom Winkler-Michi, einem Burschen aus unserem Ort, auf

Zusammen mit Susi Bauer (links)
im Winter 1941

dem Soldatenfriedhof in Königswinter gefunden hätten. Michis Stiefmutter, die ihn aufgezogen hatte, fuhr daraufhin nach Königswinter und berichtete danach, dass es für sie unendlich schwer gewesen sei, einsam und hilflos an seinem Grab zu stehen. Sie hatte ihn als Sechsjährigen in ihre Obhut genommen und sehr geliebt. Nun musste sie in tiefem Schmerz zur Kenntnis nehmen, dass er mit nur 19 Jahren gefallen war.

Im vierten Kriegsjahr 1942 wurden die Bedingungen für die Bevölkerung immer härter, die Lebensmittel knapper, und die Zahl der gefallenen Soldaten nahm rapide zu. So kam viel Leid über die Familien. Selbst Wolle gab es nicht mehr. Nur noch im Handarbeitsunterricht in der Schule konnte sie verwendet werden, weil wir dort Sachen für die Soldaten an der Front stricken sollten.

Im Sommer sammelten wir Heilkräuter und trockneten sie, um sie dann als Tee für die Soldaten nach Russland zu schicken. Unsere Lehrerin, Fräulein Bindl, ließ uns die gesammelten Heilkräuter mit dem Leiterwagen in die Schule fahren, und dort wurden sie auf dem Dachboden getrocknet, um später in Säcke verpackt zu werden.

In dieser Notlage hatte unser Vater, wie viele andere auch, ein Schaf gekauft, das wir scheren mussten. Die gewaschene Wolle wurde gesponnen, sodass wir Pullover und Strümpfe stricken konnten. Da das Brennholz immer knapper und die Temperatur in der Stube niedriger wurde, konnten wir die warmen Sachen dringend brauchen.

In der Schule wurden wir gefragt, ob wir in unserer Familie ein Kind aus dem Ruhrgebiet oder aus Westfalen aufnehmen könnten. Im Rahmen der »Kinderlandverschickung« wurden Kinder aus den Städten, die von Luftangriffen heimgesucht wurden, aufs Land geschickt, wo sie sicher waren und endlich wieder ein Leben außerhalb eines Luftschutzkellers führen konnten. Ich durfte mich melden, weil ich mir ein Mädchen wünschte.

An einem Dienstag war es dann so weit. Alle Familien, die sich gemeldet hatten, durften ihr Kind in Halfing abholen. Wir wanderten durch den Wald in das Dorf und waren schon gespannt, wie das Mädchen, das zu uns kommen sollte, aussehen würde. Bald fuhr der Zug ein, und alle Kinder stiegen mit einem Pappschild um den Hals aus. Dann aber war die Enttäuschung groß, weil das Kind, das unseren Namen auf dem Schild trug, ein Junge war. Er hieß Gerhard, kam aus Gelsenkirchen und schaute unglaublich armselig drein. Vielleicht war er aber auch nur sehr unsicher. Er verstand unseren bayerischen Dialekt nicht, nur Hochdeutsch. Wir mussten uns also anstrengen, damit wir uns unterhalten konnten. Bald verlor er seine Scheu und lernte wieder zu lachen.

Rosa, Bartl und Georg

Meine Mutter hatte nun drei Buben zu versorgen, Vater war ja an der Front im Osten. Gemeinsam mit Gerhard gingen wir in die Schule. Ja, er war ein schlaues Bürschchen und konnte gut rechnen. Außerdem war er folgsam und half meiner Mutter bei der Arbeit. Das wiederum machte meine Brüder eifersüchtig, was gelegentliche Rau-

fereien zur Folge hatte. Ein halbes Jahr war Gerhard bei uns, und als er wieder nach Hause musste, waren wir alle sehr traurig, und die Raufereien längst vergessen.

Mittlerweile war das Jahr 1943 angebrochen, und viele junge Soldaten waren bereits nicht mehr am Leben. Auch unsere Familie hat es getroffen. Mein Onkel Matthias war in Stalingrad gefallen, ebenso mein Stiefbruder Ignaz. Darüber waren wir natürlich sehr traurig, vor allem meine Mutter. Und das Essen wurde immer knapper, dazu kamen die schrecklichen Luftangriffe, die uns auch auf dem Lande gelegentlich trafen. Immer wieder gab es in den Schulen Fliegeralarm. Wie es in den Städten aussah, konnten wir an den vielen Frauen ermessen, die wir »Hamsterer« nannten und die mit dem Zug aus der Stadt kamen, um Lebensmittel zu erbetteln oder gegen Wertsachen einzutauschen.

Im April 1943 kam ich aus der Schule und fand einen Brief meines Vaters vor, in dem er mich fragte, ob ich nicht Krankenschwester werden wolle. Als er ihn schrieb, herrschte in Stalingrad eine grausame Kälte von vierzig Grad minus. Während des Untergangs der 6. Armee war mein Vater in Stalino in der Ukraine und kam noch einmal für wenige Tage auf Urlaub nach Hause. Er brachte einen kleinen Kanister Sonnenblumenöl mit und Fotos, auf denen die winzigen Bauernhäuser dieser Gegend zu sehen waren. Dort lebten arme Leute, die oft nur ein oder zwei Kühe hatten. Ab und zu traf er dort eine alte Frau, die Deutsch sprach, was ihn besonders freute. Er erzählte, dass in diesen Häuschen alle über dem großen Ofen im Wohnraum schliefen. Kleine Kinder wurden in einer Art Schaukel an der Decke aufgehängt, weil es dort wärmer war.

Mittlerweile war er bei einem Transportgeschwader gelandet, das Nachschub, insbesondere Lebensmittel, an die

Front fliegen musste. Er berichtete, dass viele Soldaten sich die Gliedmaßen abgefroren hatten oder in russische Gefangenschaft geraten waren. Bedrückt lauschten wir seinem Bericht über die fürchterlichen Verluste an Menschenleben an der Ostfront. Nach wenigen Tagen zu Hause musste Vater wieder an die Front, und wir alle konnten nur hoffen, ihn wiederzusehen.

Vater berichtete uns wenig später, dass er von der Front nach Rendsburg in Schleswig-Holstein ins Lazarett geflogen worden war, weil er eine Nierenbeckenentzündung bekommen hatte. Immer wieder schrieb er uns, ob Mutter nicht kommen könne. Aber sie hatte nicht den Mut dazu. Es war ja eine weite Strecke, und Reisen wurde zunehmend gefährlicher, nicht nur in der Nähe der großen Städte durch die pausenlosen Luftangriffe. Auch auf dem Land konnte man sich nicht mehr sicher bewegen. Denn immer wieder tauchten alliierte Tiefflieger auf und schossen auf alles, was ihnen vor die Rohre kam. Aber seine vielen langen Briefe hat Mutter immer gewissenhaft beantwortet. Uns erzählte sie, wie sie ihn kennengelernt hatte und dass sie zu zweit auf einem Fahrrad spazieren gefahren seien.

Wir schrieben das Jahr 1944, und wiederholt mussten wir Vertriebene aus dem Osten in unserem Haus aufnehmen. Zunächst war es eine Flüchtlingsfrau aus Ostpreußen, die uns mit ihrem Buben zugewiesen wurde. Sie kochte öfters fremdartige Gerichte wie Königsberger Klopse oder Sauerampfersuppe, war aber nicht lange bei uns. Dann kam eine Familie Fett, eine Frau mit zwei Mädchen, zu uns ins Haus. Der Mann war natürlich an der Front. Wir stellten ihnen zwei möblierte Kammern zur Verfügung, denn sie kamen mit nichts außer einem kleinen Sack mit Wäsche. Die beiden Mädchen waren lieb, und wir hatten sie sehr gern. Nach zwei Jahren zogen sie ins

Rheinland, und wir waren eigentlich traurig, dass sie uns verließen.

Der Krieg war mittlerweile bereits im fünften Jahr, die Lebensumstände verschlechterten sich weiter und weiter. Meine Brüder hatten keine Schuhe mehr. Zum Glück bekam meine Mutter im Schuhgeschäft von Halfing Holzschuhe, die an der Ferse ein Lederband hatten. So konnten wir in die Schule gehen, wurden zwar ausgelacht, aber haben nie einen Schultag versäumt.

Im Radio habe ich nach längerem Suchen den verbotenen Feindsender gefunden und mir immer die Nachrichten angehört. So habe ich genau erfahren, wo die Fronten verliefen und wie groß unsere Verluste waren. Ich habe mir daraufhin eine Karte gezeichnet mit den Orten, an denen unsere Soldaten kämpften. Natürlich war mir klar, dass das Hören von Feindsendern mit dem Tod bestraft wurde. Deshalb hatte meine Mutter große Angst und sperrte den Hund hinaus, damit er meldete, wenn sich jemand dem Haus näherte.

Die Nachbarn kamen und fragten meine Mutter, ob ich nicht aufschreiben könnte, wer von den Soldaten unseres Dorfes gefallen war und wann der Trauergottesdienst für den jeweiligen Soldaten stattfinden würde. Denn die Meldungen von Gefallenen häuften sich in erschreckender Weise. Es gab keine Druckerei mehr, die Sterbebilder hätte drucken können, und in den Schulen mussten die Kreuze entfernt werden. Auch bei uns in Höslwang sollten sie abgehängt werden, aber die mutige Bergerin ließ das nicht zu, und die Kreuze blieben, wo sie waren.

In dem Maße, in dem sich die deutsche Luftwaffe auflöste, nahm der Terror der Tiefflieger zu. Diese richteten auch ganz nahe bei unserem Haus großen Schaden an. Bei Almertsham beschossen sie die weidenden Kühe, töteten einige Tiere und verletzten andere schwer. Mehre-

ren trächtigen Kühen hingen die Kälber vom Leib heraus.

Wir Kinder waren durch diese schrecklichen Ereignisse tief betroffen. In Kronberg fielen mehrere Splitterbomben auf die Weiden, die nicht detonierten und von mehreren Dachauer KZ-Insassen gefunden und entschärft werden mussten – ein wahres Himmelfahrtskommando! Eine Bäuerin wollte diesen Menschen eine Brotzeit geben, aber es wurde ihr untersagt.

Einigen Fremdarbeitern aus Polen und der Ukraine konnte ich aber wenigstens einmal eine Freude bereiten. Sie fragten meine Mutter, ob ich an einem Sonntag nicht ein wenig auf meiner Ziehharmonika für sie spielen könnte. In einer nahe gelegenen Hütte traf ich dann die Fremdarbeiter, die alle auf dem Balkon und Schubkarren saßen. Ich spielte einen Landler, Walzer und verschiedene Lieder. Alle haben mitgesungen, und viele Lieder kannte ich vom Radio. Beim Wolga-Lied »Du hast doch dort oben viele Englein bei dir, schick doch einen davon auch zu mir« fingen die Frauen vor Rührung an zu weinen. Ich war froh, dass ich diese Menschen erfreuen konnte.

Im Spätherbst 1944 kam Vater noch einmal für einen Kurzurlaub aus Russland. Recht mager war er geworden und sehr nervös. Dass seine Mutter, also meine Oma, mittlerweile verstorben war, hat ihn sehr getroffen. Als er von ihrem Tod erfuhr, begann er laut zu schluchzen und zu weinen. Da ich so etwas von ihm noch nie gehört hatte, bekam ich Angst. Mit dem Fahrrad fuhr er sofort zum Friedhof und flüsterte immer wieder »Meine gute Mutter«.

Schnell waren die wenigen Tage Heimaturlaub vorüber, und wir haben unseren schwer bedrückten Vater zum Bahnhof nach Amerang begleitet. Beim Abschied hat er wieder geweint. Es war für uns Kinder ein schreckliches

Erlebnis. Als der Zug abfuhr, winkte er lange aus dem Fenster, und Mutter war ganz still. Erst einige Zeit später sagte sie leise »Er kommt nicht wieder«.

Sie hat es gespürt, er bestimmt auch, und es war wirklich so. Nur ein paar Briefe hat Vater noch geschrieben, mit zittriger Schrift, an der man erkennen konnte, dass es ihm nicht gut ging. Wir haben ihn nie mehr gesehen.

Die Luftangriffe nahmen von Woche zu Woche zu. Ganze Geschwader feindlicher Flugzeuge flogen über uns hinweg. Schon aus der Ferne hörte man das Summen und Rauschen, das uns Angst machte. Wir hörten, dass München bereits zum großen Teil zerstört war, und auch der Bahnhof von Rosenheim hatte einige Bomben abbekommen. Dort gab es einige Luftschutzkeller, in die man laufen musste, wenn die Sirenen heulten. Nach jedem Luftangriff war Entwarnung, die Menschen krochen aus den Bunkern und sahen die Verwüstungen und die brennenden Häuser. Wenn ein Luftschutzkeller getroffen worden war, kamen die Schüler und Mütter meist nicht mehr heim. Wir Schülerinnen mussten in den Keller der Gemäldegalerie laufen, die zum Glück nie getroffen wurde.

Je weiter der Krieg fortgeschritten war, desto härter wurde das Leben auch für uns. Mit der Verschlechterung der Kriegslage wuchs auch der Terror des Nazi-Regimes gegen die eigene Bevölkerung. So wurden noch im Februar 1945 Standgerichte auch für Zivilisten eingesetzt, die alle mit dem Tod bedrohten, die Feindsender hörten oder sonstige Handlungen begingen, »durch die die deutsche Kampfkraft und Kampfentschlossenheit gefährdet« werden konnte. Hinter vorgehaltener Hand aber wurde geflüstert, dass der Krieg schon verloren sei.

Wenn eine Fremdarbeiterin schwanger wurde, dann wurde ihr im Krankenhaus das Kind einfach weggenommen. Scheu und verschämt kamen diese Frauen dann wie-

der auf ihren Bauernhof. Die Ukrainerin Hela, die auf dem Hof unseres Nachbarsbauern arbeitete, ereilte dieses Schicksal. Sie war eine fleißige junge Frau, die mir sehr leidtat.

Der Krieg näherte sich also seinem Ende, und die Menschen wurden immer nervöser. Vor allem die Nazi-Anhänger bekamen es mit der Angst, da niemand wusste, wie es weitergehen sollte. Trotzdem bestanden viele noch immer darauf, dass die Verhaltensvorschriften der Braunen penibel befolgt wurden. In einem Bäckerladen, in dem ich mir immer Semmeln kaufte, habe ich einmal nicht ordentlich gegrüßt und wurde sofort angeschrien: »Hier wird mit ›Heil Hitler‹ gegrüßt!«

Die Nachrichten des verbotenen englischen Senders meldeten, dass der Krieg bald aus sein werde, dass es für die Wehrmacht keinen Nachschub mehr gäbe und auch die Verpflegung der Zivilbevölkerung zu Ende gehe. Tatsächlich mussten wir Lebensmittel in die Schule mitbringen, dann wurde bestimmt, was wir damit kochten. Die Fenster der Unterrichtsräume waren mit Brettern vernagelt worden – eine gespenstische Atmosphäre.

Irgendwann hatte ich keine Schuhe mehr. Sie waren einfach derart kaputt, dass man sie nicht mehr reparieren konnte. Es war noch Winter, und ich musste jeden Tag außer Haus. Schuhe konnte man nicht mehr kaufen, es gab einfach nichts mehr. Amalie, eine Freundin meiner Mutter, wollte helfen, weil sie häufig nach München zum Dienst fuhr. Irgendwann kam sie mit zwei alten, festen Männerschuhen zu uns. Diese hatten zwei verschiedene Größen und waren darüber hinaus an der Spitze aufgedreht. Ich aber war glücklich darüber, zog diese Schuhe lange an, wurde darin nie nass und trug selbstgestrickte Socken aus Schafwolle, damit der Größenunterschied nicht so auffiel.

Schon lange war keine Post mehr von Vater gekommen, hatte es kein Lebenszeichen gegeben. Mutter war ständig tief betrübt und fürchtete jeden Tag, dass eine Todesnachricht käme. Wenn der Postbote kam, riss sie dem Briefträger die Post förmlich aus der Hand. Zwei Monate ging das so, wir erfuhren nichts von unserem Vater.

»Beten wir zum heiligen Thaddäus«, meinte Mutter und hoffte, dass das vielleicht helfen könnte. Dieser Heilige wird ja in scheinbar ausweglosen Situationen angerufen. Wir mussten also jeden Tag beten. Wir schleppten unsere Betten in die Stube, weil es bitterkalt und das Brennholz fast ausgegangen war.

Dann bekamen wir Nachricht aus einem Kriegsgefangenenlager, aus dem der Brief herausgeschmuggelt worden war. Vater war also in russischer Gefangenschaft. Es waren nur wenige Zeilen in krakeliger Schrift, die nichts darüber aussagten, wo Vater sich befand. Viele Nachbarsbuben waren bereits gefallen, nette Buben, die oft bei uns auf dem Hof gewesen waren und mit meinen Brüdern gespielt hatten. Ich sehe ihre lachenden Gesichter noch vor mir – und werde sie nie wiedersehen. In den Häusern unserer Gegend gab es viele trauernde Eltern, Frauen und Freundinnen von Soldaten, die irgendwo in der Ferne begraben waren.

Das Hitler-Regime ging unweigerlich dem Ende entgegen, und Mutter hatte schon lange nicht mehr gesungen. Und dann kam jener 16. Februar 1945, ein Tag, den meine Mutter Rosl und ich nie vergaßen, nie vergessen konnten, ein Tag, der sich in unser Gedächtnis eingebrannt hat.

Eigentlich war es ein ruhiger Wintertag, einer von vielen grauen Tagen. Es lag noch Schnee, und in unserem Haus herrschte eine gedrückte Stimmung wie immer. Es waren allzu viele Gefallene zu beklagen, darunter viele blutjunge Hoferben. Im Angesicht der Niederlage mobilisierten die

Mein Vater Bartl (vorne rechts), der in russischer Gefangenschaft gestorben ist.

Nazis die letzten Reserven, und die Verluste stiegen in schwindelnde Höhen. Niemand wusste, wie es in naher Zukunft weitergehen sollte und wer von den Männern noch zurückkehren würde. Nur noch meine Mutter und ich wohnten in unserem Haus. Wir arbeiteten ruhig vor uns hin, aßen unsere Mahlzeiten, ohne viel zu reden. Ich schlief schon seit einigen Wochen im ersten Stock in Vaters Bett, meine Mutter Rosl in der Kammer daneben.

In der Nacht dieses 16. Februar 1945 war es wie so oft totenstill, kein Wind, kein leise fallender Schnee. Wir löschten das Licht in der Stube und gingen mit einer Kerze nach oben, denn elektrisches Licht hatten wir nur im Erdgeschoss. Bald fiel ich in einen tiefen Schlaf, meine Mutter vermutlich auch. Plötzlich, es war gegen 3.30 Uhr in der Nacht, stürzte meine Mutter in meine Kammer, weckte mich auf, umfasste meine Schulter mit ihren Armen und flüsterte in meine Ohren: »Rosa, unser Vater hat gerufen. Dreimal hat er laut und deutlich ›Rosl‹ gerufen. Wir müssen ihm aufmachen. Er steht vor der Haustüre.«

Dann zündete sie eine Kerze an, nahm den Hausschlüssel und ließ ihn an einer langen Schnur aus dem geöffneten Fenster nach unten. So hatte sie es immer gemacht, wenn Vater vom Wirtshaus nach Hause gekommen war. Aber nichts rührte sich, es war absolut ruhig. Daraufhin ging Mutter mit der Kerze nach unten, sperrte die Haustüre auf und rief laut: »Bartl, bist du da?«

Wieder keine Antwort, nur unheimliche Stille. Meine Mutter wartete noch einige Zeit, lauschte gespannt in diese Stille hinein, sperrte dann die Haustüre wieder zu und kam mit der Kerze zu mir nach oben.

»Ich hab's ganz bestimmt gehört«, flüsterte sie aufgeregt, »dass Vater dreimal laut nach mir gerufen hat. Ganz bestimmt. Es war ganz deutlich zu hören.« Dann ging sie wieder zum Fenster, öffnete es und rief in die Nacht hinein: »Bartl, bist du da?«

Aber sie erhielt keine Antwort. Schließlich legten wir uns wieder in unsere Betten. Mutter aber war zu aufgewühlt, um noch einmal einzuschlafen. In den kommenden Wochen sagte sie immer wieder: »Ich hab's ganz deutlich gehört. Es war dein Vater. Er hat dreimal ›Rosl‹ gerufen.«

»Du hast dich ganz bestimmt getäuscht, Mutter«, versuchte ich sie immer zu beruhigen. Aber was in dieser Nacht geschehen war, konnten wir beide nie verstehen.

Erst als Monate später ein Kriegskamerad von Vater auf unseren Hof kam und uns berichtete, dass unser Vater, von Hunger und Krankheit gezeichnet, an ebenjenem 16. Februar 1945 um 3.30 Uhr verstorben sei, ahnten wir, was wirklich passiert war. Vater hatte nur mehr 80 Pfund gewogen, war aber bis zum Tod bei wachem Verstand. Man hatte ihn in einem Massengrab bei Schachty Petrowka beigesetzt.

Der an Tuberkulose erkrankte Kriegskamerad, der aus dem niederbayerischen Deggendorf eigens zu uns gefah-

ren war und bald nach diesem Besuch selbst verstarb, berichtete weiter, dass unser Vater in seiner Sterbestunde mehrmals »Rosl« gerufen und leise von seinen Kindern gesprochen habe. Er hatte ja kaum mehr Kraft. Mutter ging dann zum Kalender und sah, dass sie an ebendiesem 16. Februar vermerkt hatte: »Vater hat gerufen!«

Doch zurück zu den letzten Kriegsmonaten. Jedem war klar, dass der Krieg verloren war, und jeder versuchte, das Beste aus der Situation zu machen und zu schauen, wie es irgendwie weitergehen könnte. Keiner wusste, was die nahe Zukunft bringen würde.

In diesen Monaten herrschte in unserem Haus reger Betrieb. Das Leben ging weiter, es wurde wieder Torf gestochen, aber man konnte fast nichts kaufen, weil es einfach nichts gab. Zum Glück lebten wir auf dem Land und konnten bei den Bauern da und dort etwas tauschen. Viele Ausländer und Fremdarbeiter waren immer noch in der Gegend, auch zwei russische Überläufer, die in der deutschen Wehrmacht gedient hatten und gut Deutsch sprachen. Ich glaube, dass es Offiziere waren. Solchen Soldaten drohte die Todesstrafe, wenn sie den Aliierten in die Hände fielen. Alexander und Peter vegetierten dahin und schliefen bei uns im Heu. Abends zogen sie immer los und suchten einen Kartoffelacker oder sonst irgendetwas zu essen. Mutter gab ihnen jeden Tag ein wenig Magermilch. Eines Tages versteckten sie ihre Wehrpässe in Flaschen und vergruben diese im Torfmoos.

Viele Jahre später kam einmal der Geisler-Sepp aus Amerang, der den Torf gestochen hatte, mit den beiden Flaschen und den Wehrpässen zu uns. Die beiden waren irgendwann einmal einfach fort. Wohin sie gehen wollten, haben sie nicht gesagt. Eigentlich waren sie in Ordnung, allerdings erinnere ich mich noch daran, dass der jüngere der beiden mich auf einem Weg durch den Wald immer

betatschen wollte, wobei der ältere ihn auf Russisch beschimpft hat. Zum Glück ist nichts passiert.

Mein älterer Bruder Schorschl war erst im Januar 1945 zur Luftwaffe eingerückt. Er musste also ganz kurz vor Schluss noch in den Krieg ziehen, obwohl der schon verloren war. Doch wo war Schorschl? Wir hatten seit Wochen nichts mehr von ihm gehört.

Der Monat Mai hatte begonnen, die Amerikaner rückten von Westen her bereits in unsere Gegend vor, und nur noch einige wahnsinnige Nazis versuchten, Widerstand zu leisten.

In den ersten Maitagen haben sie Schorschl heimgeschickt. Er sollte mit neun anderen jungen Kameraden von München Richtung Traunstein fahren. Dabei hätte er bei Endorf eigentlich nur vom langsam fahrenden Zug abspringen müssen, um den kurzen Weg nach Hause zu nehmen. Er sprang aber nicht ab, sondern fuhr, warum auch immer, nach Traunstein weiter. Immer wieder, über die Jahrzehnte hinweg, habe ich mir diese Frage gestellt. Eine Frage, die über Leben und Tod entschieden hat.

Als die jungen Rekruten in Traunstein angekommen waren, wurden sie von mehreren Mitgliedern der Waffen-SS in Empfang genommen und nach Siegsdorf gefahren. Dort ging es am Donnerstag, den 3. Mai 1945, drunter und drüber. Die Amerikaner rückten von Westen vor, an verschiedenen Häusern wurden weiße Laken aus den Fenstern gehängt und gleichzeitig versuchten Fanatiker, in irgendeiner Form Widerstand zu leisten. Einige Mitglieder der SS, möglicherweise einer Panzerabwehreinheit, stellten ihre 8,8-cm-Geschütze auf, um die Amerikaner aufzuhalten. Als die zehn jungen Soldaten, darunter mein Bruder, im Ort ankamen, wurde ihnen befohlen, die Brücke über die Traun zu sprengen, um den Vormarsch der Amerikaner aufzuhalten.

Bruder Schorschl bei der Musterung 1944 (hinten rechts)

»Das ist doch Unsinn, wir sollten uns ergeben«, erklärten die zehn einhellig.

Daraufhin ließen die fanatisierten Soldaten der Waffen-SS die Jungsoldaten in einer Reihe aufstellen und erschossen jeden mit jeweils einem Schuss in die Stirn und einem Schuss ins Herz.

Zwei Wochen später kam unser Bürgermeister Linner zu uns auf den Hof und brachte die Todesnachricht. Er war ein fleißiger Maschinenbaugeselle und war bei der ersten Musterung zurückgestellt worden, weil er in einem kriegswichtigen Betrieb arbeitete.

Die Todesnachricht lähmte uns. Tagelang konnten wir nicht mehr richtig essen, und Mutter war zu nichts mehr fähig. Ich musste mit dem Fahrrad in die umliegenden Dörfer fahren, in denen unsere Verwandtschaft lebte, und ihnen die Nachricht vom Tode meines Bruders überbringen und um den Kirchgang bitten. Dabei kamen mir immer wieder die Tränen.

Der Totengräber Andreas Nieder aus Siegsdorf meldete sich in diesen Tagen telefonisch bei uns, um uns mitzuteilen, dass es sich aufgrund der Papiere, die man bei ihm gefunden hatte, zweifelsfrei um meinen Bruder handele. Wegen der vielen Toten habe er für Schorschl keinen richtigen Sarg mehr gehabt und ihn deshalb in eine Holzkiste gelegt. Der Baumeister Toni Kistler hat sich dann bereit erklärt, meinen Bruder mit einem Bulldog nach Hause zu holen. Als die Holzkiste dann bei uns eingetroffen war, brachten wir es nicht mehr übers Herz, sie aufzumachen und unseren Schorschl noch einmal zu sehen. Wir haben ihn auf dem Friedhof in Höslwang in aller Stille beigesetzt.

Offiziell war der Krieg vorbei, aber die Nachwehen bekamen wir schon noch zu spüren. Drei Wochen nach Kriegsende kam in der Nacht ein Fahrzeug zu uns gefahren. Mutter ging nach unten, schloss die Haustüre auf, dann hörte ich mehrere leise Stimmen. Darauf kam Mutter wieder nach oben in ihre Schlafkammer, und ich fragte sie, was los sei.

»Wir dürfen niemandem etwas sagen.«

Viel später erfuhr ich, was los war. Der Besitzer einer Eggstätter Maschinenbaufirma kam bei Nacht und Nebel

zu uns, weil er vor Zwangsarbeitern fliehen musste, die bei ihm gearbeitet hatten und die ihn nun verfolgten und töten wollten. Einen anderen hätten sie bereits umgebracht, erklärte er in Panik. Deswegen hat er sich in unserer Heutenne versteckt. Ganz oben in der Tenne, direkt unter dem Dach, hat er etliche Wochen im Heu mit Decken geschlafen. Mir ist aufgefallen, dass Mutter nach dem Melken immer eine Milchkanne an einen Strick hängte, und abends war die Kanne dann leer. Ansonsten habe ich nur im Nachhinein erfahren, dass jemand dagewesen war und jetzt wieder fort sei. Zum Glück hat er es überlebt.

Zum Glück haben auch wir den ganzen Wahnsinn überlebt, zumindest meine Mutter, mein kleiner Bruder und ich. Aber die Gedanken wanderten eigentlich mein ganzes Leben lang immer wieder zu meinem Vater und meinem Bruder Schorschl, der so tragisch am Ende des Krieges den Tod fand – einen völlig sinnlosen Tod. Warum ist er nur nicht aus dem Zug gesprungen?

Wer diese furchtbare Zeit erlebt hat, der bringt sie nie wieder aus dem Kopf. Wenn ich die uralte Eiche in der Nähe unseres Hauses sehe, frage ich mich oft, was sie wohl denken würde nach allem, was sie erlebt hat. Die Menschen sind doch eigentlich verrückt. Sie bringen sich gegenseitig um, und dann geht es wieder weiter. Aber unsere Berge, unsere wunderbaren Seen, unsere herrlichen Wälder ändern sich nicht. Sie stehen ruhig und unerschütterlich in unserer Landschaft und schütteln vielleicht ein wenig über uns den Kopf. Leider sehen wir es nicht.

Weitere Bücher von Klaus G. Förg

Unglaubliches überstanden
352 Seiten
ISBN 978-3-96600-022-2

Als Eberhard Dennerlein 1936 in das Pionierbataillon 47 in München eintritt, legt er damit den Grundstein für sein weiteres Leben. Er verpflichtet sich, lebenslänglich der Wehrmacht zu dienen. Vom Unteroffizier steigt er auf zum Offizier und ist zunächst mit dem Bau von Brücken beauftragt, um dem Vormarsch in Polen den Weg zu bereiten. Bereits mit Anfang zwanzig wird er zum Kompanieführer ernannt. Nach Einsätzen in Holland, Belgien, Frankreich und später in Russland gerät er in russische Kriegsgefangenschaft.
Während all dieser Zeit hat er in seinem Tagebuch seine Erlebnisse und Gedanken festgehalten, die so zu einem wichtigen Zeitdokument werden.

Hinter rotem Stacheldraht

272 Seiten
ISBN 978-3-966000-09-3

Als einfacher Soldat wird Josef Sedlmeier in Tschechien von sowjetischen Truppen aufgegriffen und in ein Gefangenenlager verlegt. Für ihn beginnt eine lange Zeit der Ungewissheit, des Hungers und der körperlichen Arbeit. Lager folgt auf Lager, Arbeitskommando auf Arbeitskommando. Kameradschaft, Einfallsreichtum und Humor helfen dem jungen Mann durch die schwere Zeit und lassen ihn die Hoffnung auf Heimkehr nicht aufgeben.

Irgendwie überlebt
256 Seiten
ISBN 978-3-933708-95-3

In den verschiedenen Geschichten geht es meist um junge Männer, die, gerade einmal volljährig geworden, ihre Einberufung zum Wehrdienst erhalten. Beim Reichsarbeitsdienst bekommen sie eine Grundausbildung, um möglichst schnell einsatzbereit zu sein, bevor ihnen der Marschbefehl erteilt wird. Einer von ihnen kämpft in Frankreich gegen Partisanen und gerät in amerikanische Kriegsgefangenschaft. Ein anderer kommt nach Italien zur Luftwaffe, wird an die Ostfront geschickt und muss sich nach Kriegsende alleine zu Fuß bis in die bayerische Heimat durchschlagen. Dass nicht nur Soldaten unter dem Krieg zu leiden hatten, zeigt die bewegende Geschichte einer jungen Norwegerin, die sich in einen in ihrer Heimat stationierten deutschen Soldaten verliebt.